JN124013

上場株式等に係る

利子・配当・譲渡所得等の課税方式選択を踏まえた申告実務

税理士 秋山 友宏 著

- ●所得税の課税方式と上場株式等の内容を含む金融所得課税の概要
- ●上場株式等の所得に係る課税方式の選択と源泉徴収選択口座の申告方法
- ●国外上場株式等への投資による為替差損益の認識と税額控除制度の活用
- ●所得税・住民税一体課税における保険料負担を踏まえた課税方式の有利選択

以上を踏まえ、10の事例に基づき

上場株式等の利子・配当・譲渡に係る申告事例 について分かりやすく解説!!

一般財団法人 大蔵財務協会

は し が き

　本書は、上場株式等に係る所得の課税方式の有利選択を題材として平成30年1月に発刊し、その後、改訂を重ねた既刊『五訂版 上場株式等に係る利子・配当・譲渡所得等における課税方式の有利選択』を底本とするものです。

　上場株式等に係る所得（所得税等の源泉徴収と住民税の特別徴収の対象となるものをいう。以下同じ。）については、平成29年度の税制改正において、所得税と住民税で異なる課税方式を選択できることが明確化されたこともあって、例えば、所得税では税負担面から申告を選択したものについて、住民税では医療保険料負担等も考慮し、申告不要を選択するケースもあったことと思います。

　しかし、その後の令和4年度の税制改正において、金融所得課税制度が所得税と住民税を一体として設計されていること等を理由とし、令和5年分の所得（令和6年度分住民税）から、上場株式等に係る所得の課税方式を所得税と住民税で一致させることが決定されました。そのため、これから迎える令和5年分所得税の確定申告では、住民税や医療保険料等の負担も踏まえた上で上場株式等に係る所得の課税方式を選択することになります。

　ところで、近年においては、貯蓄から投資へのシフトによるライフプランに合わせた資産形成の重要性が注目されています。その投資先としては特定口座を活用した上場株式等が中心と考えられますから、所得税の確定申告においても、上場株式等に係る所得に係る課税方式の選択を判断するケースが増加することと思われます。

　また、少子高齢化社会の進展に伴い、国民健康保険や後期高齢者医療保険の保険料の最高限度額が引き上げられてきており、令和5年分所得を基礎として算定される令和6年度の保険料についても最高限度額の引上げが決定していることもあって、上場株式等に係る所得の課税方式の選択において、保険料負担を踏まえた判断が必要となるケースが増加することになります。

　そのようなこともあって、本書は、底本のコンセプトをベースとし、書名を『上場株式等に係る利子・配当・譲渡所得等の課税方式選択を踏まえた申告実務』と改題改訂し、発刊することとしました。

　内容としては、底本で取り上げてきた各項目の内容の充実と地方税法の改正による

住民税の所得税との一体課税への対応を図り、更に、増加する国外株式等への投資から生じる為替差損益に関する税務を新たに加えました。また、確定申告書の付表や計算明細書に加えて確定申告書の記入例も掲載し、最終のVI章における課税方式の有利選択事例については、その多くを新たな内容のものとしました。

　本書が、これから迎える令和5年分所得税の確定申告における上場株式等に係る所得についての申告実務に少しでもお役に立てば幸いです。なお、文中の意見にわたる部分については、筆者の個人的見解が含まれることをお断りさせていただきます。

　最後になりますが、本書の企画や構成に関し、一般財団法人大蔵財務協会の編集局の皆様に多大なるご支援、ご協力をいただきました。この場をお借りして厚くお礼申し上げます。

　令和5年12月

税理士　秋 山　友 宏

────────【凡　例】────────

　本書中に引用する法令等については、以下の略称を使用しています。

1　法令等
　　所　法………………………所得税法
　　所　令………………………所得税法施行令
　　所　規………………………所得税法施行規則

　　法　法………………………法人税法

　　措　法………………………租税特別措置法
　　措　令………………………租税特別措置法施行令
　　措　規………………………租税特別措置法施行規則

　　復興財確法…………………東日本大震災からの復興のための施策を実施するた
　　　　　　　　　　　　　　　めに必要な財源の確保に関する特別措置法
　　復興所令……………………復興特別所得税に関する政令

　　地　法………………………地方税法
　　地　令………………………地方税法施行令
　　地　規………………………地方税法施行規則

　　金商法………………………金融商品取引法

2　通達等
　　所基通…………………………所得税基本通達
　　措　通…………………………租税特別措置法通達

【表示例】
　　所法59①一………………………所得税法第59条第1項第1号

㊟　本書は、国税については令和5年12月1日現在における法令・通達によっており、
　地方税（住民税）については令和6年1月1日から適用される法令によっています。

【目　次】

I　所得税の課税方式と金融所得課税の概要

Ⅱ　上場株式等に係る利子・配当の課税方式とその選択

Ⅲ　上場株式等に係る譲渡所得等の課税方式とその選択

Ⅴ　所得税・住民税一体課税における課税方式の有利選択　〜税負担・保険料負担を考慮〜

Ⅵ　課税方式の有利選択による事例解説

■ 参考資料

I

所得税の課税方式と
金融所得課税の概要

【本章の構成と主な内容】

　本書は、上場株式等に係る所得の申告実務について、その課税方式の選択を踏まえて説明するものです。ここでは、その前提として、所得税の課税方式と上場株式等の範囲を含めた金融所得課税の概要について説明します。

　本章の構成は、次表のとおりです。

区　分		内　容
所得税の課税方式	❶所得税の課税方式とその選択の効果	所得税の課税方式（総合課税・申告分離課税・源泉分離課税・申告不要）を説明した上で、課税方式を選択できる場合のその選択時における注意事項などを取り上げています。
金融所得課税の概要	❷利子所得・配当所得の範囲と課税概要	公社債、株式、投資信託等の保有により生じる利子所得と配当所得の範囲とそれらの課税概要について説明しています。
	❸譲渡等の際に申告分離課税とされる"株式等"	有価証券等の譲渡において、申告分離課税が適用される"株式等"と総合課税又は非課税とされるもの（"株式等"から除かれるもの）について説明しています。
	❹上場株式等と一般株式等の区分とその課税方式	譲渡等の際に申告分離課税とされる"株式等"については、上場株式等と一般株式等に区分され、それらの保有や譲渡による所得に適用される課税方式の概要について説明しています。
	❺上場株式等とされる株式・出資・公社債・投資信託等	上場株式等とされる株式、出資、公社債及び投資信託等の範囲とそれらの内容について説明しています。

〔所得税の課税方式〕

 所得税の課税方式とその選択の効果

本書は、そのタイトルのとおり**上場株式等**の**保有**や**譲渡等**から生じる所得の税務上の取扱いをテーマとしています。

上場株式等の保有から生じる利子等や配当等、その譲渡等から生じる譲渡損益については、所得税等の源泉徴収（住民税の特別徴収）の取扱いを踏まえた上で、確定申告に際し、**申告が必要なもの**と、**申告又は申告不要**（申告をしないで済ませることができるもの）**の選択ができるもの**があります。また、申告の際に申告方法を選択できるものもあります。この申告方法の選択は、一般には租税負担や公的制度に係る保険料負担を考慮して行います。さらに国外株式等に係る所得については、所得計算において為替換算が必要になることに加え、その利子配当に係る課税方式の選択の際には、国内外における二重課税の調整を踏まえた判断も必要になります。

そこで本書は、**上場株式等に係る所得の課税方式の有利選択を含む申告実務**について、法令の規定や通達の取扱いに基づき解説することを目的としています。

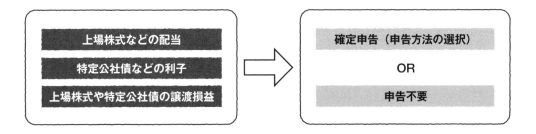

申告方法や課税方式の有利選択の検討に当たり、まずは所得税の課税方式とその選択の効果を理解しておく必要があります。

1 所得税の課税方式

　ここでは、所得税で採用されている課税方式の概要について説明します。居住者（国内に住所等を有する個人）に対する所得税は、総合課税制度を原則としつつ、その例外として、申告分離課税、源泉分離課税及び申告不要の各制度が設けられています。

✠ 総合課税（制度）

　所得税法では、利子所得、配当所得、譲渡所得など所得の性質に応じ10種類の所得に区分して各種所得の金額を算定し、退職所得及び山林所得を除いた8種類の所得を合計した総所得金額について超過累進税率（5％〜45％）を適用して課税する**総合課税**を原則としています（**総合課税制度**）。

　金融商品に係る所得では、利子所得、配当所得を総合課税で申告する場面があります。

✠ 分離課税（制度）

　所得税法では、退職所得及び山林所得が長期間にわたる所得であることから、総合課税とはせず**分離課税**とし、また、租税特別措置法では、租税政策的な観点から、一定の所得について**分離課税**としています。分離課税は、他の所得と合計せず、分離して税額を計算する点で総合課税と異なります（分離課税制度）。

　この分離課税制度は、確定申告によりその税額を納める又は源泉徴収税額の精算をする**申告分離課税**と、支払時の源泉徴収で課税関係が終了し申告することのできない**源泉分離課税**に区分されます。

　なお、上場株式等に係る利子等及び配当等については、上場株式等の一定の譲渡損失との損益通算が認められるなど金融所得課税の一体化の方向性が示されており、申告分離課税で申告するケースが増加しています。

✠ 申告不要（制度）

　租税特別措置法では、前述の分離課税制度のほかに**申告不要制度**を設けています。

　支払時等に源泉徴収が行われる一定の所得（源泉分離課税の対象を除く。）について、確定申告における所得金額の計算上、除外できる制度です。申告実務では、申告するか申告しないかの選択であることから、本書では、この制度により申告しないこととすることを「申告不要の選択」と表記しています（給与所得者や年金所得者の申告不要制度は、確定申告手続の省略であり、ここでの申告不要（制度）とは異なる。）。

　この制度は、源泉徴収のみで課税関係が終了する点で源泉分離課税と同じですが、申告不要は申告することができる点で源泉分離課税と大きく異なります。

　なお、上場株式等に係る所得（利子等、配当等及び譲渡等）で源泉徴収の対象となるものは、原則として申告不要とすることができるため（措法8の5①、37の11の5①）、確定申告の際に申告するか否かの選択が必要になります。

　所得税申告における課税標準の計算過程の概要は、次表のとおりです。

◉ 課税標準の計算過程の概要 ◉

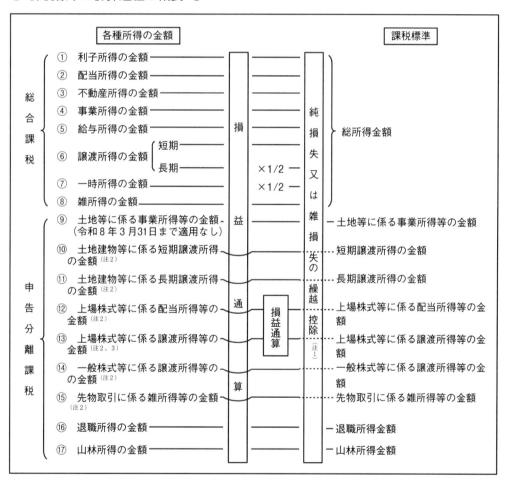

注1　上図の「‥‥線」は、雑損失の繰越控除のみができることを示す。
　2　申告分離課税の所得のうち⑩～⑮は、他の所得との損益通算（⑫と⑬の損益通算を除く。）及び純損失の繰越控除が適用されない。ただし、居住用財産の買換え等の場合の譲渡損失及び特定居住用財産の譲渡損失は、損益通算、通算後譲渡損失の繰越控除が認められる。
　3　源泉徴収選択口座分で申告不要としたものを除く。

● 居住者に係る所得税の課税方式の概要 ●

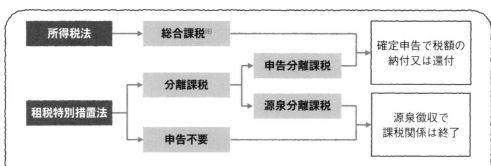

(注) 退職所得と山林所得は、長期間にわたる所得のため、分離課税とされており、また、一定の給与所得者や年金所得者について、税負担の均衡を害しない程度における申告不要制度がある。

参考 住民税の課税方式

　所得税は、総合課税又は申告分離課税による確定申告を行い納税（還付）額が確定する申告納税方式を採用しています。

　一方、住民税（所得割）は、課税権者である市区町村長が所得税の確定申告書などの課税資料を基礎として税額を計算して決定し、それを納税者に通知する賦課課税方式を採用している点で異なります（所得税はその年の所得に課する現年所得課税であるのに対し、住民税（所得割）は現年分離課税とされる退職所得などを除き、前年の所得に課する前年所得課税である点も異なる）。

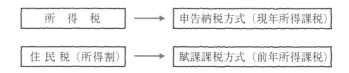

　住民税（所得割）の計算の基礎となる課税資料は、所得税の申告内容等であり、上場株式等に係る所得の課税方式（総合課税・申告分離課税・申告不要）は、金融所得課税が所得税と住民税を一体として設計されているため、原則として所得税申告と同様になります。なお、令和5年度分（令和4年分所得）以前の特定配当等（配当割（税率5％）が徴収される利子や配当など）と特定株式等譲渡所得金額（株式等譲渡所得割（税率5％）が徴収される源泉徴収選択口座における譲渡等）については、別途住民税の申告をすること等により、所得税と異なる課税方式の選択が可能でしたが、令和6年度（令和5年分所得）からは、前述のとおり所得税の課税方式と一致させることになりました。

2 課税方式と合計所得金額による制限

　所得税では、合計所得金額による各種の制限が設けられています。例えば、控除対象配偶者や控除対象扶養親族の所得要件は、合計所得金額48万円以下とされています。また、配偶者控除は合計所得金額1,000万円以下の居住者、基礎控除は合計所得金額2,500万円以下の者に適用が限られます（合計所得金額による制限の主なものについては213頁参照）。

　これらの合計所得金額による制限は、総合課税及び申告分離課税で申告をする所得が対象になります。一方、源泉分離課税の所得及び申告不要とした所得は、所得金額から除外されるため、合計所得金額による制限の対象となりません。

◉ 合計所得金額による制限 ◉

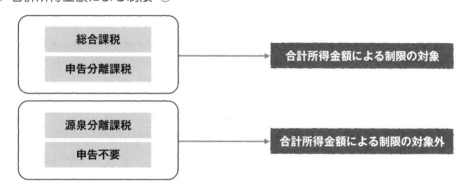

KEYWORDS

☑ **合計所得金額**

　合計所得金額とは、純損失、居住用財産の買換え等の場合の譲渡損失、特定居住用財産の譲渡損失及び雑損失の各繰越控除の規定を適用しないで計算した次の所得金額の合計額です。
① 総所得金額
② 土地等に係る事業所得等の金額（平10.1.1〜令8.3.31適用なし）
③ 短期譲渡所得の金額（措置法の特別控除適用前）
④ 長期譲渡所得の金額（措置法の特別控除適用前）
⑤ 上場株式等に係る配当所得等の金額
⑥ 一般株式等に係る譲渡所得等の金額（特定投資株式に係る譲渡損失の繰越控除の適用前）
⑦ 上場株式等に係る譲渡所得等の金額（上場株式等に係る譲渡損失の繰越控除及び特定投資株式に係る譲渡損失の繰越控除の適用前）
⑧ 先物取引に係る雑所得等の金額（先物取引の差金等決済に係る損失の繰越控除の適用前）
⑨ 退職所得金額（住民税は現年分離課税の対象となるものを除く。）
⑩ 山林所得金額

3 課税方式選択の目的

　課税方式の選択は、一般には、税負担を軽減することを目的として行います。この場合の税負担は、源泉（特別）徴収税額を含めた**所得税**（復興特別所得税を含む。以下、原則として「所得税等」と表記する。）と**住民税**のトータルで判断しますが、住民税の所得金額（総所得金額等－基礎控除額）を基礎として**国民健康保険や後期高齢者医療保険の保険料**が計算される点の考慮が必要になることがあります。

　そのため、所得税の確定申告の際は、これら保険料負担への影響を踏まえた上で課税方式を選択する場合があります。

4 修正申告時等における選択替えの可否

　総合課税、申告分離課税又は申告不要のいずれかを選択できる所得におけるその選択は、その年分の確定申告書に記載するか（総合課税若しくは申告分離課税）、又は記載しないか（申告不要）により行います。総合課税若しくは申告分離課税として申告をした場合、又は申告不要として申告しなかった場合は、その後の修正申告又は更正の請求において、その選択替え（課税方式の変更）をすることはできません（措通8の4－1、8の5－1、37の11の5－1、37の11の5－4）。

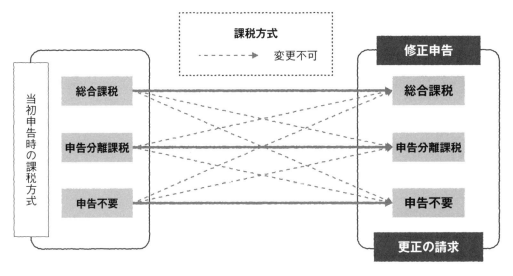

【事例】課税方式の選択替えの可否

　所得税の確定申告において、A社株式（上場株）の配当20万円について総合課税で申告した。

〔当初申告の内容〕

配当所得　　200,000円

事業所得　8,000,000円　　　　課税総所得金額　6,400,000円

所得控除の合計額　1,800,000円　　（配当所得に対する適用税率20％）

　後日、事業所得について600万円の申告漏れが発覚し、事業所得の金額を1,400万円とする修正申告書を提出することになった。課税総所得金額が1,240万円となり配当所得に対する適用税率が33％となるため、修正申告書では、A社株式（上場株）の配当20万円を"申告不要"としたい。当初、総合課税で申告したため申告不要にはできないとしても課税方式を"申告分離課税"に変更することとしたい。

　A社株式の配当20万円は、確定申告時に総合課税、申告分離課税、申告不要のいずれかを選択することができる。しかし、一旦、総合課税で申告（総合課税を選択）をすると、修正申告時において他の課税方式（申告分離課税・申告不要）に選択替え（変更）をすることはできない。

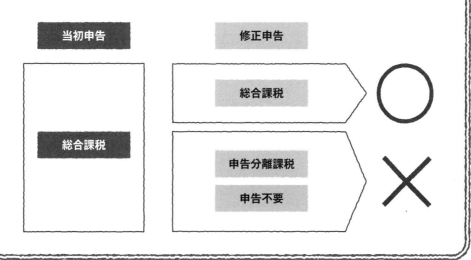

❷ 利子所得・配当所得の範囲と課税概要

公社債、株式、投資信託等の保有による所得として、利子所得と配当所得があります。ここでは、これら所得の範囲とその課税概要について説明しています。

1 利子所得の範囲とその課税概要

✠ 利子所得の範囲

利子といいますと預貯金の利子や貸付金の利子などをイメージしますが、貸付金の利子は雑所得とされ、利子所得から除かれています。

「利子所得の金額＝その年中の利子等の収入金額」とされており（所法23②）、必要経費の概念がありません。そのため、必要経費（資金調達のための借入金の利子や、元本の貸倒損失）を伴う貸付金の利子は、利子所得から除かれます。

一方、収益の分配金（次表の③〜⑤）は、法律的には利子の概念には含まれませんが、経済的には預貯金の利子と類似する性質（貯蓄の果実）を有することから利子所得に含まれています。

利子所得とされるものは、預貯金の利子及び性質がそれに類似するもの、かつ、源泉徴収の対象として適するものといえます。

利子所得とは、次表に掲げる所得とされています（所法23①）。

● 利子所得の範囲とその内容 ●

利子所得の範囲	内　容
① 公社債の利子（分離利子公社債の利子を除く。(注)）	国債及び地方債（外国及び外国の地方公共団体が発行したものを含む。）並びに社債の利子が該当する。
② 預貯金の利子	金融機関（銀行、信用金庫、農業協同組合等）に対する預金又は貯金の利子、勤務先預金（家族や役員等を除く。）の利子が該当する。
③ 合同運用信託の収益の分配	信託会社が引き受ける指定金銭信託や貸付信託の収益の分配が該当する。
④ 公社債投資信託の収益の分配	公社債に対する投資運用による収益の分配であり、MMF（マネー・マネジメント・ファンド）やMRF（マネー・リザーブ・ファンド）の収益の分配などが該当する。
⑤ 公募公社債等運用投資信託の収益の分配	公社債、手形又は指名金銭債権に対する運用投資による収益の分配で、その受益権の募集が公募により行われるものである（私募のものは配当所得となる。）。

（注） 分離利子公社債の利子は、株式等に係る譲渡所得等とされている（措法37の10③九、37の11③）。

✠ 利子所得の課税概要

　利子所得は、所得税法では総合課税扱いですが（所法23①、89）、その多くは租税特別措置法により源泉分離課税とされています（措法3）。

　上記表の②預貯金の利子及び③合同運用信託の収益の分配は、全て源泉分離課税です。

　①公社債の利子と④公社債投資信託の収益の分配は、その元本である公社債及び公社債投資信託の受益権が、「一般株式等」と「上場株式等」に区分され、原則として、前者の利子等は源泉分離課税、後者の利子等は、申告分離課税（上場株式等に係る配当所得等の金額）又は申告不要とされています。

　⑤公募公社債等運用投資信託の収益の分配は、公募公社債等運用投資信託の受益権が「上場株式等」に区分されるため、その収益の分配は申告分離課税又は申告不要とされます。

　なお、上記の説明は、利子等について我が国の源泉徴収の対象であることを前提としたものです。外国の金融機関に預け入れた預金の利子は、源泉徴収されないため総合課税（利子所得）による申告が必要です。また、外国の公社債等の利子等で国内の

支払の取扱者を介さず直接受けるものについても源泉徴収が行われないため、その元本が「一般株式等」であれば総合課税、「上場株式等」であれば申告分離課税による申告が必要です。

　「一般株式等」及び「上場株式等」については本章の❹及び❺において、利子所得に対する課税の詳細は第Ⅱ章の❶及び❷において、それぞれ説明しています。

◢2 配当所得の範囲とその課税概要

✠ 配当所得の範囲

　配当とは、一般には、法人等の企業活動により生じる利益の処分として、株主等に対して支払われる利益の分配をイメージします（次表の①～③）。しかし、利益の前払的な中間配当も含まれています。また、⑤の基金利息は、そもそも利益の分配の性質を有していません。

　次表の⑥及び⑦は、収益の分配金に配当、利子及び証券の売却益なども含まれることとなり、出資者がその立場で受ける利益としての性質を有するものです。

　そのため、所得税法における配当所得は、法人等による利益処分よりも範囲がかなり広く、資本の出資者や信託財産の資金拠出者が、その立場として受ける利益といえます。

　なお、法人からの剰余金の配当ではないものの、株式の消却、法人の解散などにより、実質的な法人利益の分配が行われることがあり、その金員の経済的実質により、配当の支払とみなすものもあります（みなし配当）。

　また、配当所得（総合課税）には、法人税との二重課税調整のための配当控除制度がありますが、配当所得の内容や課税方式に応じて、適用できない（適用がない）ものがあります。

●➡ 配当所得とされるもの

　配当所得とは、次表に掲げる所得とされています（所法24①）。

● 配当所得の範囲とその内容 ●

配当所得の範囲		内　容
配当所得（所法24①）	①　法人（公益法人及び人格のない社団等を除く。）から受ける剰余金の配当（株式又は出資に係るものに限るものとし、資本剰余金の額の減少に伴うもの並びに分割型分割によるもの及び株式分配を除く。）	株式会社や協同組合等の剰余金の配当及び法人課税信託や特定目的信託の収益の分配が該当する。 　なお、資本剰余金の額の減少に伴うものは、剰余金の配当からは除かれ、みなし配当とされている。
	②　利益の配当（資産の流動化に関する法律に規定する金銭の分配（中間配当）を含み、分割型分割によるもの及び株式分配を除く。）	持分会社（合名・合資・合同）の利益の配当及び特定目的会社（SPC）の利益の配当又は中間配当が該当する。
	③　剰余金の分配（出資に係るものに限る。）	船主相互保険組合その他の法人が行う利益の分配が該当する。
	④　金銭の分配（投資信託及び投資法人に関する法律第137条に係るものであり、出資等減少分配を除く。）	投資法人の投資口による金銭の分配が該当する。 　なお、出資等減少分配は、みなし配当とされている。
	⑤　基金利息（保険業法55①）	相互会社の開業資金等の借入れに対して支払われる利息が該当する。 　なお、相互会社の剰余金の分配は、上記③になる。
	⑥　投資信託の収益の分配（公社債投資信託及び公募公社債等運用投資信託に係るものを除く。）	証券投資信託や特定株式投資信託の収益の分配が該当する。利子所得とされる公社債投資信託等は除かれる。
	⑦　特定受益証券発行信託の収益の分配（適格現物分配に係るものを除く。）	信託財産を主として有価証券とすることのできないもので、信託段階で法人税課税がないため、配当控除の適用はない。

➡ 配当所得とみなされるもの

　配当所得とされる上記表の①～③は、会社法等に規定された配当手続に従い、かつ、その払戻しの原資は法人の利益留保によるものです。しかし、法人の株主等がその法人から交付を受ける金銭や金銭以外の資産については、配当手続によらないものや留保利益のみではないものもあります。

　そのため、法人（公益法人等及び人格のない社団等を除く。）の株主等が、その法人の次頁の表のみなし配当事由（左欄）に掲げる事由により、金銭その他の資産の交付を受けた場合（又は交付が省略されたと認められる場合）においては、同表のみなし配当の額（右欄の図の網掛け部分）を、配当とみなすこととされています（所法

25①②、所令61)。

● みなし配当事由とみなし配当の額 ●

区分	みなし配当事由	みなし配当の額
金銭その他の資産の交付がある場合（所法25①）	① 法人の合併（法人課税信託に係る信託の併合を含み、適格合併を除く。）	交付を受けた金銭その他の資産の価額（所法25①）又は交付を受けたとみなされる株式の価額（所法25②）のうち、その交付（又は交付省略）の基因となったその法人の株式又は出資に対応する部分
	② 法人の分割型分割（適格分割型分割を除く。）	
	③ 法人の株式分配（適格株式分配を除く。）	
	④ 法人の資本の払戻し（株式に係る剰余金の配当（資本剰余金の額の減少に伴うものに限る。）のうち分割型分割によるもの及び株式分配以外のもの並びに出資等減少分配をいう。）	
	⑤ 法人の解散による残余財産の分配	
	⑥ 法人の自己の株式又は出資の取得（金融商品取引所の開設する市場における購入など一定のものは除かれる（所令61①参照）。	
	⑦ 法人の出資の消却（取得した出資について行うものを除く。）、法人の出資の払戻し、法人からの社員その他の出資者の退社若しくは脱退による持分の払戻し	
	⑧ 法人の株式又は出資をその法人が取得せず消滅させること。	
	⑨ 法人の組織変更（組織変更に際して組織変更をした法人の株式又は出資以外の資産を交付したものに限る。）	
株式交付が省略された場合（所法25②）	① 法人の合併において、被合併法人の株主に対し、合併法人の株式の交付が省略されたとみなされる一定の無対価合併	
	② 法人の分割型分割において、分割法人の株主に対し、分割承継法人の株式の交付が省略されたとみなされる一定の無対価分割	

✠ 配当所得の課税概要

　配当所得は、所得税法では総合課税扱いです（所法24①、89）。配当所得の基因となる元本が、「一般株式等」とされるものは、原則として総合課税による申告が必要で

す（私募の公社債運用投資信託の収益の分配は源泉分離課税）。「上場株式等」に該当するものは、総合課税（配当所得）、申告分離課税（上場株式等に係る配当所得等の金額）、申告不要のいずれかを選択できます（一部、総合課税を選択できないものがある。）。基金利息は、総合課税による申告が必要です。

　なお、上記の説明は、配当等について我が国の源泉徴収の対象であることを前提としたものです。外国の金融機関で保管している外国法人株式の配当等を直接受ける場合など、源泉徴収が行われないものは申告が必要になります（元本が「一般株式等」であれば総合課税、「上場株式等」であれば総合課税又は申告分離課税）。

　「一般株式等」及び「上場株式等」については本章の❹及び❺において、配当所得に対する課税の詳細は第Ⅱ章の❶及び❸において、それぞれ説明しています。

3 譲渡等の際に申告分離課税とされる「株式等」

金融所得課税は、その一体化が目標とされています。一体化とは、一定の金融商品に対する課税上の取扱いを統一するものです。具体的には、その保有と譲渡による所得に係る課税方式を「申告分離課税」とすることで損益の通算を認めようとするものです。ここでは、譲渡等の際に申告分離課税とされる"株式等"について説明します。

1 平成28年分から「株式等」に加えられたもの

平成28年分以後の所得税においては、有価証券の譲渡等の際に申告分離課税とされる「**株式等**」に**公社債**や**公社債投資信託の受益権**などが含まれることとされました（措法37の10②）。

これらの譲渡等による所得は、平成27年分以前は原則として非課税とされていましたが、平成28年分以後は、公社債の償還差益も含めて**上場（又は一般）株式等に係る譲渡所得等**として**申告分離課税**（所得税等15.315％、所得割5％）の対象とされています。

従前から株式等とされていたもの	平成28年分から株式等に加えられたもの
株式・出資	公社債
持株会社の社員の持分	公社債投資信託の受益権
協同組合の組合員又は会員の持分	公社債等運用投資信託の受益権
証券投資信託の受益権	特定目的信託の社債的受益権
など	

ただし、公社債のうち、長期信用銀行債等、農林債及び平成27年以前に発行された割引債で発行時に源泉徴収が行われたものの譲渡は非課税とされているため（措法37の15①）、申告分離課税の対象となる「株式等」から除かれています（措法37の15②七、措令25の8③）。

申告分離課税とされる「株式等」

　公社債及び公社債投資信託等の受益権を含め、譲渡等の際に**申告分離課税**とされる**「株式等」**は、次表のとおりです。なお、外国や外国法人に係るものも含まれます（措法37の10②）。

● 譲渡等の際に申告分離課税とされる「株式等」 ●

区分		内　容
株式・出資・投資信託等	①	株式（投資法人の投資口^(注1)を含む（措通37の10・37の11共－19)。)
	②	株主又は投資主となる権利、株式の割当てを受ける権利、新株予約権（新投資口予約権を含む。）及び新株予約権の割当てを受ける権利
	③	特別の法律により設立された法人の出資者の持分
	④	合名会社、合資会社又は合同会社の社員の持分
	⑤	協同組合等^(注2)の組合員又は会員の持分その他法人の出資者の持分（出資者、社員、組合員又は会員となる権利及び出資の割当てを受ける権利を含み、⑥に掲げるものを除く。)
	⑥	協同組織金融機関^(注3)の優先出資に関する法律に規定する優先出資（優先出資者となる権利及び優先出資の割当てを受ける権利を含む。)
	⑦	資産の流動化に関する法律に規定する優先出資（優先出資社員となる権利及び同法に規定する引受権を含む。)^(注4)
	⑧	投資信託（証券投資信託・証券投資信託以外の投資信託）の受益権
	⑨	特定受益証券発行信託^(注5)の受益権
	⑩	特定目的信託の社債的受益権^(注6)
公社債	⑪	公社債（預金保険法に規定する長期信用銀行債等、農水産業協同組合貯金保険法に規定する農林債及び償還差益について発行時に源泉徴収がされた割引債を除く。)

(注)1　資産を主として特定資産に対する投資として運用することを目的として設立された社団で、投資口とはその均等の割合的単位に細分化された社員の地位をいう（投資信託及び投資法人に関する法律2⑫⑭)。
　　2　農業協同組合（連合会）、漁業協同組合（連合会）、水産加工業協同組合（連合会）・企業組合、農事組合法人、漁業生産組合、生産森林組合、農住組合
　　3　農林中央金庫、信用協同組合（連合会）、信用金庫（連合会）、労働金庫（連合会）及び信用事業を行う上記2の各協同組合（連合会）
　　4　均等の割合的単位に細分化された特定目的会社（SPC）の社員の地位で、当該社員が、特定目的会社の利益の配当又は残余財産の分配を特定出資者に先立って受ける権利を有しているも

のをいう（資産の流動化に関する法律2⑤）。

5　信託法に規定する特定受益証券発行信託（信託法185）のうち、計算期間が1年以内で、利益留保割合が2.5％以下であるなどの一定の要件を満たすものをいう。ただし、合同運用信託及び法人課税信託は除かれる（法法2二十九ハ）。

6　特定目的信託で信託期間中の金銭の分配について、あらかじめ定められた金額の分配を受ける種類の受益権をいう（資産の流動化に関する法律230①二）。

　株式等の譲渡等は、原則として上場（又は一般）株式等に係る譲渡所得等として課税されますが（措法37の10①、37の11①）、株式等の譲渡であっても、先物取引等に係る雑所得等の金額（措法41の14①）、土地等の譲渡における短期譲渡所得の金額（措法32②）として、課税されるものもあります。

◉ “株式等”の譲渡等における申告分離課税の区分 ◉

課税標準の区分		内　容	税率	
			所得税等	所得割（住民税）
①	上場（一般）株式等に係る譲渡所得等の金額	下記以外（通常の株式等の譲渡等）	20.315%	5％
②	先物等に係る雑所得等の金額	市場デリバティブ取引のうち株式等の先渡取引で差金等決済のもの（金融商品取引法28⑧三イ）（注）	20.315%	5％
③	短期譲渡所得の金額	株式等（一定のものを除く。）のうち、所有期間5年以下の土地等に類する次のイ又はロのいずれかに該当するものの譲渡で、その譲渡が事業等の譲渡に類する株式等の譲渡であるもの ア　法人の所有資産に占める短期保有土地等の割合が70％以上である法人の株式等 イ　法人の資産に占める土地等の割合が70％以上である法人の株式等のうち、その所有期間が5年以下である株式等	30.63%	9％

（注）　有価証券先物取引といわれているもの。なお、有価証券の受渡しが行われるものは総合課税の譲渡所得となる。

❸ 申告分離課税とされる「株式等」から除かれるもの

有価証券又はそれに類する性質を有するものであっても、次に掲げるものは申告分離課税とされる"株式等"から除かれています。

① 　株式形態のゴルフ会員権

② 　匿名組合（商法535）の出資者たる地位

③ 　組合契約（民法667①）、投資事業有限責任組合契約（投資事業有限責任組合契約に関する法律3①）及び有限責任事業組合契約（有限責任事業組合契約に関する法律3①）により成立する組合の組合員たる地位（外国におけるこれらに類するものを含む。）

④ 　長期信用銀行債等（リッチョーワイド、リッシンワイド、リッショーワイドのうち預金保険の対象となるもの）

⑤ 　償還差益について発行時に源泉徴収が行われた割引債（平成27年以前発行分）

上記に掲げる資産を譲渡した場合の課税方式（非課税を含む。）は、次の（参考1）及び（参考2）のとおりです。

● （参考1）組合の出資者又は組合員たる地位の譲渡についての課税関係 ●

	組合員の地位の種類	課税方式	参考
①	匿名組合（商法535）の出資者たる地位の譲渡	総合課税の譲渡所得	平成14年7月1日裁決（平14.7.1.大裁（所）平14－1）
②	任意組合（民法667①）の出資持分に係る組合員たる地位の譲渡	組合の財産に対する持分の譲渡として、その財産の種類に応じた所得区分 例えば、組合財産が土地・建物であれば、分離短期（又は長期）譲渡所得	平成28年3月7日裁決（裁決事例集No.102）

● （参考２）有価証券の譲渡で総合課税又は非課税となるもの ●

	有価証券の譲渡の区分	課税方式	関係法令等
①	株式形態のゴルフ会員権の譲渡	総合課税の譲渡所得	措法37の10② 措令25の8②
②	いわゆる有価証券先物取引（有価証券の受渡しが行われるものに限る。）の方法による株式等の譲渡による所得(注)	総合課税の譲渡所得	措法37の10① かっこ書
③	発行法人から与えられた新株予約権等のその発行法人への譲渡による所得	譲渡者の地位や状況に応じ、事業、給与、退職、一時又は雑所得	所法41の2
④	割引の方法により発行される公社債で次に掲げるもの以外のものの譲渡による所得 ・外貨債 ・（独）住宅金融支援機構、沖縄振興開発金融公庫又は（独）都市再生機構が発行する債券 ・平成28年以後に発行された割引債（下記⑥、⑦を除く。）	非課税	措法37の15① 措令25の14の3
⑤	長期信用銀行債等（預金保険法2②五）の譲渡による所得	非課税	
⑥	貸付信託の受益権の譲渡による所得	非課税	
⑦	農林債（農水産業協同組合貯金保険法2②四）の譲渡による所得	非課税	

(注)　差金等決済の場合は、先物取引に係る雑所得等として申告分離課税になる（措法41の14①二）。

〔金融所得課税の概要〕

4 上場株式等と一般株式等の区分とその課税方式

1 「上場株式等」と「一般株式等」の区分

　譲渡等の際に申告分離課税とされる株式等は、**上場株式等**と**一般株式等**に区分されます（措法37の10、37の11）。

　上場株式等とは、金融商品取引所に上場されている株式等、投資信託でその受益権の募集が公募によるもの及び公社債のうち特定公社債（国債、地方債、上場企業が発行する公社債等）が該当することとされています（措法37の11②）。この上場株式等とされる株式・出資・公社債及び投資信託等の詳細については、次の**❺**で取り上げています。

　一方、**一般株式等**とは上場株式等に該当しないものとされています（措法37の10①）。非上場株式、投資信託等でその受益権の募集が私募によるもののほか、一般公社債（特定公社債以外の公社債）が該当します。

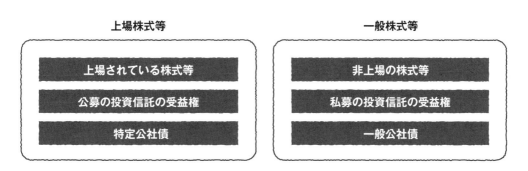

　譲渡等の際に申告分離課税とされる株式等を上記のとおり2つの区分とするのは、上場株式等の譲渡損益と一般株式等の譲渡損益の通算を認めないため（上場株式等は市場性があり取引価額に客観性が確保されるが、一般株式等は市場性がなく取引価額に恣

意性や任意性が含まれる。）と考えられます。

　なお、平成27年分以前の株式等の譲渡等については上記のような区分はなく、全て「株式等に係る譲渡所得等の金額」とされていたため、例えば、上場株式の譲渡益と非上場株式の譲渡損失との通算は可能でした。しかし、平成28年分以後は、上場株式の譲渡等と一般株式等の譲渡等は、異なる所得区分とされたことにより、原則として相互に損益通算できないこととされました。

2　上場株式等に係る課税方式（概要）

　上場株式等の利子等又は配当等は、その支払（交付）時に源泉（特別）徴収（所得税等15.315％、配当割5％）が行われ、**申告不要**とすることができます（措法8の5①）。

　申告をする場合には、配当等のうち**特定上場株式等の配当等**（40頁参照）は**総合課税**（配当所得）と**申告分離課税**（上場株式等に係る配当所得等の金額）の選択ができますが、**それ以外の配当等及び利子等**については、**申告分離課税**に限られます（措法8の4①②）。

　なお、申告をした場合には、税額計算の過程で源泉（特別）徴収された税額を控除します（所法120①、地法37の4、314の9）。

> **【POINT】**
> ☞　国外払の特定公社債の利子及び外国法人の株式の配当等で我が国で源泉（特別）徴収が行われないものは、申告不要を選択できません。

KEYWORDS

☑　**源泉徴収と特別徴収**

　利子、配当、給与などの支払（又は交付）の際に、支払者等が所定の税率で所得税を天引きして、国に納付することを「源泉徴収」といいます（所法2①四十五）。

　一方、住民税（地方税）の天引きについては「特別徴収」といいます（地法1①九）。上場株式等に係る利子等又は配当等については配当割（税率5％）が、源泉徴収を選択した特定口座における上場株式等の譲渡益については株式等譲渡所得割（税率5％）が、それぞれ特別徴収され

ます（地法71の28、71の49）。

上場株式等の譲渡等による所得は、**申告分離課税**（上場株式等に係る譲渡所得等の金額）による申告が必要になります（措法37の11①）。ただし、特定口座（源泉徴収を選択したものに限る。）で行った譲渡等については、申告不要を選択できます（措法37の11の5）。

なお、上場株式等の譲渡等による損失は、確定申告により他の上場株式等の譲渡等による譲渡益と通算（**所得内通算**^(注)）することができますが、通算しきれない損失は、原則として生じなかったものとみなされます（措法37の11①）。

ただし、その損失が、金融商品取引業者への売委託などの**一定の譲渡等**により生じたものに限り、前述の**上場株式等に係る配当所得等の金額**と**損益通算**^(注)をすることができ（措法37の12の2①）、通算しきれない損失は、翌年以後3年間にわたり繰り越し、該当年の上場株式等に係る譲渡所得等の金額及び上場株式等に係る配当所得等の金額から控除（繰越控除）することができます（措法37の12の2⑤）。

(注) 所得内通算と損益通算については、次頁参照。

> 【POINT】
>
> ☞ 特定口座（源泉徴収を選択したものに限る。）で行った譲渡等については、その口座ごとに税額の精算が行われるため申告不要を選択することができます。

● 上場株式等に係る金融証券税制の概要 ●

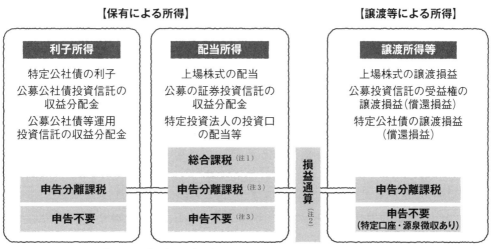

(注)1 特定上場株式等の配当等（40頁参照）に限られる。
　　2 金融商品取引業者への売委託など一定の譲渡等により生じた損失に限られる。
　　3 上場株式等の配当等で大口株主等が受けるものは57頁を参照。

KEYWORDS

☑ **所得内通算**

　　所得税は、所得の性質に応じ所得を区分して各種所得の金額を計算します（事業所得、不動産所得、雑所得など）。同じ所得区分内における黒字の金額と赤字の金額は通算しますが、このことを一般に所得内通算又は内部通算といいます。この所得内通算は、民法組合における特定組合員の不動産所得の損失など一定のものを除き、自動的に行われます。

〔所得内通算の事例（雑所得の場合）〕

・個人年金（雑所得）　800,000円　－　500,000円　＝　300,000円
　　　　　　　　　　　（収入金額）　　（必要経費）

↕（同じ所得区分）　　　　　　　　　　　　　↕ 所得内通算 ⎱290,000円

・為替差損（雑所得）　110,000円　－　120,000円　＝　△10,000円
　　　　　　　　　　　（12万円を800ドルに交換し、後日、その800ドルを11万円に交換）

KEYWORDS

☑ **損益通算**

　　所得内通算が同じ所得区分内で行われるのに対し、損益通算は、異なる所得区分間での黒字の金額と赤字の金額を通算することをいいます。

　　総所得金額、退職所得金額又は山林所得金額の計算において、不動産所得、事業所得、山林所得又は総合課税の譲渡所得の各損失は、他の各種所得の金額（給与所得など）と損益通算することができます。

　　一方、上場株式等に係る所得においては、上場株式等に係る譲渡損失が金融商品取引業者への売委託など一定の譲渡等により生じたものである場合に限り、その損失は上場株式等に係る配当所得等の金額と損益通算することができます。

〔損益通算の事例〕

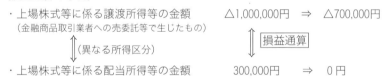

・上場株式等に係る譲渡所得等の金額　　　　△1,000,000円　⇒　△700,000円
　（金融商品取引業者への売委託等で生じたもの）

↕（異なる所得区分）　　　　　　　　　　　　↕ 損益通算

・上場株式等に係る配当所得等の金額　　　　300,000円　⇒　　0円

3　一般株式等に係る課税方式（概要）

　　一般株式等の**利子等**は、原則として、源泉（特別）徴収（所得税等15.315％、利子割5％）された上で**源泉分離課税**とされ、申告をすることができません（措法3①）。

　　ただし、同族会社が発行した社債の利子（償還差益を含む。）でその同族株主である個人及びその親族等（令和3年4月以後は、その同族会社の判定の基礎となる株主である法人との間に発行済株式等の50％超の保有関係がある個人及びその親族等を含む。）が支払

を受けるもの（措法3①四、37の10③八）並びに民間国外債の利子（措法6②）は、いずれも源泉徴収（所得税等15.315％）された上で**総合課税**（利子所得）による申告が必要になります。

　一方、**一般株式等**の**配当等**は、源泉徴収（所得税等20.42％）された上で、原則として、**総合課税**（配当所得）による申告が必要になります。

　ただし、内国法人から支払を受ける（国外株式の配当等で内国法人から支払を受けるものとみなされるものを含む（措法9の2⑤一）。）配当等で少額配当（年10万円相当以下）については、所得税に限り申告不要制度が設けられています（措法8の5①一）。

　また、私募の公社債等運用投資信託の収益の分配及び私募の特定目的信託の社債的受益権の剰余金の配当は、源泉（特別）徴収（所得税等15.315％、利子割5％）された上で源泉分離課税とされ、申告することができません（措法8の2①）。

【POINT】

☞　一般株式等の利子等で源泉（特別）徴収が行われないものは総合課税で申告する必要があります。

　一般株式等の譲渡等による所得は、**申告分離課税**（一般株式等に係る譲渡所得等の金額）による申告が必要です（措法37の10①）。

　なお、一般株式等の譲渡等による損失は、確定申告により他の一般株式等の譲渡等による譲渡益と通算（**所得内通算**）することができますが、通算しきれない損失は、生じなかったものとみなされます（措法37の10①）。そのため、一般株式等の譲渡による損失は、特定投資株式に係るものが上場株式等の譲渡益と通算できる場合（措法37の13の3④）を除き他の所得との損益通算はできません。

　このように、一般株式等から生じる所得は、次頁の図のとおり、その所得の種類により別々の課税方式が採用されています。

● 一般株式等に係る金融証券税制の概要 ●

| 【保有による所得】 | | 【譲渡等による所得】 |

利子所得

一般公社債の利子
私募公社債投資信託の
収益分配金

源泉分離課税(注1)
（申告不可）

配当所得

| 非上場株式の配当 | 私募公社債等運用投資信託の収益分配金 |

総合課税(注2)　**源泉分離課税**(注1)
　　　　　　　　　　（申告不可）

譲渡所得等

非上場株式の譲渡損益
一般公社債や私募投資信託の
受益権の譲渡損益（償還損益）

申告分離課税(注1)

✕ ←─ **損益通算不可** ─→ ✕

(注)1　同族会社の社債の利子（償還差益を含む。）で、その同族株主等（令和3年4月以後は、同族会社の判定の基礎となる法人株主との間に特殊関係のある個人株主等を含む。）が受けるものは総合課税の利子所得（償還差益は雑所得）。
　　2　内国法人から受ける年10万円相当以下の少額配当等は所得税に限り申告不要制度あり。

参考 **上場株式等の保管口座と税務申告**

　上場株式等は、一般には、金融商品取引業者等において開設する証券口座で保管します。証券口座には課税口座（一般口座又は特定口座）、非課税口座（NISA口座）などがあります。特定口座は、譲渡益に対する源泉（特別）徴収の有無で簡易申告口座と源泉徴収選択口座に区分されます。

1　課税口座とその概要

区　分			所得金額の計算	税務申告	備考
一般口座			譲渡等による所得金額の計算を納税者自ら計算する必要あり。	原則として確定申告が必要	取得（購入）や譲渡の際に交付される取引明細書の保存が必要。
特定口座	簡易申告口座		譲渡等による所得金額の計算を金融商品取引業者が行い、1年間の譲渡損益を「特定口座年間取引報告書」により報告を受ける。		
	源泉徴収選択口座			譲渡益に応じて所得税等及び住民税（株式等譲渡所得割）が徴収されるため、申告不要を選択できる。	選択により利子配当の受入れも可能。譲渡損失が生じたときは口座内で利子配当との損益通算が自動的に行われ、徴収税額の精算が行われる。

2　源泉徴収選択口座選択のポイント

　源泉徴収選択口座は、申告又は申告不要の選択ができるため、有利選択に適しています。また、申告不要を選択すれば、合計所得金額を要件とする制度（例えば、控除対象扶養親族など）に影響しません。

〔金融所得課税の概要〕

5 上場株式等とされる株式・出資・公社債・投資信託等

　ここまでは、所得税の課税方式と金融証券税制の概要についての説明でしたが、こ
こでは、本書の主たるテーマである「上場株式等」とされるものの範囲等について取
り上げています。

1 上場株式等の範囲

　上場株式等とされる**株式・出資・公社債及び投資信託等**は、株式等（17頁参照）と
されるもののうち、次表の①～⑰に掲げるものとされています（措法37の11②一～十
四）。

● 上場株式等とされる株式・出資・公社債・投資信託等 ●

株式等で金融商品取引所に上場されているもの等 （措法37の11②一）	①　株式等で金融商品取引所に上場されているもの ②　上記①の上場されているものに類する次のもの 　a　店頭売買登録銘柄として登録された株式（出資及び投資法人の投資口を含む。） 　b　店頭転換社債型新株予約権付社債 　c　店頭管理銘柄株式（出資及び投資法人の投資口を含む。） 　d　認可金融商品取引業協会の定める規則に従い、登録銘柄として認可金融商品取引業協会に備える登録原簿に登録された日本銀行出資証券 　e　外国金融商品市場において売買されている株式等
受益権等の募集が公募により行われるもの （措法37の11②二～四）	③　公募投資信託の受益権 ④　特定投資法人の投資口 ⑤　公募特定受益証券発行信託の受益権 ⑥　公募の特定目的信託の社債的受益権

特定公社債とされるもの （措法3①一・37の11②一、 五～十四）	⑦　金融商品取引所に上場されている公社債 ⑧　国債及び地方債 ⑨　外国又はその地方公共団体が発行し又は保証する債券 ⑩　会社以外の法人が特別の法律により発行する債券 ⑪　公募公社債等 ⑫　社債のうち、その発行の日前9月以内（外国法人は12月以内）に有価証券届出書等を内閣総理大臣に提出している法人が発行するもの ⑬　金融商品取引所又は外国の金融商品取引所において公表された公社債情報に基づき発行する公社債 ⑭　国外において発行された公社債で一定のもの ⑮　外国法人（外国政府や国際機関を含む。）が発行し又は保証する債券で一定のもの ⑯　銀行業又は第一種金融商品取引業を行う者や外国法令に準拠してその外国において銀行業又は金融商品取引業を行う法人等が発行した一定の社債 ⑰　平成27年12月31日以前に発行された公社債（発行時に同族会社に該当する会社が発行したものを除く。）

2　株式等で金融商品取引所に上場されているもの等

　次頁の表をご覧ください。①の**株式等で金融商品取引所に上場されているもの**は、金融商品取引所に上場されている株式等の全てが含まれます。

　上場株式はもとより、投資信託の受益権、投資法人の投資口、特定受益証券発行信託の受益権、公社債等で金融商品市場に上場されているものは全て、①の株式等で金融商品取引所に上場されているものに含まれます（措法37の11②一）。**ETF**（上場投資信託の受益権）、**REIT**（上場の不動産投資法人の投資口）、**インフラファンド**（上場のインフラ投資法人の投資口）、**ETN**（東証のJDR・上場の受益証券発行信託の受益権）などが該当します。

　また、後記 4 で取り上げる特定公社債は上場株式等に該当しますが、金融商品市場に上場されている公社債は、この①の株式等で金融商品取引所に上場されているものに含まれます。

　②の**上場されているものに類する株式等**は、金融商品取引所に上場はされていませんが、日本証券業協会に登録されている**店頭市場**で取引が認められているものなどであり、上場株式等と同様に取り扱われます（措令25の9②一、措規18の10）。ただし、現在は店頭登録名柄といわれるものは存在していないようです。

②eの**外国金融商品市場において売買されている株式等**は、上場されているものに類するものとして上場株式等に含まれます（措令25の9②二）。

◉ 株式等で金融商品取引所に上場されているもの等 ◉

① 株式等で金融商品取引所に上場されているもの
・上場株式（上場新株予約権・上場新株引受権を含む。）
・上場投資信託の受益権（ETF）
・上場の投資法人の投資口（J-REIT・インフラファンド）
・上場新株予約権付社債
・上場優先出資証券
・上場特定受益証券発行信託の受益権（ETN（JDR形式））
・上場公社債投資信託の受益権

② 上場されているものに類する株式等（右に掲げるもの）

a 店頭売買登録銘柄として登録された株式（出資及び投資法人の投資口を含む。）

店頭売買登録銘柄とは、日本証券業協会に登録されている店頭市場での取引が認められている株式をいう。登録には一定の要件を満たすことが必要である。

b 店頭転換社債型新株予約権付社債

店頭転換社債型新株予約権付社債とは、新株予約権付社債（転換特定社債及び新優先出資引受権付特定社債を含む。）で、認可金融商品取引業協会が、その定める規則に従い、その店頭売買につきその売買価格を発表し、かつ、当該新株予約権付社債の発行法人に関する資料を公開するものとして指定したものをいう（措令25の9②）。

c 店頭管理銘柄株式（出資及び投資法人の投資口を含む。）

店頭管理銘柄株式とは、金融商品取引所への上場が廃止され、又は店頭売買登録銘柄としての登録が取り消された株式（投資口を含む。）のうち、認可金融商品取引業協会が、その定める規則に従い指定したものをいう（措規18の10①一）。

d 認可金融商品取引業協会の定める規則に従い、登録銘柄として認可金融商品取引業協会に備える登録原簿に登録された日本銀行出資証券（措規18の10①二）

e 外国金融商品市場において売買されている株式等

外国金融商品市場とは、「取引所金融商品市場に類似する市場で外国に所在するもの（金商法2⑧三ロ）」をいうが、これには日本証券業協会の規則に基づき各証券会社が「適格外国金融商品市場（投資家保護上問題ないと判断する外国の取引所金融商品市場又は店頭市場）」としている市場も含む（措通37の11−1）。

☑ **金融商品取引所**

　金融商品取引所とは、内閣総理大臣の免許を受けて金融商品市場を開設する金融商品会員制法人又は株式会社をいいます（金商法2⑯）。現在、東京証券取引所、名古屋証券取引所、福岡証券取引所及び札幌証券取引所があります。

金融商品取引所	市場の種類等
東京証券取引所 （大阪取引所）	プライム市場、スタンダード市場、グロース市場、TOKYO PRO Market、上場投資信託（ETF）、不動産投資信託（J–REIT）、インフラファンド、上場投資証券（ETN）
名古屋証券取引所	プレミア市場、メイン市場、ネクスト市場
福岡証券取引所	本則市場、Q–Board
札幌証券取引所	上場株式市場、アンビシャス

3 受益権等の募集が公募により行われるもの

　次の表の③〜⑥に掲げる投資信託の受益権、特定投資法人の投資口、特定受益証券発行信託の受益権及び特定目的信託の社債的受益権は、金融商品取引所に上場はされていませんが、その**受益権等の募集**がいずれも**公募**により行われるものです。

KEYWORDS

☑ **公募とは**

　公募とは、取得勧誘（新たに発行される有価証券の取得の申込みの勧誘）が多数の者（50名以上）を相手方として行う場合（特定投資家のみを相手方とする場合を除く。）をいいます。

　なお、多数の者に適格機関投資家（有価証券に対する投資に係る専門的知識及び経験を有する者として内閣府令で定める者）が含まれる場合には、当該有価証券がその取得者である適格機関投資家から適格機関投資家以外の者に譲渡されるおそれが少ない一定の場合は、その適格機関投資家は除かれることになります（措法8の4①、金商法2③一、金商法令1の4、1の5）。

● 受益権等の募集が公募により行われるもの ●

③　公募投資信託の受益権

　公募投資信託とは、投資信託でその設定に係る受益権の募集が一定の公募により行われたものをいう。

　なお、一定の公募とは、受益権の募集に係る取得勧誘が上記 KEYWORDS の公募（国外募集の場合は公募相当）に該当することに加え、次の要件が必要である（措令4の2⑤）。

　受益権の募集が国内で行われる場合には、委託者指図型投資信託約款又は委託者非指図型投資信託約款にその取得勧誘が公募に該当するものである旨の記載がなされているものをいい、また、その募集が国外で行われる場合には、目論見書その他これに類する書類にその取引勧誘が公募相当である旨の記載がなされているものをいう。
・公募証券投資信託の受益権
・公募公社債投資信託の受益権
・公募公社債等運用投資信託の受益権

④　特定投資法人の投資口

　特定投資法人とは、投資主の解約請求により投資口の払戻しをする旨が規約に定められており（オープンエンド）、かつ、その設立の際の投資口の募集が一定の公募である投資法人をいう。

　なお、一定の公募とは、投資口の募集に係る取得勧誘が上記 KEYWORDS の公募に該当することに加え、投資口の申込みをしようとする者に対しその取得勧誘が公募に該当するものである旨の通知がなされるものをいう（措令4の2⑥）。

> **⑤　公募特定受益証券発行信託の受益権**
>
> 　公募特定受益証券発行信託の受益権とは、その信託契約の締結時において委託者が取得する受益権の募集が一定の公募により行われたものをいう。
>
> > 　なお、一定の公募とは、受益権の募集に係る取得勧誘が上記 KEYWORDS の公募（国外募集の場合は公募相当）に該当することに加え、次の要件が必要である（措令4の2⑦）。
> > 　受益権の募集が国内で行われる場合には、目論見書及び信託契約の契約書にその取得勧誘が公募に該当する旨の記載がなされているものをいい、また、その募集が国外で行われる場合には、目論見書その他これに類する書類及び信託契約の契約書にその取得勧誘が公募相当である旨の記載がなされているものをいう。

> **⑥　公募の特定目的信託の社債的受益権**
>
> 　公募の特定目的信託とは、その信託契約の締結時において資産の流動化に関する法律に規定する原委託者が有する社債的受益権の募集が一定の公募により行われたものをいう。
>
> > 　なお、一定の公募とは、社会的受益権の募集に係る取得勧誘が上記 KEYWORDS の公募（国外募集の場合は公募相当）に該当することに加え、次の要件が必要である（措令3の4②）。
> > 　社債的受益権の募集が国内で行われる場合には、目論見書及び資産信託流動化計画（資産の流動化に関する法律2⑭）にその取得勧誘が公募である旨の記載がなされているものをいい、また、その募集が国外で行われる場合には、目論見書その他これに類する書類及び資産信託流動化計画にその取得勧誘が公募相当である旨の記載がなされているものをいう。

　③の**公募投資信託の受益権**とは、契約型の投資信託で、その設定に係る受益権の募集が一定の公募により行われたものとされています（措法8の4①二）。

　投資信託は、主として有価証券で運用する**証券投資信託**（所法2①十三）と有価証券以外で運用する**証券投資信託以外の投資信託**に区分されます。

　証券投資信託は、公社債のみで運用するものと株式を含む有価証券（公社債を除く。）で運用するものに区分され、前者を**公社債投資信託**（所法2①十五）といいます。

　また、**証券投資信託以外の投資信託**は、公社債・手形・指名金銭債権・合同運用信託で運用する**公社債等運用投資信託**（所法2①十五の二）、他の資産で運用する**投資信託**に区分されます。

（投資信託の区分）

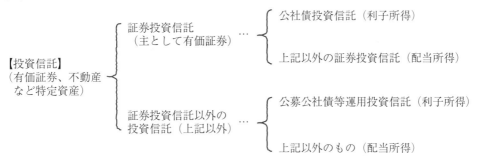

【投資信託】
（有価証券、不動産
など特定資産）
── 証券投資信託
（主として有価証券）…
　── 公社債投資信託（利子所得）
　── 上記以外の証券投資信託（配当所得）
── 証券投資信託以外の
投資信託（上記以外）…
　── 公募公社債等運用投資信託（利子所得）
　── 上記以外のもの（配当所得）

　④の**特定投資法人の投資口**は、会社型の投資信託といわれる投資法人（投資信託及び投資法人に関する法律2⑫）の投資口（同法2⑭）のうち、投資主の解約請求により投資口の払戻しが受けられる**オープン・エンド型**で、かつ、投資口の募集が**一定の公募**によるものとされています（措法8の4①三）。

　なお、投資法人の投資口で、J－REITなどは上場されているため、前記①の株式等で金融商品取引所に上場されているものに該当します。上場されているものは解約請求できない**クローズド・エンド型**ですが、上場されているため譲渡することにより換金することができます。

　⑤の**公募特定受益証券発行信託の受益権**とは、受益権を表示する有価証券（受益証券）を発行する信託（受益証券発行信託）のうち、一定の要件（税務署長の承認を受けた法人による引受け、利益留保割合2.5％以下、計算期間1年以下、受益者の存在しない信託に非該当など）の全てを満たすもので（法法2二十九ハ）、その信託契約の締結時において委託者が取得する受益権の募集が**一定の公募**により行われたものとされています（措法8の4①四）。

　⑥の**公募の特定目的信託の社債的受益権**とは、信託契約の締結時に資産の流動化を行うことを目的として、委託者が有する信託の受益権を分割することにより複数の者に取得させることを目的とした信託（資産の流動化に関する法律2⑬）で、その社債的受益権（あらかじめ定められた金額の分配を受けることができる受益権）の募集が**一定の公募**により行われたものとされています（措法8の4①五）。

　なお、上場されている特定受益証券発行信託の受益権及び特定目的信託の社債的受益権は、前記①の株式等で金融商品取引所に上場されているものに該当します。

4 特定公社債とされるもの

公社債とは、公債及び社債（会社以外の法人が特別の法律により発行する債務を含む。）をいい（所法2①九）、上場株式等とされる**特定公社債**は、下記の表のいずれかに該当するものをいいます（措法3① 、37の11②一、五～十四）。

主なものとしては、**国債、地方債、外国国債、外国地方債、公募公社債、上場公社債**などが該当します（表の①～⑤）。

社債は金融商品取引所に上場されていなくても上場会社又は有価証券報告書等を提出している会社が発行するものは特定公社債とされ（表の⑥）、また、**世界銀行、国際復興開発銀行、アジア開発銀行**等が発行する債券も特定公社債とされています（表の⑨）。

平成27年12月31日以前に発行された公社債は、その発行時に同族会社に該当する会社が発行したものを除き、全て特定公社債として取り扱われます（表の⑪）。

なお、同族会社が発行したものでも表の①から⑩までのいずれかに該当する場合は特定公社債に該当します。

◉ 特定公社債とされるもの ◉

① 金融商品取引所に上場（外国金融商品市場において売買）されている公社債

② 国債及び地方債

③ 外国又はその地方公共団体が発行し又は保証する債券
・外国国債、外国地方債、外国政府等の保証債

④ 会社以外の法人が特別の法律により発行する債券（外国法人に係るもの並びに投資法人債、短期投資法人債、特定社債及び特定短期社債を除く。）
会社以外の法人が特別の法律により発行する債券とは、例えば、次のものが該当する。
・財投機関債や独立行政法人がその設立根拠法に基づき発行する債券等
・投資法人債や特定社債で公募発行されたもの等

⑤ 公募公社債（発行時の有価証券の募集が一定の公募により行われたもの）
一定の公募とは、公社債の募集が公募（31頁参照）（国外募集の場合は公募相当）に該当することに加え、次の要件が必要である（措令25の9③）。
募集が国内で行われる場合には、目論見書にその取得勧誘が公募に該当するものである旨の記載がなされているものをいい、また、その募集が国外で行われる場合には、目論見書その他これに類する書類にその取得勧誘が公募相当である旨の記載がなされているものをいう。

⑥ **社債でその発行日前 9 か月以内（外国法人は12か月以内）に有価証券報告書等を内閣総理大臣に提出している法人が発行するもの**

・上場会社が発行する社債
・未上場であるが有価証券報告書等を提出している会社が発行する社債

⑦ **金融商品取引所（外国の取引所を含む。）の規則に基づき公表された公社債情報に基づき発行する公社債で、その発行時の目論見書に、その公社債がその公社債情報に基づき発行されるものである旨の記載のあるもの**

　上記の公社債情報とは、一定の期間内に発行する公社債の種類及び総額、その公社債の発行者の財務状況及び事業の内容その他当該公社債及び当該発行者に関して明らかにされるべき基本的な情報をいい、例えば、東京証券取引所が定める「特定上場有価証券に関する有価証券上場規程の特例」第 2 条《定義》に掲げる「プログラム情報」が該当することとされている（措通37の 2 – 2）。

⑧ **国外発行公社債で一定のもの**

　次に掲げる国外発行公社債で、その取得時から引き続きその金融商品取引業者の営業所（金融商品取引業者が同一であれば他の営業所に移管されてもよい。）において保管の委託がされているものに限られる（措法37の11②十一、措令25の 9 ⑤、措通37の11– 5）。
a　国内の金融商品取引業者等が多数（50名以上）の者を相手方として売り出したもの等で、目論見書又は外国証券情報にその旨の記載等があるもの
b　売付け勧誘等（金商法 2 ④）に応じて取得した公社債（上記 a を除く。）で、取得の日前 9 か月（外国法人は12か月）以内に有価証券報告書等を提出している会社が発行したもの等

⑨ **外国法人が発行又は保証する債券で一定のもの**

　次の a ～ c に掲げるものであり（措令25の 9 ⑥）、例えば、それぞれに掲げるものが該当する。
a　外国政府が出資金額等の50％以上を出資（拠出）している外国法人が発行し又は保証する債券
　・フィンランド地方金融公社、クイーンズランド州財務公社等が発行する債券
b　外国の特別の法令の規定に基づき設立された外国法人で、その業務がその外国政府の管理下で運営されているものが発行又は保証する債券
　・FNMA（米国連邦住宅抵当公庫）、GNMA（米国連邦抵当金庫）、FHLB（米国連邦住宅貸付銀行）等が発行する債券
c　国際間の取極に基づき設立された国際機関が発行又は保証する債券
　・世界銀行、国際復興開発銀行、アジア開発銀行等が発行する債券

⑩ **銀行業若しくは第一種金融商品取引業を行う者若しくは外国の法令に準拠してその国において銀行業若しくは金融商品取引業を行う法人（以下「銀行等」という。）又はその銀行等の直接又は間接保有による100％子会社等の一定の関連会社が発行した社債（その取得者が 1 人又はその者の親族等の関係者のみであるものを除く。）**

⑪　**平成27年12月31日以前に発行された公社債**（その発行の時において同族会社
に該当する会社が発行したものを除く。）

参考　**同族会社が発行した社債**

　　発行時に同族会社に該当する会社が発行した公社債は、上記の「特定公社債とされ
るもの」の①〜⑩に該当するものを除き、特定公社債には該当せず、一般公社債とな
ります（上記⑪）。

　　「発行時に同族会社に該当する会社」と規定されているため、その公社債の譲渡時や
償還時に同族会社に該当しないこととなっている場合であっても一般公社債になりま
す。

　　一般公社債の償還（買入れ償還を含む。）による償還金は、一般株式等の譲渡等によ
る収入金額とみなされます。しかし、その償還の日においてその者（以下「対象者」
という。）又はその対象者と特殊関係（発行済株式等の50％超の保有関係）のある法人
を判定の基礎となる株主として選定した場合に同族会社となるときにおけるその対象
者及びその親族等が受ける償還金は、一般株式等に係る譲渡所得等に係る収入金額と
みなされず、総合課税（雑所得）の対象になります（措法37の10③八、措通37の11−
6）。

II

上場株式等に係る
利子・配当の課税方式とその選択

【本章の構成と主な内容】

　本章では、上場株式等の保有に係る所得（利子等及び配当等）の課税方式とその選択について説明します。特定口座に受け入れた利子・配当の課税方式選択と確定申告書の作成に関する説明も加えています。

　本章の構成は、次表のとおりです。

	区　分	内　容
上場株式等に係る利子・配当の課税方式とその選択	❶上場株式等に係る利子等・配当等の課税方式の概要	上場株式等の利子等及び配当等の課税方式について、その計算方法と選択に当たっての考え方について説明しています。
	❷上場株式等に係る利子等とその課税方式の選択	上場株式等の利子等とされるものを掲げた上で、課税方式とその選択について、「特定口座以外で受けるもの」と「特定口座で受けるもの」に区分して説明しています。
	❸上場株式等に係る配当等とその課税方式の選択	上場株式等の配当等（特定上場株式等の配当等とそれ以外の配当等）とされるものを掲げ、課税方式とその選択について、「特定口座以外で受けるもの」と「特定口座で受けるもの」に区分して説明しています。
	❹特定口座受入れ利子・配当の課税方式選択と確定申告書の作成	特定口座年間取引報告書の様式を掲げ、受け入れた利子配当につき、「特定上場株式等の配当等」欄と「上記以外のもの」欄に区分して、それぞれの課税方式の選択について説明し、最後に上場株式等の利子・配当の確定申告書の作成について説明しています。

❶ 上場株式等に係る利子等・配当等の課税方式の概要

上場株式等の保有による所得には、その元本の種類に応じ利子等（利子又は収益の分配）又は配当等（配当、収益の分配）があります。

なお、上場株式等の利子等又は配当等の内容とその課税方式の選択については、後記❷及び❸において取り上げます。ここでは、申告の際の有利選択の前提となる課税方式の概要について説明します。

1 上場株式等の利子等・配当等の課税方式

上場株式等に係る利子等について確定申告をする場合、総合課税（利子所得）ではなく、租税特別措置法により申告分離課税（上場株式等に係る配当所得等の金額）とされています（措法8の4①、地法附則33の2①⑤）。

上場株式等に係る配当等について確定申告をする場合は次のとおりです。

特定上場株式等の配当等（下記 ❷ 参照）については、総合課税（配当所得）を原則としつつ、租税特別措置法により申告分離課税（上場株式等に係る配当所得等の金額）を選択できることとされています（確定申告書に申告分離課税の適用を受ける旨の記載が必要）（措法8の4①②、地法附則33の2②⑥）。すなわち、総合課税と申告分離課税のいずれかを選択できることになります。

特定上場株式等の配当等以外の配当等については、上場株式等の利子等と同様に総合課税（配当所得）ではなく、租税特別措置法により申告分離課税（上場株式等に係る配当所得等の金額）とされています（措法8の4①、地法附則33の2①⑤）。

なお、源泉（特別）徴収のみで課税関係を終了させる申告不要制度（措法8の5、地法32⑫、313⑫）もありますが、以下においては、申告をする場合の課税方式について説明します。

2 配当等（特定上場株式等）の総合課税

✠ 総合課税（配当所得）の選択

　上場株式等に係る配当等のうち次に掲げる**特定上場株式等の配当等**については、前述のとおり、総合課税（配当所得）と申告分離課税（上場株式等に係る配当所得等の金額）のいずれかを選択できます（措法8の4①②、地法附則33の2②⑥）。ただし、申告をする特定上場株式等の配当等の全てについて、総合課税又は申告分離課税のいずれかとする必要があります（一部を総合課税、残りを申告分離課税とすることはできない。）（措法8の4②）。

　総合課税を選択した場合、配当所得の金額は、その年中の配当等の収入金額になりますが、株式など配当所得を生ずべき元本の取得に要した負債の利子があれば、その元本を有していた期間に対応する部分の金額の合計額を収入金額から控除します。ただし、事業所得、譲渡所得又は雑所得の基因となった有価証券を取得するために要した負債の利子は、必要経費又は譲渡費用として控除するため、配当収入からは控除できません（所法24②、措法37の10⑥二、三、37の11⑥）。すなわち、その年に譲渡等をした上場株式等に係るものは、必要経費又は譲渡費用として控除することになります。

【算式】

配当所得の金額　＝　配当等の収入金額　－　元本取得のための負債利子
　　　　　　　　　　　　　　　　　　　　　　（その年中の所有期間対応分）

　なお、株式等の元本を取得するための負債利子は、配当収入があった株式を取得するためという個別対応ではなく、総体計算とされています（所基通24－5(1)）。そのため、借入金により取得した株式等が無配であっても、その負債利子は他の配当等の収入金額から控除できます。

◆ 特定上場株式等の配当等とされるもの

　①　金融商品取引所に上場されている株式等（次に掲げるものを含む。）の配当等

　　a　特定株式投資信託（株価指数連動型のＥＴＦなど）の受益権

　　b　店頭売買登録銘柄として登録された株式（出資を含む。）

　　c　店頭管理銘柄株式（出資及び投資法人の投資口を含む。）

　　d　日本銀行出資証券

  e 外国金融商品市場において売買されている株式等

② 公募の証券投資信託（公社債投資信託を除く。）の収益の分配

③ 特定投資法人の投資口の配当等

 総合課税（配当所得）による申告では、総合課税に係る他の所得（給与所得、事業所得、不動産所得、雑所得など）と合計して総所得金額を求め、所得控除の合計額を差し引いた残額である課税総所得金額に対し、所得税については超過累進税率（5％〜45％、他に復興特別所得税）、住民税については定率税率（所得割10％）を乗じて税額を計算します。

 内国法人から受ける配当など一定の配当等については、税額控除として配当控除を適用します（所法92①、地法附則5①③）。

【算式】

配当所得の金額　＋　総合課税の他の所得の金額　＝　総所得金額

総所得金額　－　所得控除の合計額　＝　課税総所得金額（千円未満切捨て）

課税総所得金額 × 適用税率 － 配当控除額 － 源泉（特別）徴収税額　＝　納税額又は還付額

✠ 配当控除

 配当控除は、法人税との二重課税を調整するために設けられています。配当控除率は、配当等の種類に応じ、次表のとおりとされています。

 なお、課税総所得金額等（総所得金額に係る課税総所得金額に申告分離課税に係る各課税所得金額を加算した金額。197頁参照）が1,000万円を超えると、その超える部分に係る配当等については、配当控除率が2分の1（例えば、10％のものは5％）になります（所法92①、地法附則5①③）。

● 配当所得の内容と課税総所得金額等に応じた配当控除割合 ●

（単位：％）

税目等の区分 / 配当所得の内容	課税総所得金額等が 1,000万円以下の場合		課税総所得金額等が 1,000万円超の場合			
			1,000万円以下 の部分の金額		1,000万円超 の部分の金額	
	所得税	住民税	所得税	住民税	所得税	住民税
剰余金の配当、利益の配当、剰余金の分配、金銭の分配、特定株式投資信託の収益の分配	10.0	2.8	10.0	2.8	5.0	1.4
証券投資信託（特定株式投資信託及び一般外貨建等証券投資信託を除く。）(注1)の収益の分配	5.0	1.4	5.0	1.4	2.5	0.7
一般外貨建等証券投資信託(注2)の収益の分配	2.5	0.7	2.5	0.7	1.25	0.35

(注)1　非株式組入割合と外貨建資産割合のいずれもが50％以下のものが該当
　　2　非株式組入割合と外貨建資産割合のいずれもが50％超75％以下のものが該当
　　　　なお、外国株式投資信託及び特定外貨建等証券投資信託（非株式組入割合又は外貨建資産割合が75％超のもの）については配当控除の適用はない。
　　3　課税総所得金額等については197頁を参照。

　特定上場株式等の配当等につき総合課税で申告した場合の配当控除の適用の可否については、次頁のとおりです。

　なお、申告分離課税及び申告不要を選択した配当等については、配当控除の適用はありません（措法8の4①、8の5①、地法附則33の2①⑤）。

● 特定上場株式等の配当等と配当控除の適用の可否 ●

区分	内容	配当控除の適用
金融商品取引所に上場されている株式等その他これに類する株式等の配当等	① 内国法人株式の配当	適用あり（所法92）
	② 特定株式投資信託（株価指数連動型のETFなど）の収益の分配（下記④を除く。）	
	③ 外国法人株式の配当	適用なし（所法92）
	④ 外国株価指数連動型特定株式投資信託（ETF）の収益の分配	適用なし（措法9①三）
	⑤ 日本銀行出資証券の配当	適用あり（所法92）
	⑥ 上場投資法人の投資口（J-REIT、インフラファンド）の配当等	適用なし（措法9①七）
	⑦ 上場優先出資証券の配当	適用あり（所法92）
	⑧ 上場の証券投資信託（⑨及び⑩を除く。）の収益の分配	
	⑨ 外貨建等証券投資信託の収益の分配	適用なし（措法9①四）
	⑩ 特定外貨建等証券投資信託（外貨建割合又は非株式割合が75％超）の収益の分配	
	⑪ 上場の特定目的信託の社債的受益権の配当	適用なし（措法9①五）
	⑫ 上場の特定受益証券発行信託の収益の分配（上場ETN、東証のJDR）	適用なし（所法92）
	⑬ 基金利息	
公募の証券投資信託の収益の分配	⑭ 公募の証券投資信託の収益の分配（⑮及び⑯を除く。）	適用あり（所法92）
	⑮ 公募の外貨建等証券投資信託の収益の分配	適用なし（措法9①四）
	⑯ 公募の特定外貨建等証券投資信託（外貨建割合又は非株式割合が75％超）の収益の分配	
⑰ 特定投資法人の投資口の配当等		適用なし（措法9①七）

3　利子等及び配当等の申告分離課税

　上場株式等の利子等と配当等（特定上場株式等の配当等については申告分離課税を選択したものに限る。）の合計額については、**上場株式等に係る配当所得等の金額**として**申告分離課税**とされます（措法8の4①、地法附則33の2①⑤）。

$$上場株式等に係る配当所得等の金額 \begin{cases} 上場株式等に係る\textbf{利子所得}の金額 \\ + \\ 上場所得等に係る\textbf{配当所得}の金額 \end{cases}$$

　申告分離課税で申告する場合は、上場株式等に係る配当所得等の金額から、所得控除額（総所得金額等から控除しきれない部分の金額に限る。）を差し引いた**上場株式等に係る課税配当所得等の金額**に対して申告分離課税の税率を乗じます。

【算式】

上場株式等に係る配当所得等の金額	−	所得控除額	=	上場株式等に係る課税配当所得等の金額（千円未満切捨て）

　適用税率は、所得税等15.315%、所得割5%になります。

　なお、上場株式等の配当等について申告分離課税とする場合、配当控除の適用はありません（措法8の4①、地法附則33の2①）。

【算式】

上場株式等に係る課税配当所得等の金額	×	税率 {所得税等 15.315% / 所得割 5%}	−	源泉（特別）徴収税額	=	納税額又は還付額

　なお、申告分離課税に適用される税率は、上場株式等の利子等及び配当等の支払（交付）を受ける際の源泉（特別）徴収税率と同率ですから、源泉（特別）徴収されるべきものについては、次に記載する**上場株式等の譲渡損失との損益通算**を行う場合等を除き、一般には、この申告分離課税を選択することはありません（申告不要を選択）。

4　税負担等を踏まえた課税方式の選択

　総合課税と申告分離課税を選択できる特定上場株式等の配当等については、次に掲げる損益通算や損失の繰越控除の適用を踏まえた上で、適用される税率（負担率）を

比較して申告（総合課税若しくは申告分離課税）又は申告不要の選択を行います。

　また、上場株式等の利子等及び特定上場株式等の配当等以外の上場株式等の配当等については、上場株式等の譲渡損失との損益通算、その繰越控除の適用を踏まえた上で、申告分離課税による申告又は申告不要の選択を行います。

✒➥　損益通算

・　不動産所得、事業所得、山林所得又は総合譲渡所得の損失の有無

・　上場株式等の譲渡損失で一定の譲渡等により生じたものの有無

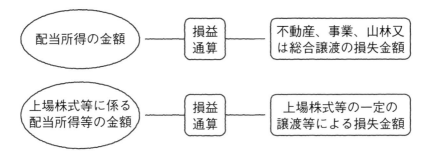

✒➥　損失の繰越控除

・　前年以前から繰り越される純損失の有無

・　前年以前から繰り越される上場株式等の譲渡損失の有無

　繰り越されてくる純損失の金額　⇒　配当所得を含めた総所得金額から控除

　繰り越されてくる上場株式等の譲渡損失の金額　⇒　上場株式等に係る譲渡所得等の金額及び上場株式等に係る配当所得等の金額から控除

✒➥　適用税率

・　総合課税で適用される税率（配当控除後）と申告分離課税の税率（＝源泉（特別）徴収税率）の差

② 上場株式等に係る利子等とその課税方式の選択

　公社債並びに公社債投資信託及び公社債等運用投資信託の受益権は“株式等”に含まれ、これらの保有から生じる利子や収益の分配は利子所得（私募公社債等運用投資信託の収益の分配は配当所得）になります。ここでは、“上場株式等”に該当する公社債、公社債投資信託等の受益権に係る利子等の内容とその課税方式の選択について説明します。

1　上場株式等の利子等とされるもの

　利子や収益の分配が上場株式等に係る利子等とされるものには、次のものがあります（措法8の4①）。

◉ 上場株式等に係る利子等とされる公社債、投資信託等 ◉

区　分			関係法令
①	特定公社債の利子（右欄に掲げるものを含む。）	金融商品取引所に上場されている公社債	措法3①一
		店頭転換社債型新株予約権付社債	
②	公社債投資信託で右欄に掲げるものに係る収益の分配	受益権の募集が公募のもの	措法3①二
		受益権が金融商品取引所に上場されているもの等	
		受益権が外国金融商品市場で売買されているもの	
③	公募公社債等運用投資信託の収益の分配		措法3①三
④	国外一般公社債等以外の国外公社債等の利子等で国内の支払の取扱者から交付を受けるもの		措法3の3③⑦

【POINT】
☞ 一般公社債（特定公社債以外）並びに私募公社債投資信託及び私募公社債等運用
投資信託の受益権は、一般株式等に該当します。

2 源泉（特別）徴収

利子等の支払（交付）を受ける際の源泉（特別）徴収の有無は、下記 **3** の課税方式
の選択に影響します。

上場株式等に係る利子等で、①内国法人等から支払われるもの、②国内における支
払の取扱者（利子等の受領の媒介、取次ぎ又は代理を業として又は業務に関連して国内に
おいてする者）を通じて交付を受けるもの及び③特定口座（源泉徴収選択口座）で交付
を受けるものは、その支払（交付）時に所得税等（税率15.315％）及び配当割（税率5
％）の源泉（特別）徴収が行われます（所法182一、措法9の3、9の3の2、地法71の
27〜71の30）。

一方、国外公社債等に係る利子等で国内の支払の取扱者を通じず、直接支払を受け
るものは、源泉（特別）徴収が行われません。

3 課税方式とその選択

 特定口座（源泉徴収選択口座）以外で受けるもの

上場株式等に係る利子等で、その支払（交付）時に源泉（特別）徴収されるものは、
申告分離課税（上場株式等に係る配当所得等の金額）又は**申告不要**のいずれかを選択でき
ます（措法8の4①、8の5①、地法附則33の2①⑤、地法32⑫⑬、313⑫⑬）。この場
合の申告又は申告不要の選択は、1回に支払（交付）を受けるべき利子等の額ごとに
行うことができます（措法8の5④）。

上場株式等に係る利子等で、国外の支払者から直接支払を受けるなど国内における
支払の取扱者による源泉（特別）徴収が行われないものは申告（申告分離課税に限る。）
が必要になります（措法8の4①、地法附則32の2①⑤）。

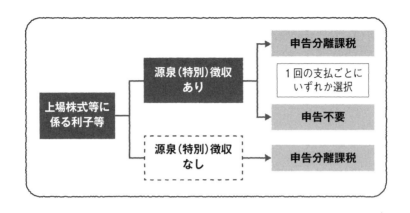

┌─ 【事例】一般口座で保管する社債（公募）の利子に係る課税方式の選択 ─┐

　上場会社Ａ社発行の社債の利子（利払は年２回）の支払を受けた（いずれも源泉（特別）徴収の対象）。これら利子に係る課税方式はどのような選択が可能か。

　申告又は申告不要の選択は、１回に支払を受けるべき利子ごとに行うことができるため、次の４通りの全てが可能である。

| 1回目の利子
(10,000円)
2回目の利子
(10,000円) | ・いずれも申告分離課税
・1回目は申告分離課税、2回目は申告不要
・1回目は申告不要、2回目は申告分離課税
・いずれも申告不要 | ○ |

✠ 特定口座（源泉徴収選択口座）で受けるもの

　上場株式等に係る利子等を源泉徴収選択口座（源泉徴収を選択した特定口座）で受ける場合には、その口座を開設している金融商品取引業者等が利子等の交付時に源泉（特別）徴収を行います（措法９の３の２、地法71の30）。

　そのため、源泉徴収選択口座に受け入れる上場株式等の利子等についても、**申告分離課税**又は**申告不要**のいずれかを選択することができます（措法８の４①、８の５①、地法32⑫⑬、313⑫⑬）。

　ただし、この場合の選択は、その年中にその源泉徴収選択口座に受け入れた利子等の合計額（配当等も受け入れている場合には利子等及び配当等の合計額）ごとに行います（措法37の11の６⑨）。

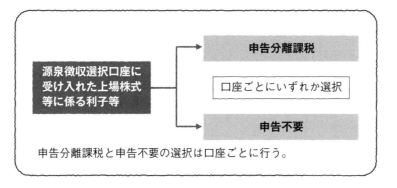

【事例】甲証券の源泉徴収選択口座に受け入れた利子等の課税方式の選択

　甲証券に開設した源泉徴収選択口座にＡ社の社債利子とＢ公社債投資信託の収益の分配が受け入れられている。これら利子等の課税方式はどのような選択が可能か。

　源泉徴収選択口座に受け入れた利子等については、その口座ごとに申告分離課税又は申告不要の選択となる。そのため、Ａ社の社債利子とＢ公社債投資信託の収益の分配については、異なる課税方式を選択できない。

| Ａ社の社債利子 | 10,000円 |

・いずれも申告分離課税
・いずれも申告不要　　　➡　○

| Ｂ公社債投資信託の収益の分配 | 5,000円 |

・Ａ社の社債利子は申告分離課税、Ｂ公社債投資信託の収益の分配は申告不要

【POINT】

☞　「源泉（特別）徴収税率＝申告分離課税の税率」のため、通常は申告不要を選択します。

　　源泉（特別）徴収税率……所得税等　15.315%　　　配当割　5%

　　申告分離課税の税率………所得税等　15.315%　　　所得割　5%

☞　上場株式等の一定の譲渡損失との損益通算やその繰越控除を行う場合、外国税額控除を適用する場合は、申告分離課税を選択します。

☞　特定公社債の利子などの上場株式等に係る利子所得は総合課税で申告することはできません。

● 上場株式等に係る利子等の課税関係 ●

区　分	源泉（特別）徴収	課税区分
①　特定公社債の利子 ②　公社債投資信託（公募又は上場）の収益の分配 ③　公社債等運用投資信託（公募又は上場）の収益の分配	所　　　15.315% 住・配当割5%	申告分離課税 又は 申告不要
④　国外一般公社債等の利子等以外の国外公社債等の利子等で国内の支払の取扱者から受けるもの	なし	申告分離課税

● （参考）一般株式等に係る利子等の課税関係 ●

区　分	源泉（特別）徴収	課税区分
①　一般公社債の利子（⑤及び⑥を除く。） ②　私募の公社債投資信託の収益の分配	所　　　15.315% 住・利子割5%	源泉分離課税 （確定申告不可）
③　私募の公社債等運用投資信託の収益の分配[注] ④　国外一般公社等の利子等	なし	総合課税
⑤　同族会社が発行した一般公社債の利子でその同族会社の同族株主等（令和3年4月以後は、その同族会社の同族法人株主と特殊関係のある個人等を含む。）が受けるもの ⑥　民間国外債の利子	所　　　15.315%	総合課税

(注)　私募の公社債等運用投資信託の収益の分配は配当所得になるが、課税関係は同様である。

3 上場株式等に係る配当等とその課税方式の選択

　株式、出資及び証券投資信託の受益権等は"株式等"に含まれ、これらの保有から生じる配当や収益の分配は配当所得になります。ここでは、"上場株式等"に該当する株式や出資、証券投資信託の受益権等に係る配当等の内容とその課税方式の選択について説明します。

1　上場株式等に係る配当等とされるもの

　配当や収益の分配が上場株式等に係る配当等とされるものには、次のものがあります（措法8の4①、措令25の9②、措規18の10①）。

　特定上場株式等の配当等（①〜③）を申告する場合は、総合課税（配当所得）又は申告分離課税（上場株式等に係る配当所得等の金額）のいずれかを選択できますが、他の配当等（④〜⑥）を申告する場合は、申告分離課税に限られます（措法8の4①②、地法附則33の2①②⑤⑥）。

特定上場株式等の配当等	①　株式等（措法37の10②）で金融商品取引所に上場されているものの配当等^(注1)（次に掲げるものを含む。） 　a　特定株式投資信託^(注2)の収益の分配 　b　店頭売買登録銘柄として登録された株式（出資を含む。）の配当等 　c　店頭管理銘柄株式（出資及び投資法人の投資口を含む。）の配当等 　d　日本銀行出資証券の配当等 　e　外国金融商品市場において売買されている株式等の配当等
	②　公募証券投資信託の収益の分配 　（上記①aの特定株式投資信託及び公社債投資信託を除く。）
	③　特定投資法人の投資口の配当等
上記以外の配当等	④　証券投資信託以外の公募投資信託（公社債等運用投資信託を除く。）の収益の分配
	⑤　公募の特定受益証券発行信託の収益の分配（上場されている特定受益証券発行信託の収益の分配は上記①に該当）
	⑥　公募の特定目的信託の社債的受益権の剰余金の配当

(注)1　内国法人等の大口株主等（57頁参照）が受ける配当等は申告分離課税を選択できない。

2　信託財産を株式のみに対して投資する上場証券投資信託で一定のもの（措法３の２かっこ書）

【POINT】

☞　非上場株式、私募の証券投資信託の受益権、私募の特定受益証券発行信託及び私募の特定目的信託の社債的受益権は、一般株式等に該当します。

参考　**配当金の受取方法**

　　配当金（国外の配当金を除く。）には、４つの受取方法があります。なお、金融商品取引業者によって取扱いが異なる場合があります。

	受取方法	内　容
①	株式数比例配分方式	各金融商品取引業者に保管委託する株式等の数量に応じて、配当金をそれぞれの金融商品取引業者の口座で受け取る方法
②	登録配当金受領口座方式	保有する全ての株式等の配当金を一つの預金口座で受け取る方法
③	配当金領収証方式	発行会社から郵送される配当金受領証をゆうちょ銀行などの窓口まで持参して受け取る方法
④	個別銘柄指定方式	銘柄ごとに指定の預金口座で受け取る方法

(注)1　源泉徴収選択口座内での譲渡損と配当等の損益通算は、①株式数比例配分方式の選択が必要となる。また、非課税口座（NISA・ジュニアNISA）で保管する上場株式等の配当等を非課税とするためには、①株式数比例配分方式の選択が必要となる。
　　2　受取方法の指定がないと③配当金領収証方式となる。
　　3　受取方法は証券保管振替機構（ほふり）を介して各金融機関で共有されるため、複数の金融商品取引業者で口座を保有する場合、一つの金融商品取引業者で受取方法を変更すると、他の金融商品取引業者での受取方法も変更される。

2　源泉（特別）徴収

　　配当等の支払（交付）を受ける際の源泉（特別）徴収の有無は、下記 **3** の課税方式の選択に影響します。

　　上場株式等に係る配当等で、①内国法人等から支払を受けるもの、②国内における支払の取扱者（配当等の受領の媒介、取次ぎ又は代理を業として又は業務に関連して国内においてする者）から交付を受けるもの及び③特定口座（源泉徴収選択口座）で交付を受けるものは、その支払（交付）時に所得税等（税率15.315％）及び配当割（税率５％）の源泉（特別）徴収が行われます（措法９の３、９の３の２、37の11の６、地法71の27〜71の30、地法附則35の２の５）。

一方、外国法人の配当等で国内の支払の取扱者を通じず、直接受けるものは、源泉（特別）徴収が行われません。

なお、上場株式等の配当等で大口株主等（57頁参照）が受けるものは、その支払（交付）時に所得税等（税率20.42％）が源泉徴収されますが、配当割の特別徴収はありません（措法９の３の２①）。ただし、令和５年10月１日以後に支払を受けるもので、配当等の支払基準日において同族会社の持株割合との合計により３％以上の保有となる場合の徴収税率は、所得税等が15.315％、配当割が５％になります（措法９の３①一、地法71の27、71の28）。

3 課税方式とその選択

 特定口座（源泉徴収選択口座）以外で受けるもの

●━◆ 特定上場株式等の配当等（大口株主等が受けるものを除く。）

上場株式等の配当等で**特定上場株式等の配当等**に該当するもの（大口株主等が受けるものを除く。）について申告をする場合には、**総合課税**（配当所得）又は**申告分離課税**（上場株式等に係る配当所得等の金額）のいずれかを選択できます（措法８の４①②、地法附則33の２①②⑤⑥）。

その選択は、申告をする特定上場株式等の配当等の全てについて、総合課税又は申告分離課税のいずれかとする必要があります（一部を総合課税、残りを申告分離課税とすることはできない。）（措法８の４②）。

なお、その支払（交付）を受ける際に源泉（特別）徴収が行われるものは、**申告不要**を選択することができます（措法８の５①、地法32⑫、313⑫）。この選択は、１回に支払を受けるべき特定上場株式等の配当等の額ごとに行うことができます（措法８の５④）。

また、支払（交付）時に源泉（特別）徴収が行われないものは、申告（総合課税又は申告分離課税）が必要になります。

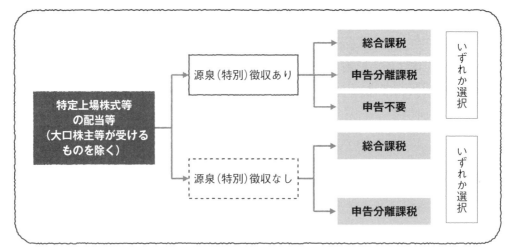

(注) 申告するもの全てについて、総合課税又は申告分離課税のいずれかとする必要がある。

【POINT】

☞ 総合課税とする場合は、事業所得、不動産所得、山林所得又は総合課税の譲渡所得の損失と損益通算をすることができ、内国法人等からの配当等（投資法人から受けるものなど一定のものを除く。）については配当控除の適用があります（所法92①、地法附則5①③）。

☞ 上場株式等の一定の譲渡損失との損益通算やその繰越控除を行う場合は申告分離課税を選択しますが、その場合、配当控除の適用はありません（措法8の4①、地法附則33の2①⑤）。

【事例1】 特定上場株式等の配当等を申告する場合の課税方式の選択

　上場3社（A社・B社・C社）から受けた配当（特定上場株式等の配当等）がある（いずれも一般口座保管分で源泉（特別）徴収の対象）。これら株式配当を申告する場合の課税方式はどのような選択が可能か。

　申告を（選択）する特定上場株式等の配当等に係る総合課税又は申告分離課税の選択は、それら全てについて行う必要がある（一部を総合課税、残りを申告分離課税とすることはできない。）。

A社株の配当　10,000円
B社株の配当　12,000円
C社株の配当　15,000円

・いずれも総合課税で申告
・いずれも申告分離課税で申告

・A社株、C社株は総合課税、
　B社株は申告分離課税で申告

(注)　上記はいずれも申告する場合の選択であり、いずれかの配当を申告不要とすることはできる。

【事例2】 同一銘柄の株式配当の申告又は申告不要の選択（中間配当と期末配当）

　上場会社D社から受けた配当（中間配当と期末配当）がある（いずれも一般口座保管分で源泉（特別）徴収の対象）。同一銘柄の株式配当の申告又は申告不要はどのような選択が可能か。

　申告又は申告不要の選択は、1回に支払を受けるべき配当の額ごとに行うことができるため、次の4通りの全てが可能である。

D社株の中間配当　10,000円
D社株の期末配当　15,000円

・いずれも申告不要
・中間配当は申告、期末配当は申告不要
・中間配当は申告不要、期末配当は申告
・いずれも申告

(注)　「いずれも申告」とする場合は、全て総合課税又は全て申告分離課税のいずれかになる。

【事例3】異なる銘柄の株式配当の申告又は申告不要の選択

　上場会社E社から受けた期末配当と同F社から受けた期末配当がある（いずれも一般口座保管分で源泉（特別）徴収の対象）。異なる銘柄の株式配当の申告又は申告不要はどのような選択が可能か。

　申告又は申告不要の選択は、1回に支払を受けるべき配当の額ごとに行うことができるため、次の4通りの全てが可能である。

E社株の 期末配当	10,000円
F社株の 期末配当	12,000円

・いずれも申告不要
・E社株は申告、F社株は申告不要
・E社株は申告不要、F社株は申告
・いずれも申告

(注)　「いずれも申告」とする場合は、全て総合課税又は全て申告分離課税のいずれかになる。

【POINT】

☞　総合課税、申告分離課税又は申告不要の選択は、確定申告の際に行います。その後の修正申告や更正の請求においてその選択替え（課税方式の変更）はできません（措通8の4－1、8の5－1）。

●◆ 特定上場株式等の配当等以外の配当等

　特定上場株式等の配当等以外の配当等を申告する場合には、**申告分離課税**に限られます（措法8の4①、地法附則32の2①⑤）。

　具体的には、証券投資信託以外の公募投資信託（公募公社債等運用投資信託を除く。）の収益の分配、公募の特定受益証券発行信託の収益の分配及び公募の特定目的信託の社債的受益権の剰余金の配当が該当します。

　なお、その支払（交付）を受ける際に源泉（特別）徴収が行われるものは、**申告不要**を選択することができます（措法8の5①、地法32⑫、313⑫）。この選択は、1回に支払を受けるべき配当等の額ごとに行うことができます（措法8の5④）。

　また、支払（交付）時に源泉（特別）徴収が行われないものは、申告（申告分離課税に限る。）が必要になります（措法8の4①、地法附則33の2①⑤）。

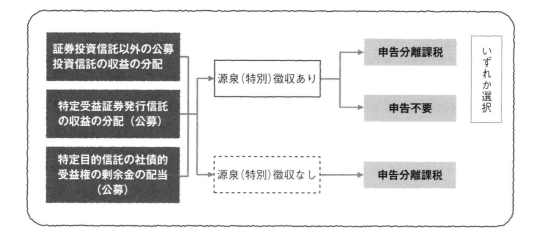

【POINT】

☞ 源泉（特別）徴収が行われるものは、源泉（特別）徴収税率＝申告分離課税の税率のため、通常は申告不要を選択します。

　　源泉（特別）徴収税率……所得税等　15.315%　　配当割　5％

　　申告分離課税の税率………所得税等　15.315%　　所得割　5％

☞ 上場株式等の一定の譲渡損失との損益通算やその繰越控除を行う場合、外国税額控除を適用する場合は、申告分離課税を選択します。

☞ 申告不要の選択は、1回に支払を受けるべき配当等の額ごとに行います。

✠ 大口株主等が受ける上場株式の配当等

上場株式等の配当等（投資法人から受ける金銭の分配を含む。）で内国法人の**大口株主等**（発行済の株式、出資や投資口の3％以上を保有する者をいう。なお、令和5年10月1日以後に支払われるものから、支払を受ける者を判定の基礎となる株主として選定した場合に同族会社に該当する法人が保有する株式数や口数を合算して3％以上を保有する者が含まれる。）が支払を受けるものは、申告分離課税とすることができず（措法8の4①一）、**総合課税**になります。

　ただし、配当の支払時に源泉徴収されているもので、1回に支払を受けるべき配当等の金額が、次の算式により計算した金額以下である場合は、所得税は少額配当として申告不要とすることができますが（措法8の5①一）、住民税の申告は必要になります。

【算式】

10万円　×　配当計算期間の月数(注)　÷　12

(注)　配当計算期間が1年を超える場合には12月として計算する。また、配当計算期間に1か月に満たない端数がある場合には1か月として計算する。

上場会社（内国法人）の「大口株主等」の定義

　大口株主等の定義が改正されました。改正前は、株式等の保有割合３％以上の個人株主が大口株主等とされていましたが、令和５年10月１日以後に支払われる配当等から、配当等の支払基準日において個人株主を判定の基礎となる株主として選定した場合に同族会社に該当することとなる法人と合算して保有割合３％以上となる場合のその個人株主も大口株主等に含まれることになりました（措法８の４①一）。

　この場合の同族会社は、上位の３株主（親族や配偶者等の同族関係者がいる場合は１株主グループになる。）が発行済株式又は出資の総数又は総額の50％超を有する法人になります（法法２十）。このように、同族会社の判定では、１株主に親族等の保有割合も含めますが、大口株主等では、個人株主（１名）の保有割合とその同族会社の保有割合との合計で３％以上保有するか否かを判定します。

（事例）上場会社Ｘ社の大口株主等の判定

Ｘ社の株主	持株割合	備　考
個人Ａ	2.5%	個人Ｂの親族
個人Ｂ	2.1%	個人Ａの親族
Ｙ社	0.7%	個人Ａの持株割合60％、個人Ｂの持株割合40％の同族会社

・個人Ａは上場会社Ｘ社の大口株主等に該当する。

　　同族会社であるＹ社の持株割合との合計で3.2％（2.5％＋0.7％）保有　≧　３％

・個人Ｂは上場会社Ｘ社の大口株主等に該当しない。

　　同族会社であるＹ社の持株割合との合計で2.8％（2.1％＋0.7％）保有　＜　３％

【**POINT**】

☞　大口株主等が所有する上場株式等は、配当所得の申告において申告分離課税の適用から除外されますが、譲渡等の場面では上場グループとして取り扱われます。

● 上場株式等の配当等の課税関係 ●

上場株式等の配当等の区分		源泉徴収	課税区分
特定上場株式等の配当等	支払（交付）時に源泉（特別）徴収あり	所　　15.315% 住・配当割5%	総合課税、申告分離課税又は申告不要のいずれかを選択^(注1)
	支払時に源泉（特別）徴収なし	―	総合課税又は申告分離課税のいずれかを選択^(注1)
上記以外の配当等	支払（交付）時に源泉（特別）徴収あり	所　　15.315% 住・配当割5%	申告分離課税又は申告不要のいずれかを選択
	支払時に源泉（特別）徴収なし	―	申告分離課税
内国法人の大口株主等が受ける配当等		所　20.42%^(注2)	総合課税（少額配当は所得税に限り申告不要可）

(注)1　申告をする場合は、全て総合課税又は全て申告分離課税のいずれかになる。
　　2　同族会社の持株割合と合計したことにより3％以上となる場合の源泉（特別）徴収税率は、所得税等15.315%、住民税配当割5％になる。

● （参考）一般株式等の配当等の課税関係 ●

一般株式等の配当等の区分		源泉徴収	課税区分
一般株式等の配当等	内国法人から受ける配当で支払（交付）時に源泉徴収あり	所　20.42%	総合課税（少額配当は所得税に限り申告不要可）
	・私募公社債等運用投資信託の収益の分配 ・私募の特定目的信託の社債的受益権の剰余金の配当	所　　15.315% 住・利子割5%	源泉分離課税
	支払時に源泉徴収なし	―	総合課税

✠ 特定口座（源泉徴収選択口座）で受けるもの

　上場株式等に係る配当等を源泉徴収選択口座（源泉徴収を選択した特定口座）で受ける場合には、その口座を開設している金融商品取引業者等が配当等の交付時に源泉（特別）徴収を行います（措法9の3の2、地法71の30）。

　そのため、源泉徴収選択口座に受け入れる上場株式等の配当等については、次のと

おりとなります。

　特定上場株式等の配当等については、**申告**（**総合課税**若しくは**申告分離課税**）又は**申告不要**のいずれかを選択することができます（措法8の4①②、8の5①、地法附則33の2①②⑤⑥、地法32⑫⑬、313⑫⑬）。申告をする場合には、特定上場株式等の配当等の全てについて、総合課税又は申告分離課税のいずれかとする必要があります（措法8の4②）。

　また、**特定上場株式等の配当等以外の配当等**については、**申告分離課税**又は**申告不要**のいずれかを選択することができます（措法8の4①、8の5①、地法附則33の2①⑤、地法32⑫⑬、313⑫⑬）。

　ただし、特定口座受入れ配当等についての申告不要の選択は、その年中にその源泉徴収選択口座に受け入れた配当等の額の合計額（利子等も受け入れている場合には利子等の額及び配当等の額の合計額）ごとに行います（措法37の11の6⑨）。

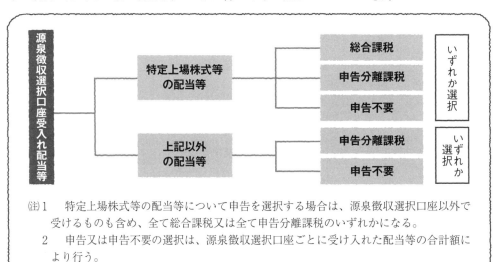

（注）1　特定上場株式等の配当等について申告を選択する場合は、源泉徴収選択口座以外で受けるものも含め、全て総合課税又は全て申告分離課税のいずれかになる。
　　　2　申告又は申告不要の選択は、源泉徴収選択口座ごとに受け入れた配当等の合計額により行う。

【事例１】甲証券の源泉徴収選択口座に受け入れた配当等の課税方式の選択

甲証券に開設した源泉徴収選択口座に受け入れた配当等は、次のとおりである。

・Ａ社株の配当

・Ｂ特定株式投資信託の収益の分配

・Ｃ公募特定受益証券発行信託の収益の分配

これらの課税方式はどのような選択が可能か。

特定上場株式等の配当等（Ａ社株の配当・Ｂ特定株式投資信託の収益の分配）は、総合課税、申告分離課税又は申告不要のいずれかを選択できる。

特定上場株式等の配当等以外の配当等（Ｃ公募特定受益証券発行信託の収益の分配）は、申告分離課税又は申告不要のいずれかを選択できる。

なお、申告又は申告不要の選択は口座ごとに行う必要があり、また、特定上場株式等の配当等を申告する場合は、全て総合課税又は全て申告分離課税のいずれかにする必要がある。

以上から、申告する場合は、①いずれも申告分離課税とするか、②Ａ社株の配当及びＢ特定株式投資信託の収益の分配を総合課税とし、Ｃ公募特定受益証券発行信託の収益の分配を申告分離課税とするかのいずれかになる。

申告不要とする場合は、これら全てを申告不要とすることになる。

Ａ社株の配当
（特定上場株式等の配当等）

Ｂ特定株式投資信託の収益の分配
（特定上場株式等の配当等）

Ｃ公募の特定受益証券発行信託の収益の分配
（特定上場株式等以外の配当等）

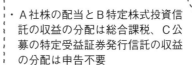

・いずれも申告分離課税で申告
・Ａ社株の配当とＢ特定株式投資信託の収益の分配は総合課税、Ｃ公募の特定受益証券発行信託の収益の分配は申告分離課税
・いずれも申告不要

・Ａ社株の配当とＢ特定株式投資信託の収益の分配は総合課税、Ｃ公募の特定受益証券発行信託の収益の分配は申告不要

【事例2】乙証券の源泉徴収選択口座に受け入れた配当等及び利子等の課税方式の選択

　乙証券に開設した源泉徴収選択口座に受け入れた配当等及び利子等は、次のとおりである。

> ・D社株の配当
>
> ・E社株の配当
>
> ・F特定公社債の利子

これらの課税方式はどのような選択が可能か。

　特定上場株式等の配当等（D社株の配当・E社株の配当）は、総合課税、申告分離課税又は申告不要のいずれかを選択できる。

　特定公社債の利子（F特定公社債の利子）は、申告分離課税又は申告不要のいずれかを選択できる。

　なお、申告又は申告不要の選択は口座ごとに行う必要があり、また、特定上場株式等の配当等を申告する場合は、全て総合課税又は全て申告分離課税のいずれかにする必要がある。

　以上から、申告する場合は、①いずれも申告分離課税とするか、②D社株の配当及びE社株の配当を総合課税とし、F特定公社債の利子を申告分離課税とするかのいずれかになる。

　申告不要とする場合は、これら全てを申告不要とすることになる。

D社株の配当 （特定上場株式等の配当等）	・いずれも申告分離課税で申告 ・D社株の配当とE社株の配当は総合課税で申告し、F特定公社債の利子は申告分離課税で申告 ・いずれも申告不要	
E社株の配当 （特定上場株式等の配当等）	・D社株の配当とE社株の配当は総合課税で申告し、F特定公社債の利子は申告不要 ・D社株の配当は総合課税で申告し、E社株の配当とF特定公社債の利子は申告分離課税で申告	
F特定公社債の利子 （特定公社債の利子）		

◉ 上場株式等の配当等に係る利子所得及び配当所得の課税関係 ◉

上場株式等の配当等[注1]（配当等で大口株主等が支払を受けるものを除く。以下同じ。）で、その支払の際に20.315％（所得税等15.315％、配当割5％）の税率による源泉（特別）徴収が行われるものに係る課税方式の選択は下記のとおりとなる。

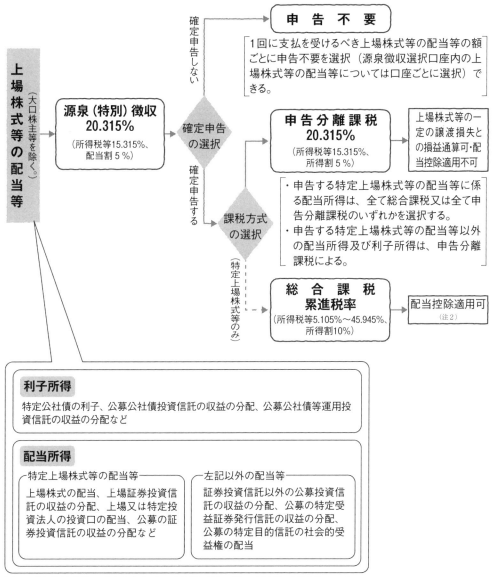

(注)1 「上場株式等の配当等」とは、上場株式等に係る利子等、配当等をいう。
　　2 外国法人の株式など配当控除の対象とならないものを除く。

63

特定口座受入れ利子・配当の課税方式選択と確定申告書の作成

　前記❷及び❸において、上場株式等の利子等又は配当等に係る課税方式とその選択について説明しました。

　ここでは、利子配当受入れ源泉徴収選択口座に係る"特定口座年間取引報告書"の「配当等の額及び源泉徴収税額等」欄の様式、受け入れられた利子等及び配当等に係る申告（総合課税若しくは申告分離課税）又は申告不要の選択並びに確定申告書の作成について説明します。

「配当等の額及び源泉徴収税額等」欄

　特定口座年間取引報告書の「配当等の額及び源泉徴収税額等」欄は、次のとおり**「特定上場株式等の配当等」**と**「上記以外のもの」**に区分されています。

令和　年分　特定口座年間取引報告書

（配当等の額及び源泉徴収税額等）

	種　　額	配当等の額	源泉徴収税額（所　得　税）	配　当　割　額（住　民　税）	特別分配金の額	上場株式配当等控除額	外国所得税の額
特定上場株式等の配当等	④株式、出資又は基金						
	⑤特定株式投資信託						
	⑥投資信託又は特定受益証券発行信託（⑤、⑦及び⑧以外）						
	⑦オープン型証券投資信託						
	⑧国外株式又は国外投資信託等						
	⑨合計（④+⑤+⑥+⑦+⑧）						
上記以外のもの	⑩公社債						
	⑪社債的受益権						
	⑫投資信託又は特定受益証券発行信託（⑬及び⑭以外）						
	⑬オープン型証券投資信託						
	⑭国外公社債等又は国外投資信託等						
	⑮合計（⑩+⑪+⑫+⑬+⑭）						
⑯譲渡損失の金額			（摘要）				
⑰差引金額（⑨+⑮－⑯）							
⑱納付税額							
⑲還付税額（⑨+⑮－⑱）							

「**配当等の額**」欄には受け入れた配当等の収入金額が、「**源泉徴収税額（所得税）**」及び「**配当割額（住民税）**」欄には、源泉（特別）徴収された税額が記載されます。申告を選択する場合には、源泉徴収税額は税額計算過程で控除しますが、その金額は受け入れた利子配当の全ての合計額（「⑱納付税額」欄の記載額）となります。

なお、上場株式等の譲渡等が譲渡損の場合は、受け入れた利子配当と自動的に損益通算が行われ、利子配当に係る源泉（特別）徴収税額が還付されますが、この点については第Ⅲ章❺ 2で説明します。

また、「**特別分配金の額**」欄は、証券投資信託の元本の払戻金（非課税）が記載されます。「**上場株式配当等控除額**」欄は、配当等から控除された分配時調整外国税相当額が記載され、また、「**外国所得税の額**」欄には配当等から控除された外国所得税の額が記載されますから、申告を選択する場合には分配時調整外国税相当額控除又は外国税額控除の適用を検討することになります。この点については第Ⅳ章で説明しています。

譲渡等が譲渡益であれば、譲渡所得等と配当所得等（利子配当の合計）のいずれかのみを申告することもできます。また、配当所得等を申告するときは、この源泉徴収選択口座に受け入れた利子等及び配当等の全てを申告する必要があります（措法37の11の6⑨）。

したがって、例えば、「特定上場株式等の配当等」欄に記載された配当等について申告を選択し、「上記以外のもの」欄に記載された利子等又は配当等を申告不要とすることはできません。

2 「特定上場株式等の配当等」欄

この欄には、特定上場株式等の配当等でその年中に受け入れたものが記載されます。

特定上場株式等の配当等ですから、申告を選択するときは、**総合課税**と**申告分離課税のいずれかを選択**できます（一部を総合課税、他を申告分離課税とすることはできない。）（措法8の4①②、地法附則33の2①②⑤⑥）。

種類欄の④から⑧までに記載された配当等について総合課税とするときは、配当控除の適用の有無、適用できる場合にはその控除率を確認する必要があります。特定口座年間取引報告書の「配当等の交付状況」欄（記載省略）に記載された配当等の種類、銘柄、摘要欄の外貨建資産割合や非株式割合により確認します。

なお、基金利息、投資法人の投資口の配当等、上場の特定受益証券発行信託の収益

の分配、外貨建等証券投資信託の収益の分配、特定外貨建等証券投資信託の収益の分配、外国法人株式の配当及び国外投資信託の収益の分配については、配当控除の適用はありません（34頁参照）。

種　類		内　容
特定上場株式等の配当等	④　株式、出資又は基金	国内上場株式等
	⑤　特定株式投資信託	国内上場 ETF（上場証券投資信託）
	⑥　投資信託又は特定受益証券発行信託（⑤、⑦及び⑧以外）	上場又は特定投資法人の投資口、上場の特定受益証券発行信託（上場 ETN）
	⑦　オープン型証券投資信託	追加型の株式投資信託
	⑧　国外株式又は国外投資信託等	外国株式、外国株 ETF、外国株 ETN、外国株 ADR（米国預託証券）など

3 「上記以外のもの」欄

　「上記以外のもの」欄は、利子等又は特定上場株式等の配当等以外の配当等で、その年中に受け入れられたものが記載されます。申告を選択するときは、**申告分離課税**に限られます。

　上場株式等の利子等は全て「上記以外のもの」欄に記入されます。上場株式等の配当等では、公募の投資信託（証券投資信託を除く。）及び公募の特定受益証券発行信託の収益の分配並びに公募の特定目的信託の社債的受益権の剰余金の配当が「上記以外のもの」欄に記入されます。

種　類		内　容	利子等、配当等の区分
上記以外のもの	⑩　公社債	公債（国債・地方債）、社債	利子等
	⑪　社債的受益権	イスラム債、公募の特定目的信託の社債的受益権	配当等
	⑫　投資信託又は特定受益証券発行信託（⑬及び⑭以外）	ETN（指数連動の社債券）、公募の特定受益証券発行信託	利子等、配当等
	⑬　オープン型証券投資信託	MRF、MMF（追加型の公社債投資信託）	利子等
	⑭　国外公社債等又は国外投資信託等	国外で発行された公社債（米国債、世銀債）や公社債投資信託（外貨 MRF、外貨 MMF）	利子等

上場株式等に係る利子・配当の確定申告書の作成

　ここでは、特定口座（Ａ証券会社・Ｂ証券会社）に受け入れた上場株式等の利子・配当を有する年金所得者が、上場株式等の配当について総合課税を選択する場合の確定申告書の作成について説明します。所得の内容及び課税方式の選択は、下記の各表のとおりとします。

◎ 上場株式等の利子・配当

（単位：円）

区分	所得の種類等	金額	徴収税額		課税方式の選択
			所得税等	配当割	
Ａ証券会社	①　Ｘ社株式の配当 （上場株式の配当）	30,000	4,594	1,500	総合課税
	②　Ｙ社の社債利子 （特定公社債の利子）	22,000	3,369	1,100	申告分離課税
	合　計	52,000	7,963	2,600	―
Ｂ証券会社	③　Ｚ社株式の配当 （上場株式の配当）	40,000	6,126	2,000	総合課税

※前提条件…上場株式等を取得するための負債利子はない。

◎ 公的年金

（単位：円）

区分	支払（収入）金額	源泉徴収税額	社会保険料
④　厚生年金	2,425,332	34,650	124,300

※公的年金等控除額110万円（前提条件…年齢65歳以上・合計所得1,000万円以下）

　次に掲げる事項を踏まえて確定申告書を作成します。

✔　Ａ証券会社の特定口座に利子と配当の受入れがあり、①Ｘ社株式の配当（特定上場株式等の配当等に該当）について総合課税申告を選択する場合、②Ｙ社の社債利子については申告不要を選択できず、申告分離課税とする必要があります。

✔　特定上場株式等の配当等（①及び③）の総合課税又は申告分離課税の選択は、申告する全てのものについて同じ課税方式にする必要があります。ここでは、いずれも総合課税を選択します。

67

確定申告書の第一表に、総合課税の所得や所得控除について記入します。申告分離課税の所得（②Ｙ社の社債利子）がありますから、税額計算は確定申告書第三表で行い、合計税額を第一表の㉛欄に転記します。配当控除額の控除、復興特別所得税額の加算、源泉徴収税額の合計額の控除により申告納税額を算定します。

　上場株式等の利子・配当（配当割の徴収対象に限る。）で申告を選択したものに係る配当割額の合計額を、確定申告書第二表の「○住民税・事業税に関する事項」の「配当割控除額」欄に記入します（住民税の所得割額の計算過程で差し引かれる。）。

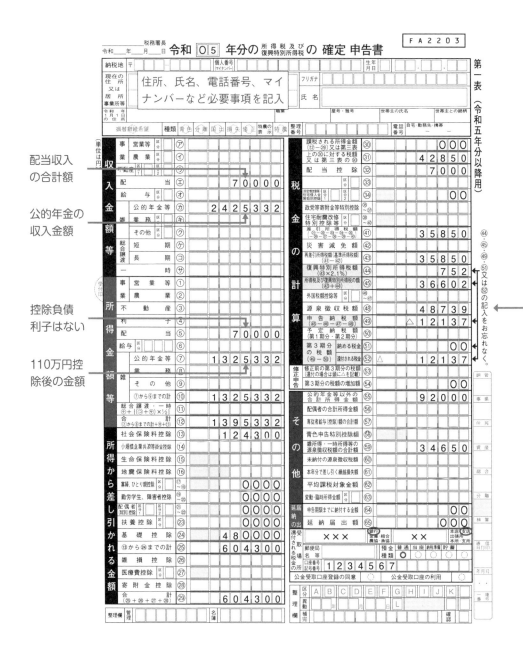

配当収入の合計額

公的年金の収入金額

控除負債利子はない

110万円控除後の金額

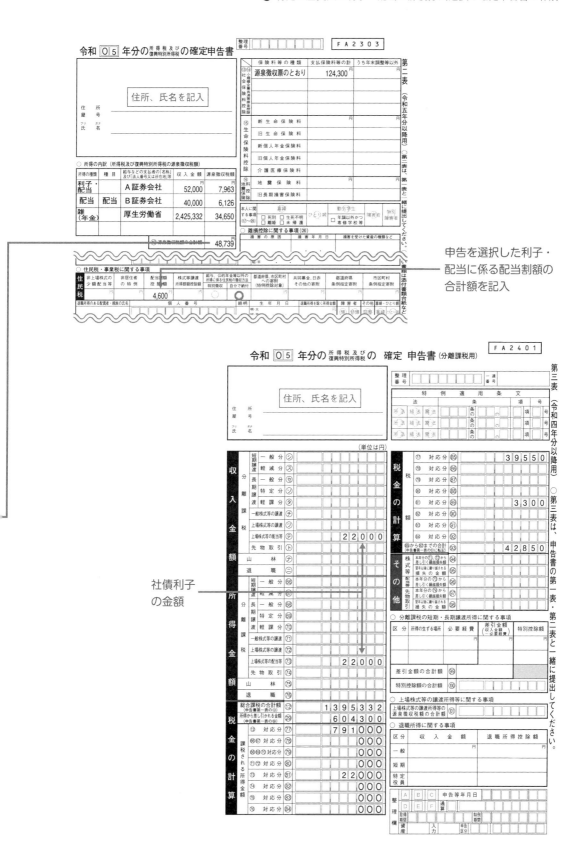

III

上場株式等に係る
譲渡所得等の課税方式とその選択

【本章の構成と主な内容】

　本章では、上場株式等の譲渡に係る譲渡所得等の所得計算と課税方式の選択について説明します。特定口座における取引のほか、譲渡損失の損益通算や繰越控除の申告手続に関する説明も加えています。

　本章の構成は、次表のとおりです。

区　分		内　容
上場株式等に係る譲渡所得等の課税方式の選択	❶上場株式等に係る譲渡所得等の課税方式の概要	上場株式等の譲渡等の所得区分、口座の種類と譲渡損益の計算単位及び譲渡損失の損益通算と繰越控除につき、その概要の説明をしています。
	❷上場株式等の譲渡等の所得区分と譲渡損益の計算	上場株式等の譲渡等は3つの所得区分（事業・譲渡・雑）に区分されており、それぞれの区分ごとの所得計算の差異について説明しています。
	❸相続税額の取得費加算の特例	相続財産を一定期間内に譲渡した場合には、その譲渡した相続財産に対応する相続税額を取得費に加算する特例があります。ここでは、相続した上場株式等についての相続税額の取得費加算の特例について説明しています。
	❹上場株式等の譲渡等の課税方式とその選択	上場株式等に係る譲渡所得等の収入金額とみなされるものを掲げた上で、課税方式とその選択について、「特定口座（源泉徴収選択口座）以外の取引」と「特定口座（源泉徴収選択口座）の取引」に区分して説明しています。
	❺特定口座の種類とその申告方法	特定口座の区分（簡易申告口座・源泉徴収選択口座）を掲げた上で、利子配当受入れ源泉徴収選択口座における申告・申告不要の選択についての考え方を説明しています。
	❻特定口座年間取引報告書の記載と申告又は申告不要の選択	利子配当受入れ源泉徴収選択口座における譲渡等が「譲渡益の場合」と「譲渡損失の場合」に区分し、それぞれ申告又は申告不要の選択についての考え方を説明しています。
	❼譲渡損失の損益通算と繰越控除	上場株式等の譲渡損失の上場株式に係る配当所得等の金額との損益通算及び通算しきれない譲渡損失の繰越控除について説明しています。「株式等に係る譲渡所得金額等の計算明細書」や「確定申告書付表」への記載を含む申告手続についても説明しています。

❶ 上場株式等に係る譲渡所得等の課税方式の概要

　Ⅲ章から上場株式等の譲渡等に関する内容となります。本書は、上場株式等に係る所得の申告方法について解説することを目的としているため、申告に関係のない非課税口座（NISA やジュニア NISA）の取扱いや株式等を対価とする株式譲渡課税の特例についての説明は省略し、また、譲渡損益の計算方法についての記載は最小限としています。

　ここでは、後記❷～❼の上場株式等の譲渡等に係る課税方式の概要についてまとめています。

1 上場株式等の譲渡等に係る 3 つの所得区分

　上場株式等の譲渡等に係る所得は、**申告分離課税（上場株式等に係る譲渡所得等の金額）** とされます。この**上場株式等に係る譲渡所得等の金額**はその譲渡等に係る取引内容や取引の形態に応じ、次のとおり **3 つの所得に区分**されており、その合計額に対して申告分離課税の税率（所得税等15.315％、所得割 5 ％）が適用されます（措法37の11①、地法附則35の 2 の 2 ①⑤）。

【算式】

$$
\begin{array}{l}
上場株式等に係る \\
譲渡所得等の金額
\end{array}
=
\left\{
\begin{array}{c}
上場株式等の譲渡に係る\textbf{事業所得}の金額 \\
+ \\
上場株式等の譲渡に係る\textbf{譲渡所得}の金額 \\
+ \\
上場株式等の譲渡に係る\textbf{雑所得}の金額
\end{array}
\right\}
$$

　上記の所得の区分により、所得金額（譲渡損益）の計算方法に異なる点があることに注意が必要です。詳細は後記❷を参照ください。

❷ 口座の種類と譲渡損益の計算単位

✠ 保管口座と譲渡損益の区分計算

　上場株式等の保管は、一般には、金融商品取引業者に口座を開設して行います。金融商品取引業者には、**特定口座**（原則として1金融商品取引業者等につき1口座）と**一般口座**（信託銀行等の特別口座を含む。以下同じ。）があります。

　上場株式等の譲渡損益の計算は、**特定口座の取引**と**特定口座以外（一般口座）の取引**に区分して行います（措法37の11の3①、地法35の2の4①④）。

　例えば、A社株式を特定口座と一般口座の双方で保有している場合、そのA社株式の取得費（譲渡原価）は、別銘柄であるものとしてそれぞれ別々に算定します。算定方法は後記❷を参照ください。

✠ 譲渡損益の計算単位

　特定口座における譲渡損益の計算は、その特定口座で行った1年間（1月1日から12月31日まで）の全ての取引について、当該口座を開設する金融商品取引業者が行い、**特定口座年間取引報告書**により翌年1月31日までに口座開設者に通知されます（措法37の11の3⑦）。

　一方、特定口座以外（一般口座）の取引の譲渡損益の計算は、取引（取得と譲渡等）の都度、金融商品取引業者から送付される取引明細書の内容に基づき行います。

譲渡損益の
計算単位 {
特定口座による取引は、その特定口座における1年間の取引合計
（特定口座年間取引報告書）

特定口座以外の取引は個々の取引ごと
（個々の取引明細書）

✠ 譲渡等における収入計上時期

　特定口座以外（一般口座）で保有する上場株式等を譲渡した場合の収入計上時期は、受渡日（引渡日）と約定日（契約の効力発生日）のいずれかを選択できます（措通37の10・37の11共－1(1)）。

　一方、特定口座で保有する上場株式等を譲渡した場合の収入計上時期は、受渡日（引渡日）に限られます（H29.5.8裁決）。年内に約定したとしても、受渡日が翌年になると翌年の譲渡になります。

【POINT】

☞　譲渡における収入計上時期

・一般口座保有分…受渡日と約定日のいずれかを選択できます。

・特定口座保有分…受渡日に限られます。

 ## 3　譲渡損益の通算（所得内通算）

✠ 譲渡損益の通算の方法

　特定口座以外（一般口座）の取引における譲渡益と譲渡損失の通算は、確定申告で行います。

　一方、**特定口座の取引**は、その特定口座で行った全ての取引につき、譲渡益と譲渡損失が通算されます。

　しかし、その特定口座の譲渡損益と他の口座による取引（一般口座又は他の特定口座での取引）の譲渡損益との通算は、確定申告で行います。

　特定口座での取引であっても、金融商品取引業者において考慮することのできないもの（例えば、譲渡等が事業所得又は雑所得となる場合の必要経費の計上や譲渡等が譲渡所得となる場合の相続税額の取得費加算の特例など）については、確定申告で行うことになります。

　また、特定口座には、**簡易申告口座**と**源泉徴収選択口座**の２種類があります。

　簡易申告口座は、金融商品取引業者が譲渡損益の計算を行い、その結果に応じ、原則として確定申告が必要になります。

　一方、**源泉徴収選択口座**は、譲渡益が生じた場合はその譲渡所得等の金額に応じて所得税等（税率15.315％）及び株式等譲渡所得割（税率５％）の源泉（特別）徴収が行われます（措法37の11の４①、地法71の49）。そのため、申告不要とすることができますが（措法37の11の５①、地法32⑭、313⑭）、一般口座や他の特定口座の譲渡損益と通算する場合は、確定申告で行います。

　特定口座の申告方法については、後記❺を参照ください。

✠ 上場株式等に係る譲渡所得等の金額

　上場株式等の譲渡等に係る所得は、上記**1**のとおり３つの所得に区分されます。

譲渡損益はそれぞれの所得区分内でまず通算し、通算しきれない損失は、他の2つの所得区分の譲渡益と通算します。すなわち、**上場株式等に係る譲渡所得等の金額**は、これら3つの所得の金額の合計額となります（措法37の11①、措令25の9①）。

 4 **譲渡損失の損益通算と繰越控除**

✠ 譲渡損失の損益通算

上記**3**の譲渡損益の通算（所得内通算）をしても通算しきれない損失が生じる場合があります。その通算しきれない損失については、その損失が生じた譲渡等が金融商品取引業者に対する売委託など**一定の譲渡等**（措法37の12の2②）に該当するものであるときは、確定申告により、**上場株式等に係る配当所得等（配当所得及び利子所得）の金額**と**損益通算**をすることができます（措法37の12の2①、地法附則35の2の6①⑧）。

上場株式等の譲渡等は、金融商品取引業者に対する売委託等で行われることが多いため、多くの場合は上記の**一定の譲渡等**に該当しますが、外国の金融商品取引業者を通じて譲渡した場合などは、これに該当しないので注意が必要です。

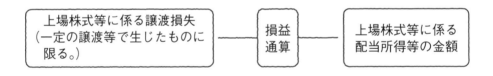

なお、この"一定の譲渡等"については、後記❼を参照ください。

✠ 譲渡損失の繰越控除

損益通算をしても通算しきれない譲渡損失の金額（その損失が前述の"一定の譲渡等"により生じたものに限る。）は、確定申告により、翌年以後3年間の**上場株式等に係る譲渡所得等の金額**及び**上場株式等に係る配当所得等の金額**を限度として控除することができます（措法37の12の2⑤、地法附則35の2の6④⑪）。

損益通算と繰越控除の方法等については、後記❼を参照ください。

参考 **一定の上場株式等の価値が失われた場合の課税の特例**

　発行会社の解散等により株式等の価値が失われたとしても、原則として、その損失は他の株式等の譲渡益や他の所得の金額から控除することはできません。

　しかし、個人が所有する株式又は公社債が特定管理株式又は特定口座内公社債に該当していた場合で、その株式等の発行会社に清算結了等の一定の事実が生じたときは、その株式等の譲渡があったものとして、その株式等の取得価額を譲渡損失の金額とみなし、その年の他の上場株式等の譲渡益から控除できます。

　また、その譲渡損失とみなされた金額が他の株式等の譲渡益から控除しきれなかった場合は、上場株式等に係る譲渡損失の金額として損益通算及び繰越控除の対象とすることができます（措法37の11の2①、地法附則35の2の3①⑤）。

参考 **エンジェル税制（特定投資株式に係る特例）**

　エンジェル税制とは、一定のベンチャー企業（以下「特定中小会社等」という。）への投資を促進するための税制上の優遇措置です。個人投資家が特定中小会社等に投資を行った場合、投資時点と、譲渡時点のいずれの時点でも、それぞれ次に掲げる税制上の優遇措置を受けることができます。

1　投資時点での優遇措置

　投資額につき①寄附金控除（措法41の19（令和7年以後は措法41の18の4）と②株式等の譲渡益（一般株式等又は上場株式等）からの控除（措法37の13、37の13の2）を選択適用できます。

2　譲渡時点での優遇措置

　譲渡損失が生じた場合（価値喪失株式の損失を譲渡損失をみなす場合を含む。）は、その年の株式等の譲渡益（一般株式等又は上場株式等）と通算します（措法37の13の3④、地法附則35の3③⑪）。通算しきれない損失金額は、3年間の繰越控除の対象となります（措法37の13の3⑦、地法附則35の3⑤⑮）。

　なお、譲渡所得の金額を計算する場合の取得費は、実際の取得費から上記1の控除額を控除するなどの調整が必要になります。

5 申告分離課税の税率を適用する「上場株式等に係る課税譲渡所得等の金額」

　上場株式等の譲渡等については、上場株式等に係る譲渡所得等の金額（上記❹による損益通算並びに前年以前3年以内の譲渡損失の繰越控除がある場合には、その通算及び控除後）から、所得控除額（総所得金額等から控除しきれない部分の金額に限る。）を控

除した**上場株式等に係る課税譲渡所得等の金額**に対して申告分離課税の税率を乗じます。

【算式】

上場株式等の譲渡に係る
事業所得・譲渡所得・雑所得　　−　　所得控除額　　=　　上場株式等に係る課税
の金額の合計額　　　　　　　　　　　　　　　　　　　譲渡所得等の金額
　　　　　　　　　　　　　　　　　　　　　　　　　　（千円未満切捨て）

適用税率は、所得税等15.315％、所得割5％です（措法37の11①、地法附則35の2の2①⑤）。

【算式】

上場株式等に
係る課税譲渡　×　税率　┌ 所得税等　15.315％ ┐　−　源泉（特別）　=　納税額
所得等の金額　　　　　└ 所得割　　　　5％ ┘　　　徴収税額　　　　又は
　　　　　　　　　　　　　　　　　　　　　　　　　　　　　　　　　　　還付額

参考　**株式公開買付（TOB）による上場株式の譲渡**

　株式公開買付による上場株式の譲渡は、上場株式等に係る譲渡所得等の金額として課税されます（特定口座で譲渡した場合は、特定口座内で譲渡損益計算が行われる。）。株式公開買付の成立後、上場廃止となった株式を株式公開買付による買付者などにより買い取られた場合は、一般株式等に係る譲渡所得等として取り扱われます（譲渡損が生じても上場株式等の譲渡益との通算や譲渡損失の繰越控除はできない。）。

　また、上場会社が自己株式の取得を公開買付により行うときは、みなし配当課税（所法25①五）の対象となる場合があります。自己株式立会外買付取引（ToSTNeT-3）など市場を通した取引であれば、みなし配当は生じません（全て上場株式の譲渡収入）。

2 上場株式等の譲渡等の所得区分と譲渡損益の計算

　上場株式等の譲渡等に係る所得は3つの所得区分に分かれること、その各所得の合計額が課税標準である"上場株式等に係る譲渡所得等の金額"となることは、前記❶に記載したところです。

　確定申告に当たっては、譲渡等に係る所得区分を考慮する必要があります。ここでは、所得区分の考え方と所得区分による損益計算の差異について説明します。

1 事業所得・譲渡所得・雑所得の所得区分

　資産の譲渡による所得は、**譲渡所得**とされています（所法33①）。ただし、たな卸資産の譲渡その他営利を目的として継続的に行われる資産の譲渡は、譲渡所得に含まれないこととされ（所法33②一）、その譲渡が社会通念上事業と称するに至る規模で行われているものであれば**事業所得**（所法27①）、事業と称するには至らない規模であれば**雑所得**（所法35①、所基通35−2(7)）とされます。

　資産の譲渡のうち上場株式等の譲渡による所得は、租税特別措置法に別段の定めがおかれ、他の所得と区分し、**上場株式等に係る譲渡所得等**（事業所得、譲渡所得及び雑所得）**の金額**として課税されます。

　すなわち、上場株式等に係る譲渡所得等の金額は、次の3つの所得の金額の合計であり（措法37の11①、地法附則35の2の2①⑤）、各所得の金額の計算上生じた損失は、他の2つの所得の金額から控除して算定します（措令25の9①）。

【算式】

$$上場株式等に係る \atop 譲渡所得等の金額 = \begin{cases} 上場株式等の譲渡に係る \textbf{事業所得} の金額 \\ + \\ 上場株式等の譲渡に係る \textbf{譲渡所得} の金額 \\ + \\ 上場株式等の譲渡に係る \textbf{雑所得} の金額 \end{cases}$$

　上場株式等の譲渡損益は、次のとおり譲渡等による収入金額から取得費と譲渡費用（又は必要経費）を控除して算定します（所法33③、37①）。

【算式】

$$譲渡 \atop 損益 = \begin{matrix} 譲渡等による \\ 収入金額 \\ （売却金額） \end{matrix} - \begin{matrix} 取得費 \\ （譲渡原価） \end{matrix} - \begin{matrix} 譲渡費用 \\ 又は \\ 必要経費 \end{matrix}$$

　控除項目である取得費、譲渡費用又は必要経費については、所得区分により取扱いが異なる点に注意が必要です。

✠ 所得区分の具体的な取扱い

●◆ 措置法通達の取扱い

　租税特別措置法通達では、上場株式等の譲渡に係る所得区分について、その譲渡が「営利を目的として継続的に行われているかどうかにより判定する」との原則を掲げた上で、次のとおり取り扱って差し支えないとしています（措通37の10・37の11共－２）。

①　上場株式等で所有期間が１年を超えるものの譲渡による所得　…　譲渡所得

②　信用取引等の方法による上場株式等の譲渡による所得など上記①に掲げる所得以外の上場株式等の譲渡による所得　…　事業所得又は雑所得

　この取扱いに関して、上場株式等は流動性が高いことから「営利・継続取引」される可能性が高いとして事業所得又は雑所得に区分し得るものの、長期所有（１年超）にわたるものの所得の実現は保有期間中の値上がり益の実現とみて譲渡所得に区分するとの説明がなされています（租税特別措置法通達逐条解説）。

●◆ 国税庁質疑応答事例

　投資一任契約に基づく**投資一任口座**（ラップ口座）における株式等の譲渡につい

て、事業所得又は雑所得と考えられるとした質疑があります（「投資一任口座（ラップ口座）における株取引の所得区分」）。

　この質疑では、「上場株式等は流動性が高いことから「営利・継続取引」される可能性が高いとして事業・雑所得に区分しうるものとする一方、…（省略）…、上場株式等であっても、その株式等の所有期間が１年超にわたるものの所得の実現は保有期間中の値上り益の実現とみて、譲渡所得に区分するものとしています。」として上記の通達の考え方について説明した上で、「この投資一任契約は、所有期間１年以下の上場株式の売買を行うものであり、また、顧客が報酬を支払って、有価証券の投資判断とその執行を証券会社に一任し、契約期間中に営利を目的として継続的に上場株式の売買を行っていると認められますので、その株式の譲渡による所得は、事業所得又は雑所得に当たるものと考えられます。」と解説されています。

　なお、投資一任口座（ラップ口座）の契約者が死亡した場合ですが、当該口座における保有株式等は金融商品取引業者により強制的に譲渡されることになるものが多いようです（金融商品取引業者との契約内容の確認が必要）。この場合、死亡後の譲渡ですから相続人が譲渡したことになり、その強制譲渡については、営利を目的とした継続的な譲渡には当たらないため、譲渡所得に該当すると考えます。

　所得区分は事実認定によることになりますが、**信用取引**や**投資一任契約**による株式等の譲渡等は、一般には、営利を目的として継続的に行われるものと考えられますので事業所得又は雑所得となり、事業所得と雑所得の区分は、社会通念上、事業と称するに至る程度で行っているかどうかにより判断することになります。

　なお、所得税の確定申告の際に申告書に添付する「株式等に係る譲渡所得等の金額の計算明細書」は、各所得区分ごとに作成します（措令25の9⑬、措規18の10②）。

KEYWORDS

☑ 「信用取引」と「投資一任契約」

　信用取引とは「金融商品取引業者が顧客に信用を供与して行う有価証券の売買その他の取引」と定義されています（金商法161の2に規定する取引及びその保証金に関する内閣府令1①）。具体的には、顧客が委託保証金を金融商品取引業者に担保として預託し、資金又は証券を借りて売買を行い、所定の期限内に主に反対売買によって弁済する取引になります。

　投資一任契約とは、「当事者の一方が、相手方から、金融商品の価値等の分析に基づく投資判断の全部又は一部を一任されるとともに、当該投資判断に基づき当該相手方のため投資を行うのに必要な権限を委任されることを内容とする契約」と定義されています（金商法2⑧十二ロ）。金融商品取引業者は投資資金の運用に関する投資判断とその執行に必要な権限の委任を受けて顧

客に代わって資産運用を行う一方、顧客は投資顧問報酬（固定報酬や成功報酬）を支払います。

2 所得金額の計算における差異

上場株式等の譲渡等に係る所得金額の算定において、所得区分の違いによる計算方法等の差異を認識しておく必要があります。

主なものとしては、取得費（譲渡原価）の算定方法、必要経費（譲渡費用）の範囲、譲渡所得の特例の適用の可否（譲渡所得に限り適用可）などが挙げられます。

✠ 取得費（譲渡原価）

株式等の取得費（譲渡原価）は、取得の態様により区分されます（所令109①参照）。購入による取得の場合は、購入代価に購入手数料（金融商品取引業者に対する買委託手数料）など取得に要した費用を加算します（所令109①五）。

個人からの贈与、相続又は遺贈により取得した株式等の取得費は、その取得時にみなし譲渡課税の対象となるか否かにより、次表のとおりに区分されます。

◉ 贈与、相続又は遺贈で取得した株式等の取得費 ◉

取得の区分	取 得 費		根拠法令
贈与、相続又は遺贈（下記の相続又は遺贈を除く。）。	課税口座で保有していた株式等	贈与者又は被相続人の取得費を引き継ぐ	所法60①一
	非課税口座で保有していた株式等	取得時（非課税口座払出時）の価額（時価）	措法37の14④
相続又は包括遺贈（いずれも限定承認に係るものに限る。）	口座区分にかかわらず、取得時の価額（時価）		所法60④

2回以上にわたって取得した同一銘柄の株式等を譲渡した場合の取得費（譲渡原価）の計算は、**事業所得の場合は総平均法**（所令105①一、措令25の9⑪）により、**譲渡所得又は雑所得の場合は総平均法に準ずる方法**（所令118①）により行います。

ただし、**特定口座内における所得計算**では、所得区分にかかわらず、**総平均法に準ずる方法**とされています（措令25の10の2①一）。

取得費は、銘柄別（特定口座と特定口座以外で保有する場合は、別銘柄として取り扱う。）に計算します。

　　総平均法は暦年ベースにより、**総平均法に準ずる方法は取得から譲渡までの期間に**より、それぞれ次のとおり計算します。

■◆ 総平均法による取得費（事業所得の場合）

　　総平均法とは、株式等をその種類及び銘柄の異なるごとに区分し、その種類及び銘柄の同じものについて、次の算式により計算したものをいいます（所令105①一）。

【算式】

$$
1株当たり\\の取得価額 = \frac{\substack{譲渡年の1月1日において所有し\\ていた株式等の取得価額の総額} + \substack{譲渡年中に取得した株式\\等の取得価額の総額}}{\substack{譲渡年の1月1日において所有し\\ていた株式等の総数} + \substack{譲渡年中に取得した株式\\等の総数}}
$$

■◆ 総平均法に準ずる方法による取得費（譲渡所得又は雑所得の場合）

　　総平均法に準ずる方法とは、株式等をその種類及び銘柄の異なるごとに区分し、その種類及び銘柄の同じものについて、その株式等を最初に取得した時（その取得後において既にその株式等を譲渡している場合には、直前の譲渡の時）から、その譲渡の時までの期間を基礎として、次の算式により計算したものをいいます（所令118①）。

【算式】

$$
1株当たり\\の取得価額 = \frac{\substack{譲渡した株式等を最初に取得し\\た時（既にその株式等を譲渡し\\ている場合には、直前の譲渡の\\時）の取得価額の総額} + \substack{譲渡した株式等の譲渡\\の時までの取得価額の\\総額}}{\substack{譲渡した株式等を最初に取得し\\た時（既にその株式等を譲渡し\\ている場合には、直前の譲渡の\\時）の株式等の総数} + \substack{譲渡した株式等の譲渡\\の時までに取得した\\株式等の総数}}
$$

【事例】総平均法に準ずる方法による取得費の計算

　　Ａ社株式の購入及び売却の状況は次表のとおりである。売却時（「Ｘ１年９月」と「Ｘ２年７月」）における総平均法に準ずる方法による取得費はいくらになるか。

取引年月	取引内容	株数	単価	購入価額	売却価額
X1年5月	購入	5,000株	1,000円	5,000,000円	
X1年8月	購入	2,000株	900円	1,800,000円	
X1年9月	売却	3,000株	900円		2,700,000円
X2年3月	購入	5,000株	870円	4,350,000円	
X2年7月	売却	6,000株	950円		5,700,000円

㊟　計算の便宜上、委託手数料等はないものとしている。

1　X1年9月に売却したときの取得費

　　売却時までの購入価額の総額を購入株数の総数で除して1株当たりの取得費を計算する。

　　その1株当たりの取得費に売却株数を乗じた金額が取得費となる。

　①　（5,000,000円＋1,800,000円）　÷　（5,000株＋2,000株）　＝　972円
　　　　（売却の時までの購入価額の総額）　　　　　　　（購入株数の総数）　［1円未満の端数切上げ］

　②　　　972円　　×　　3,000株　　＝　　2,916,000円
　　　（1株当たり取得費）　（売却株数）　　　　　（取得費）

2　X2年7月に売却したときの取得費

　　前回の売却後の残株数に係る取得費にその後の売却までの購入価額を加算して購入価額の総額を求める。当該金額を売却時までの保有総数で除して1株当たりの取得費を計算する。その1株当たりの取得費に売却株数を乗じた金額が取得費となる。

　①（　972円　　×　　4,000株　　）　＋　4,350,000円　＝　8,238,000円
　　（1株当たり取得費）（X1年9月の売却後の残株数）(その後の売却の時までの購入価額)（購入価額の総額）

　②　8,238,000円　　÷　（4,000株＋5,000株）　　＝　　916円
　　　（購入価額の総額）　　　（売却の時までの保有総数）　［1円未満の端数切上げ］

　③　　　916円　　×　　6,000株　　＝　　5,496,000円
　　　（1株当たり取得費）　（売却株数）　　　　　（取得費）

参考 **上場株式等の取得価額の確認方法**

　上場株式等の取得価額の確認方法は、次のとおりです。

　なお、これらによっても確認できない場合は、譲渡等による収入金額の５％相当額とすることができます（下記「参考」参照）。

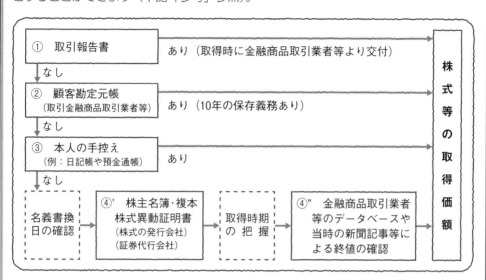

① 証券会社などの金融商品取引業者等から送られてくる取引報告書で確認できます。

　　取引報告書以外に、口座を開設する金融商品取引業者等が交付する取引残高報告書（上場株式等の取引がある場合に交付される。）、月次報告書、受渡計算書などの書類で確認できる場合があります。

② 取引した金融商品取引業者等の「顧客勘定元帳」で確認できます。

　　過去10年以内に購入したものであれば、その金融商品取引業者等で確認できます。なお、10年より前の取引情報が任意に保存されている場合があります。

③ 本人の手控えで確認できます。

　　日記帳や預金通帳などの手控えによって取得価額が分かれば、その額によります。

　　日記帳などの手控えで取得時期のみが確認できる場合には、その取得時期を基に取得価額を算定しても差し支えありません。

④ （①～③で確認できない場合、）名義書換日を調べて取得時期を把握し、その時期の相場を基に取得価額を算定します。

　　例えば、発行会社（株式の発行会社が証券代行会社に名義書換業務を委託している場合にはその証券代行会社）の株主名簿・複本・株式異動証明書などの資料（④'）を手がかりに株式等の取得時期（名義書換時期）を把握し、その時期の相場（④"）を基にして取得費（取得価額）を計算することができます。

　　なお、④'においては、株券電子化後手元に残った株券の裏面で確認しても差し支えありません。

- ※　相続（限定承認に係るものを除く。）、遺贈（包括遺贈のうち限定承認に係るものを除く。）又は贈与により取得した上場株式等の取得費は、被相続人又は贈与者の取得費を引き継ぎます。
- ※　同一銘柄の株式等を２回以上にわたって取得している場合の取得費の計算は、その株式等を取得した時（その後一部を譲渡している場合は、直前の譲渡の時）から譲渡時までの期間を基礎として、取得した時（又は直前の譲渡の時）において有していた株式等及びその期間内に取得した株式等について総平均法に準ずる方法によって算出した１単位当たりの金額を基として計算する必要があります。

参考 概算取得費による株式等の取得価額

　上場（一般）株式等の取得価額が不明であるときは、その譲渡等が事業所得、譲渡所得又は雑所得のいずれの場合においても、その譲渡等をした同一銘柄の株式等に係る収入金額の5％相当額を取得費として計上することが認められています（措通37の10・37の11共－13）。

✠ 必要経費（譲渡費用）の範囲の差異

　株式等の譲渡等が**譲渡所得**に該当する場合は、所得金額の算定において**譲渡費用**を控除します。譲渡費用とは、譲渡に要した費用とされており（所法33③）、譲渡に際し金融商品取引業者に支払った手数料は譲渡費用として控除できますが（所基通33－7(1)）、口座管理料や投資顧問報酬などは譲渡費用に該当しないこととされています。

　一方、株式等の譲渡等が**事業所得**又は**雑所得**に該当する場合は、譲渡費用ではなく**必要経費**を控除します（所法37①）。譲渡に際し金融商品取引業者に支払った手数料のほか、口座管理料や投資顧問報酬なども必要経費として控除することができます。

　なお、株式等の元本を取得するための負債利子は、株式等を譲渡した年分においては、必要経費又は譲渡費用として控除します（所法24②、措法37の10⑥二、三、37の11⑥）。

● 所得区分の違いによる所得金額の計算方法の差異 ●

区　分	取得費の計算	必要経費又は譲渡費用
事業所得	総平均法	必要経費（株式等取得のための負債利子、口座管理料、投資顧問報酬、委託手数料その他の経費）
譲渡所得	総平均法に準ずる方法	譲渡費用（株式等取得のための負債利子、委託手数料など譲渡に当たり直接要した費用）
雑所得	総平均法に準ずる方法	必要経費（株式等取得のための負債利子、口座管理料、投資顧問報酬、委託手数料その他の経費）

　必要経費又は譲渡費用で、取得費及び譲渡のための委託手数料以外のものは、「株式等に係る譲渡所得等の金額の計算証明書」の「1　所得金額の計算」の⑥欄（次頁図参照）に記載します。

事業所得又は雑所得に係る必要経費を記入

参考 **投資一任契約に基づき支払う報酬等の費用の額**

　投資一任契約による上場株式等の譲渡等は、上場株式等の譲渡等に係る事業所得又は雑所得の金額とされ、同契約に基づき支払う報酬（成功報酬、固定報酬など）は、当該所得の金額の計算上、必要経費として控除します。

　投資一任契約に基づいて令和３年12月31日以前に行う取引を特定口座で行った場合のこれら報酬については、特定口座年間取引報告書の「取得費及び譲渡に要した費用の額等」に含まれないため、確定申告の際に必要経費として、別途計上する必要がありました。

　しかし、令和３年度の税制改正により、令和４年１月以後に特定口座で投資一任契約に基づく取引等を行った場合の同契約に基づく報酬等の費用は、前述の「取得費及び譲渡に要した費用の額等」に含めて譲渡損益が計算されることとなったため、令和４年分以後の所得税では、確定申告において別途必要経費に計上する手続は不要となりました（措規18の13の５②六ロ、七ロ）。

　なお、投資一任契約に基づき支払う報酬等がある場合は、その旨及び必要経費に算入されるべき金額が特定口座年間取引報告書の摘要欄に記載されます（措規別表７(1)）。

✠ 譲渡所得の特例の適用の可否

　上場（一般）株式等の譲渡等が譲渡所得に該当する場合は、**譲渡所得に係る各種の特例**を適用することができます。主なものは次に記載のとおりです。なお、譲渡所得に関する特例ですから、事業所得又は雑所得となる譲渡等についての適用はありません。

◗◆ 相続税額の取得費加算の特例

　相続により取得した上場（一般）株式等を相続の開始があったことを知った日の翌日から相続税の申告期限の翌日以後3年を経過する日までの間に譲渡した場合は、相続税額のうちその譲渡した上場（一般）株式等に対応する税額については、申告要件により、譲渡した上場（一般）株式等の取得費に加算することができます（措法39①②）。

　なお、取得費に加算されるのはその**譲渡等に係る所得の範囲内**とされていますから（措令25の16①）、取得費加算額を控除することにより損失となることはありません。

　この特例については、次の❸で説明しています。

◗◆ 保証債務の特例

　保証債務を履行するため上場（一般）株式等の譲渡等を行った場合で、その履行に伴う求償権の全部又は一部の行使ができないこととなったときのその行使不能額については、申告要件により、譲渡所得の金額の計算上、なかったものとみなされます（所法64②③）。

　上記以外の譲渡所得の特例としては、公益法人等に財産を寄附した場合の譲渡所得等の非課税の特例（措法40）、物納財産の非課税（措法40の3）などがあります。

❸ 相続税額の取得費加算の特例

　相続税は現金納付が原則ですから、相続財産である上場株式等を譲渡して現金化することも多いようです。譲渡に当たっては、相続人の口座に移管する必要があります。

　被相続人が特定口座で保管していた上場株式等は、相続人の特定口座に移管した上で譲渡することもできます。相続税の納税額がある相続人が、相続等で取得した上場株式等を相続開始日の翌日から一定期間内に譲渡し、それが譲渡所得となる場合には、相続税額の取得費加算の特例を適用することができます。

1　制度の概要と適用要件

　相続又は遺贈により取得した譲渡所得の基因となる資産（土地、建物、株式等）を、相続開始日の翌日から一定期間内に譲渡した場合には、相続税額のうちその譲渡した資産に対応する部分の税額を、譲渡資産の**取得費に加算**することができます（措法39）。

　この制度（特例）は**譲渡所得のみに適用**されます。

　上場株式等の譲渡による所得区分については、前記❷に記載しています。相続により取得した上場株式等の譲渡ですから、一般には、譲渡所得として取り扱われるものが多いと考えられます。

　特例を受けるための要件は、次のとおりです。

① 　相続又は遺贈（死因贈与を含み、以下「相続等」という。）により財産を取得した者であること。

② 　その財産を取得した人に相続税が課税されていること。すなわち、相続税の配偶者控除の適用等により、納税額がない場合は適用がありません。

③ 　その財産を、相続開始のあった日の翌日から相続税の申告期限の翌日以後3年を経過する日までの間（以下「特例適用期間内」という。）に譲渡していること。すなわち、通常のケースでは相続開始日の翌日から3年10か月以内に行った相続財産の譲渡が対象になります。

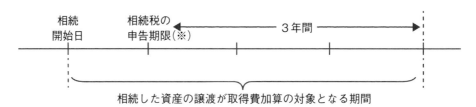

（※）相続の開始があったことを知った日の翌日から10か月以内

2 取得費に加算する相続税額

　取得費に加算する相続税額は、次の算式で計算します。申告の際は、「**相続財産の取得費に加算される相続税額の計算明細書**」を用いて算定し、当該明細書を確定申告書に添付します。

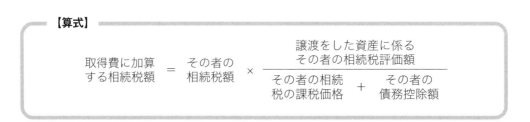

　ただし、その金額がこの特例を適用しないで計算した譲渡益（譲渡収入から取得費、譲渡費用を差し引いて算定）の金額を超える場合は、その譲渡益相当額となります。すなわち、この特例を適用することにより、譲渡損失となることはありません。この取得費加算額は、譲渡した財産ごとに計算します。

　なお、代償金を支払って取得した相続財産を譲渡した場合の取得費加算額は、上記の算式ではなく、次の算式で計算します（措通39－7）。

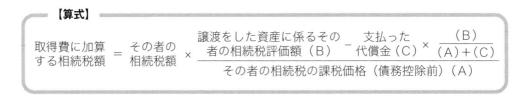

　この特例は、原則として、**当初申告要件**（確定申告書に適用を受ける旨を記載し明細書等を添付）とされていますから、更正の請求により適用を求めることができない点

に注意が必要です（措法39②）。

3　上場株式等の譲渡所得についての適用

　相続等によりに取得した上場株式等を特例適用期間内に譲渡した場合には、この特例の適用の有無を確認する必要があります。

✠ 相続等により取得した上場株式等と同一銘柄の株式等を既に所有している場合

　譲渡所得の基因となる株式等を相続等により取得した者が、その株式と同一銘柄の株式を既に所有している場合で、相続税額の取得費加算の特例適用期間内に、これらの株式の一部を譲渡したときは、その譲渡については、その相続等より取得した株式の譲渡からなるものとしてこの特例の適用をして差し支えないこととされています（措通39-12）。

【事例1】 A社株式150株を譲渡した場合の相続税額の取得費加算の対象

　A社株式を300株所有しており、そのうち100株は2年前の相続で取得したものである。この度、同株式を150株譲渡し、譲渡益が生じている。相続税額の取得費加算の適用対象は何株になるか。

（譲渡直前の所有株数）

| 相続による取得分　100株 |
| 従前からの所有分　200株 |

相続取得の100株から譲渡し、50株は従前からの所有分の一部を譲渡したものとすることができる。したがって、適用対象は100株になる。

✠ 相続等により取得した上場株式等を特定口座で譲渡した場合

　上場株式等の譲渡に限りませんが、譲渡損益の計算は個々の取引ごとに行います。相続等で取得した上場株式等を特例適用期間内に一般口座で譲渡し、その取引につき譲渡益が生じる場合は、その譲渡益の範囲内で相続税額の取得費加算額を控除することができます。

　一方、特定口座で上場株式等を譲渡した場合の譲渡損益の計算は、その特定口座を開設する金融商品取引業者において行い、特定口座年間取引報告書により通知されます。その特定口座で1年間に行った取引の全部又は一部が相続等により取得した上場

株式等であった場合は、特定口座年間取引報告書の「譲渡の対価の支払状況」に表示された取引の中から、相続等により取得した上場株式等に係る取引を取り出し、それぞれ取得費加算額を算定した上で控除する必要があります。

【事例2】相続等で取得したA社株式1,000株を源泉徴収選択口座で譲渡した場合

　源泉徴収選択口座において上場株式等の譲渡益4,230千円が生じている。その譲渡益のうち2,830千円は、2年前の相続で取得したA社株式1,000株の譲渡によるものである（「譲渡の対価の支払状況」参照）。

　A社株式1,000株の相続時の相続税評価額は4,250千円で、対応する相続税額は1,404千円（94頁の「相続財産の取得費に加算される相続税の計算明細書」参照）となるため、同株式の譲渡につき相続税額の取得費加算を適用したい。

（単位：円）

（譲渡に係る年間取引損益及び源泉徴収税額等）	源泉徴収税額 （所得税）	647,824	株式等譲渡所得割額 （住民税）	211,500	外国所得税の額	
譲渡区分		① 譲渡対価の額 （収入金額）		② 取得費及び譲渡に要した費用の額等	③ 差引金額（譲渡所得等の金額） （①－②）	
上場分		14,090,000		9,860,000	4,230,000	
特定信用分					0	
合　　計		14,090,000		9,860,000	4,230,000	

（譲渡の対価の支払状況）

種　類	銘　柄	株（口）数又は額面金額	譲渡の対価の額	取得費及び譲渡費用の額等	差引金額（差損益金額）	譲渡年月日
株式	□□□□	200	4,010,000	2,610,000	1,400,000	令5.1.13
株式	A社	1,000	5,080,000	2,250,000	2,830,000	令5.3.15
公社債投資信託	○○ MRI	5,000,000	5,000,000	5,000,000	0	令5.4.25
合　　計			14,090,000	9,860,000	4,230,000	

　相続税額の取得費加算を適用するためには、この源泉徴収選択口座につき申告を選択する必要がある。相続税額の取得費加算額は次表の「③差引金額2,830千円」が限度額となるところ、A社株式に対応する相続税額は前述のとおり1,404千円であるため、その全額を取得費に加算できる。この結果、同株式の譲渡所得の金額は1,426千円となる。

(単位：円)

①譲渡の対価の額	②取得費及び譲渡費用の額等	③差引金額（①－②）	④相続税額の取得費加算額	譲渡所得の金額（③－④）
5,080,000	2,250,000	2,830,000	1,404,000	1,426,000

　譲渡所得の金額は、取得費加算額（1,404千円）分が減額され、その20.315%相当額の税負担の軽減が図られる。

【POINT】

☞　相続等で取得した上場株式等を特例適用期間内に譲渡して譲渡益となった場合には、相続税額の取得費加算の特例の適用を検討します（申告要件）。特定口座で譲渡した場合は、該当する取引を取り出し、取得費加算額と取得費加算適用後の譲渡所得の金額を求めます。

相続財産の取得費に加算される相続税の計算明細書

譲　渡　者	住所		氏名	
被　相　続　人	住所		氏名	
相続の開始があった日	年　月　日	相続税の申告書を提出した日	年　月　日	相続税の申告書の提出先　　　　税務署

1　譲渡した相続財産の取得費に加算される相続税額の計算

譲渡した相続財産	所　　在　　地		○○証券特定口座		
	種　　　　　類		上場株式		
	利用状況　数量		1,000株		
	譲渡した年月日		5 年 3 月 15日	年　月　日	年　月　日
	相続税評価額 （裏面の計算が必要となる場合がありますので、ご注意ください。）	Ⓐ	4,250,000 円	円	円

相続税の課税価格 （相続税の申告書第1表の①+②+⑤の金額を記載してください。）	Ⓑ	108,239,010 円
相続税額 （相続税の申告書第1表の㉒の金額を記載してください。ただし、贈与税額控除又は相次相続控除を受けている方は、下の2又は3で計算した①又は⑤の金額を記載してください。）	Ⓒ	35,757,100 円
取得費に加算される相続税額 （Ⓒ×Ⓐ／Ⓑ）	Ⓓ	1,404,000 円　　　円　　　円

【贈与税額控除又は相次相続控除を受けている場合のⒸの相続税額】

2　相続税の申告書第1表の㉒の小計の額がある場合

暦年課税分の贈与税額控除額 （相続税の申告書第1表の⑬の金額）	Ⓔ	円
相次相続控除額 （相続税の申告書第1表の⑱の金額）	Ⓕ	円
相続時精算課税分の贈与税額控除額 （相続税の申告書第1表の⑳の金額）	Ⓖ	円
小　計　の　額 （相続税の申告書第1表の㉒の金額）	Ⓗ	円
相　続　税　額 （Ⓔ+Ⓕ+Ⓖ+Ⓗ）	Ⓘ	円

※　相続税の申告において、贈与税額控除又は相次相続控除を受けていない場合は、「2　相続税の申告書第1表の㉒の小計の額がある場合」欄及び「3　相続税の申告書第1表の㉒の小計の額がない場合」欄の記載等は不要です。

関与税理士	電話番号

3　相続税の申告書第1表の㉒の小計の額がない場合

算　　出　　税　　額 （相続税の申告書第1表の⑨又は⑩の金額）	Ⓙ	円
相続税額の2割加算が行われる場合の加算金額 （相続税の申告書第1表の⑪の金額）	Ⓚ	円
合　　　　　計　（Ⓙ+Ⓚ）	Ⓛ	円
税額控除等	配偶者の税額軽減額 （相続税の申告書第5表の○又は○の金額）	Ⓜ	円
	未成年者控除額 （相続税の申告書第6表の1の②又は⑥の金額）	Ⓝ	円
	障害者控除額 （相続税の申告書第6表の2の②又は⑥の金額）	Ⓞ	円
	外国税額控除額	Ⓟ	円
	医療法人持分税額控除額	Ⓠ	円
	計　（Ⓜ+Ⓝ+Ⓞ+Ⓟ+Ⓠ）	Ⓡ	円
相続税額（Ⓛ−Ⓡ） （赤字の場合は0と記載してください。）	Ⓢ	円

（資6-11-A4統一）

R5.11

4 上場株式等の譲渡等の課税方式とその選択

　上場株式等に該当する株式、出資、公社債、投資信託等の受益権などの譲渡等（投資信託等の終了や解約、公社債の償還を含む。）は、上場株式等に係る譲渡所得等の金額として、原則、申告分離課税になります。ここでは、上場株式等の譲渡所得等の課税方式の選択について説明します。

1 上場株式等の譲渡等とされるもの

　上場株式等の譲渡等には、通常の譲渡によるもののほか、次表に掲げるものにより受ける金銭及び金銭以外の資産の合計額が含まれます（措法37の11③④）。

区　分	内　容	条　文
上場会社等の合併・分割等によるもの	上場会社等の株主等が、その法人の合併、分割、株式分配、資本の払戻し・解散、自己株式等の取得、出資消却等及び組織変更により交付を受けるもの（いずれも一定の要件があり、かつ、みなし配当とされる部分を除く。）	措法37の11③一〜七
上場株式等に該当する公社債によるもの	公社債の元本の償還により交付を受けるもの（同族株主等が受けるものを除く。）	措法37の11③八
	分離利子公社債の利子として交付を受けるもの	措法37の11③九
上場株式等に該当する投資信託、特定受益証券発行信託又は社債的受益権によるもの	投資信託及び特定受益証券発行信託の終了（信託の合併に係る一定のものに限る。）又は一部の解約により交付を受けるもの	措法37の11④一
	特定受益証券発行信託に係る信託の分割（分割信託の受益者に承継信託の受益権以外の資産の交付がされたものに限る。）により交付を受けるもの	措法37の11④二
	社債的受益権の元本の償還により交付を受けるもの	措法37の11④三

参考 投資信託等の終了（償還）時・解約時における課税の概要

　投資信託等の終了又はその一部の解約により交付を受ける金銭又は金銭以外の資産の価額の合計額については、上場株式等の場合（下図の右側）はその全てが譲渡所得等の収入金額とみなされますが、一般株式等の場合（下図の左側）は、配当所得等の収入金額とされる部分と一般株式等の譲渡収入とされる部分に区分されます。

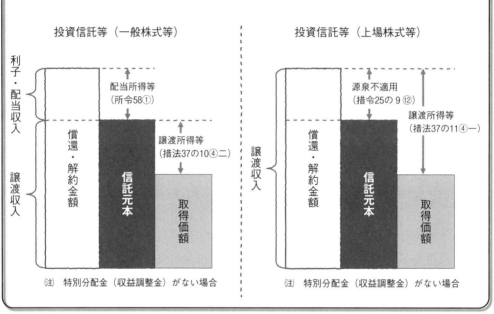

2　源泉（特別）徴収

　上場株式等の譲渡等における源泉（特別）徴収の有無は、下記 **3** の課税方式の選択に影響する場合があります。

　上場株式等の譲渡等による所得については、特定口座（源泉徴収選択口座）における「源泉徴収選択口座内調整所得金額（措法37の11の４②）」及び特定口座以外で支払を受ける「割引債の償還金に係る差益金額（措法41の12の２⑥三）」に対し、譲渡時又は償還時に次表に掲げる税率により源泉（特別）徴収が行われます。

　なお、特定口座で保管されている割引債に係る償還金に係る差益金額については、①源泉徴収選択口座では、源泉徴収選択口座内調整所得金額として源泉（特別）徴収の対象になりますが、②簡易申告口座（源泉徴収なし）では、所得（差益）金額の計算が行われるのみで、源泉（特別）徴収は行われません。

● 上場株式等の譲渡等に係る源泉（特別）徴収制度 ●

区　分	所得税等（税率）	住民税（税率）
源泉徴収選択口座内調整所得金額	15.315%	5 ％（株式等譲渡所得割）
割引債の償還金（特定口座で受けるものを除く。）に係る差益金額	15.315%	5 ％（配当割）

✠「源泉徴収選択口座内調整所得金額」に対する源泉（特別）徴収

　源泉徴収選択口座における上場株式等の譲渡等（割引債の償還を含む。）については、取引の都度、その取引に係る譲渡益（又は譲渡損失）の計算が行われ、「源泉徴収選択口座内調整所得金額」に対し源泉（特別）徴収が行われます（措法37の11の4①、地法71の51）。

　「源泉徴収選択口座内調整所得金額」とは、「年初から今回の譲渡までの通算の譲渡益（マイナスの場合は「0」）」から「年初から前回の譲渡までの通算の譲渡益（マイナスの場合は「0」）」を差し引いた残額（マイナスの場合は「0」）をいいます（措法37の11の4②）。すなわち、年初からの通算所得金額が増加した場合におけるその増加額になります。

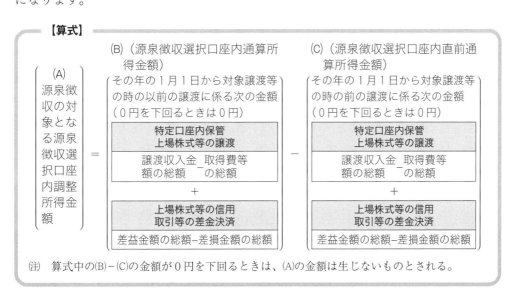

　次表は、令和Ｘ年の源泉徴収選択口座における3回の譲渡等と、取引ごとの「源泉徴収選択口座内調整所得金額」及び「徴収（又は還付）税額」を示しています。

譲渡等	譲渡損益	源泉徴収選択口座内調整所得金額	徴収又は還付税額	備　考
1回目	譲渡益 80万円	80万円	162,520円	源泉徴収選択口座内調整所得金額（80万円）に対して税率20.315%で徴収
2回目	譲渡損失 20万円	－	△40,630円	譲渡損失20万円に相当する税額の還付
3回目	譲渡益 30万円	30万円 ^(注1)	60,945円	源泉徴収選択口座内調整所得金額（30万円）に対して税率20.315%で徴収
合計	譲渡益90万円 ^(注2)		182,835円 ^(注3)	

(注)1　「通算の譲渡益（80万円－20万円＋30万円）」から「前回の取引までの通算の譲渡益（80万円－20万円）」を差し引いた残額
　　2　特定口座年間取引報告書における所得金額
　　3　特定口座年間取引報告書における税額（所得税等137,835円、株式等譲渡所得割45,000円）の合計額

✠「割引債等の償還金に係る差益金額」に対する源泉（特別）徴収

　平成28年1月1日以後に支払を受ける割引債等（次表の①～④）の償還金で、国内において支払われるもの又は国内の支払の取扱者を通じて交付されるものは、その償還金の額に**みなし割引率**（償還期間1年以内の割引債等は0.2%、償還期間1年超の割引債等及び分離利子公社債は25%）を乗じて計算した差益金額に対し、所得税等15.315%、配当割5%の税率により源泉（特別）徴収が行われます（措法41の12の2②～④、地法71の31）。ただし、特定口座で受けるもの及び外貨債は、この源泉徴収制度から除かれています（措法41の12の2⑤）。

区　分	内　容
① 割引債	割引発行された公社債
② 分離元本公社債	元本部分と利子部分とに分離されてそれぞれ独立して取引される公社債（ストリップス債）のうち元本部分
③ 分離利子公社債	元本部分と利子部分とに分離されてそれぞれ独立して取引される公社債（ストリップス債）のうち利子部分
④ ディスカウント債	発行価額が額面金額の90%以下である利付公社債

　特定口座で受ける割引債等の償還金については、源泉徴収選択口座では前述の「源泉徴収選択口座内調整所得金額」として源泉（特別）徴収が行われ、簡易申告口座で

は所得計算が行われるのみで源泉（特別）徴収は行われません。

● 割引債等の償還金額に対する源泉（特別）徴収と申告 ●

区　分	割引債等の区分	源泉（特別）徴収額		申告態様
一般口座	割引債	償還金額 × みなし割引率^(注) × 税率	所得税等　15.315% 配当割　　　5%	確定申告
	分離元本（又は利子）公社債			
	利付債で10%以上割引発行			
特定口座	簡易申告口座保管分	———		確定申告又は申告不要
	源泉徴収選択口座保管分	償還差益金額 × 税率	所得税等　　　　15.315% 株式等譲渡所得割　5%	

(注)　償還期間1年以内の割引債等0.2%、償還期間1年超の割引債等及び分離利子公社債25%

3　課税方式とその選択

✠ 特定口座（源泉徴収選択口座）以外の取引

　上場株式等の譲渡等による所得は、**申告分離課税**（上場株式等に係る譲渡所得等の金額）になります（措法37の11①）。譲渡損失が生じた場合は、原則として、上場株式等に係る配当所得等の金額と損益通算をしますが、通算しきれない譲渡損失があれば翌年以後に繰り越します（措法37の12の2①⑤）（後記❼参照）。

　割引債の償還金については、特定口座で受けるものを除き、償還金に対してみなし割引率を用いて計算した概算の差益金額に対して源泉（特別）徴収が行われ（上記❷参照）、確定申告（申告分離課税）で精算します（措法37の11①）。

　住民税では、償還時に配当割（税率5%）が徴収されるため申告不要扱いになりますが（地法32⑫、313⑫）、所得税は申告分離課税とされますから、結果として住民税の課税方式も同様（申告分離課税）となり（地法32⑬、313⑬）、徴収された配当割額は、所得割額の計算において配当割額控除（地法37の4、314の9①）として精算されることになると考えます（Ⅴ章参照）。

なお、特定口座（簡易申告口座）で受けるものは、源泉（特別）徴収は行われず、特定口座年間取引報告書に基づき確定申告（申告分離課税）します。

参考 **申告分離課税が適用されない割引債**

平成27年12月31日以前に発行された割引債で、発行時に源泉徴収（所得税等の税率18.378％又は16.336％）の対象とされたものについては、償還差益に係る源泉分離課税が維持され、その譲渡による所得は非課税とされています（措法37の15①）。

また、同族会社が発行した私募債の償還金で、その同族会社の判定の基礎となった個人株主等（令和3年4月以後は、判定の基礎となる法人と特殊の関係のある個人株主等を含む。）が支払を受けるものは、申告分離課税の対象にはならず、雑所得として総合課税の対象となります（措法37の10③ハ）。

✠ 特定口座（源泉徴収選択口座）の取引

源泉徴収選択口座で行う上場株式等の譲渡等（割引債の償還を含む。）については、その口座を開設している金融商品取引業者が、譲渡対価の支払等の際に源泉徴収選択口座内調整所得金額に対し、所得税等（税率15.315％）、株式等譲渡所得割（税率5％）の源泉（特別）徴収を行います（37の11の4①、地法71の51）。

源泉（特別）徴収税率は、上場株式等の譲渡等に適用される申告分離課税の税率と同率のため、**申告不要**を選択できます（措法37の11の5①、地法32⑭、313⑭）。複数の源泉徴収選択口座を所有する場合の**申告又は申告不要の選択**は、**口座ごと**に行います。

譲渡益の場合で他の上場株式等の譲渡損失と通算をする場合、譲渡損失の場合で上場株式等に係る配当所得等の金額との損益通算や譲渡損失の繰越控除を適用する場合は、申告を選択します（後記❼参照）。

なお、源泉徴収選択口座に利子等、配当等の受入れをしている場合を含め、源泉徴収選択口座における課税方式の選択については、後記❺及び❻で説明します。

【**POINT**】

☞ 「源泉（特別）徴収税率」＝「申告分離課税の税率」のため、通常は申告不要を選択します。

源泉（特別）徴収税率……所得税等　15.315％　株式等譲渡所得割　5％
申告分離課税の税率………所得税等　15.315％　所得割　5％

☞ 譲渡益の場合で他の上場株式の譲渡損失と通算する場合、譲渡損失の場合で上場株式等に係る配当所得等の金額との損益通算や譲渡損失の繰越控除を適用する場合

は、申告分離課税を選択します。

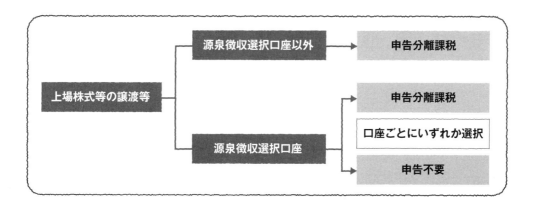

5 特定口座の種類とその申告方法

特定口座で上場株式等の譲渡等を行う場合の概要は前記❶及び❷に記載しましたが、ここでは、特定口座制度の概要と確定申告の手順等について説明します。

1 簡易申告口座と源泉徴収選択口座

✠ 特定口座制度

金融商品取引業者等に特定口座を開設した場合で（金融商品取引業者等1社につき、原則1口座）、その特定口座内に保管する上場株式等（以下「特定口座内保管上場株式等」という。）を譲渡したときの所得金額は、その特定口座外で譲渡等をした他の上場株式等の譲渡等による所得と区分して計算します（措法37の11の3①、地法附則35の2の4①）。

特定口座の取引による所得金額は、金融商品取引業者等が1年間（1月1日から12月31日まで）の全ての取引について計算を行い、翌年1月31日までに特定口座年間取引報告書により口座開設者に対して通知します（措法37の11の3⑦）。

✠ 簡易申告口座と源泉徴収選択口座

特定口座には、**簡易申告口座**と**源泉徴収選択口座**の2種類があります。

●➤ 簡易申告口座（源泉徴収なし）

簡易申告口座は、特定口座内保管上場株式等の譲渡等による所得計算のみを行うものです。そのため、年間取引を通算して譲渡益となった場合は、確定申告による納税（所得税等・住民税）が必要になります。他の口座の上場株式等の譲渡損失との通算や前年以前から繰り越されてくる上場株式等の譲渡損失の繰越控除（後記❼参照）は、確定申告により行います。

譲渡損失が生じた場合は、当該譲渡損失を申告して翌年以後に繰り越します。な

お、上場株式等に係る配当所得等の金額があれば、当該金額と損益通算を行い、通算しきれない譲渡損失は繰り越します。

■◆ 源泉徴収選択口座（源泉徴収あり）

　源泉徴収選択口座は、特定口座内保管上場株式等の譲渡等による所得計算に加え、譲渡益に対して、所得税等15.315％、株式等譲渡所得割5％の税率で源泉（特別）徴収を行うものです。手続としては、特定口座を開設している金融商品取引業者等に対して、その年最初に譲渡等をする時までに「特定口座源泉徴収選択届出書」の提出が必要です。源泉徴収税率は、申告分離課税（上場株式等に係る譲渡所得等の金額）の税率と同率のため、確定申告に際し、申告又は申告不要を選択でききます（措法37の11の5①、地法32⑭、313⑭）。

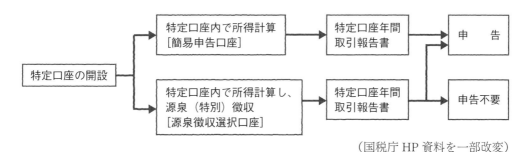

（国税庁 HP 資料を一部改変）

　源泉徴収選択口座における譲渡等が譲渡益の場合において、他の口座の上場株式等の譲渡損失との通算、前年以前から繰り越されてくる上場株式等の譲渡損失の繰越控除の各手続（次頁の図の🅐、🅑）を行うには、申告を選択します。

　一方、譲渡損失の場合（下記❷の利子配当受入れ源泉徴収選択口座の場合は、利子配当との損益通算後も譲渡損失となる場合）で、他の口座の上場株式等の譲渡益との通算、当該口座外の上場株式等に係る配当所得等の金額との損益通算、通算しきれない譲渡損失の翌年以降への繰越しの各手続（次頁の図の🅒〜🅔）を行う場合も申告を選択します。

　いずれの場合も、通算や繰越控除後の金額がプラスのため所得金額が増加する場合で、国民健康保険や後期高齢者医療保険の保険料に影響が生じるときは、それら保険料負担を踏まえた上で、通算や繰越控除を行わない（申告不要とする）ことを選択する場合もあります（Ⅴ章参照）。

　なお、源泉徴収選択口座には、利子配当の受け入れを選択することもできます（下記❷参照）。

◉ 源泉徴収選択口座の申告・申告不要の選択 ◉

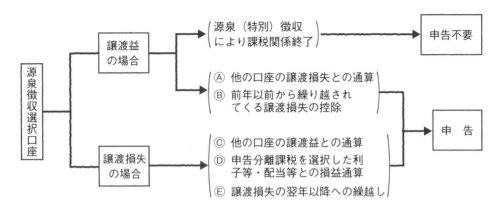

┌─────┐
│ 参考 │ 年の中途で非居住者となる場合の源泉徴収あり・なしの選択
└─────┘

　上場株式等の譲渡等を源泉徴収選択口座で行った場合、その譲渡益である特定株式等譲渡所得金額に対して株式等譲渡所得割が徴収されますから、この株式等譲渡所得割は現年所得課税になります。一方、上場株式の譲渡等を一般口座や簡易申告口座で行った場合は、翌年度分の住民税で上場株式等に係る譲渡所得等の金額として所得割が課税されますから、前年所得課税になります。

　上場株式等の譲渡益に対する住民税の課税関係は、次表のとおりです。

課税対象		課税方式	課税時期	徴収時期
上場株式等の譲渡等	源泉徴収選択口座	株式等譲渡所得割（特別徴収）	現年所得課税	支払時
	上記以外	所得割（申告分離課税・普通徴収）	前年所得課税（翌年度に課税）	翌年度

　なお、特定株式等譲渡所得金額につき申告を選択（所得税の確定申告で申告を選択）したときは、翌年度分の所得割の課税所得（上場株式等に係る譲渡所得等の金額）を構成し、税額計算上、徴収された株式等譲渡所得割額を控除するため、前年所得課税扱いになります（地法32⑮、37の4、313⑮、314の9）。

　ところで、源泉徴収選択口座で譲渡等を行っていた者が年の中途で非居住者となると、翌年度分の住民税（所得割）の課税はないため、源泉徴収選択口座で徴収された株式等譲渡所得割額の還付を受けることができません（源泉徴収選択口座に受け入れた利子配当に係る配当割額も同様）。簡易申告口座と源泉徴収選択口座の選択は年ごとに行うため、年の中途で非居住者になることが明らかであれば、事前（その年の譲渡等や利子配当の受入れ前まで）に源泉徴収なしの簡易申告口座に変更しておくことが考えられます（年の中途で非居住者になる場合、所得税に限り準確定申告での税額精算となる。）。

　非居住者となる場合は、特定口座廃止届出書を提出したものとみなされます（措令

25の10の5①）。出国口座の取扱いは金融商品取引業者によって異なるようですから、確認が必要です。

 2 利子配当受入れ源泉徴収選択口座

✠ 源泉徴収選択口座への配当等の受入れ

　源泉徴収選択口座に上場株式等に係る利子等又は配当等（配当等については、大口株主等が受けるものを除く。）を受け入れる場合には、それらの支払の確定する日までに、金融商品取引業者等に対して「**源泉徴収選択口座内配当等受入開始届出書**」を提出する必要があります（利子配当等を受け入れる源泉徴収選択口座を以下「**利子配当受入れ源泉徴収選択口座**」という。）（措法37の11の6②③）。

　なお、受け入れる利子等又は配当等の**収入金額とすべき金額**は、所得税法36条《収入金額》の規定にかかわらず、その口座が開設されている**金融商品取引業者等から交付を受けた金額**（収入計上時期は交付時）とされます（措法37の11の6⑧）。

✠ 利子等及び配当等と譲渡損失の損益通算

　源泉徴収選択口座に受け入れた利子等及び配当等に係る源泉（特別）徴収税額を計算する際に、その口座内における上場株式等の譲渡損失の金額があるときは、その上場株式等に係る利子等の金額及び配当等の金額からその譲渡損失の金額を控除した残額に対して、所得税等（税率15.315％）及び配当割（税率5％）が徴収され、控除後がマイナスとなる場合は、徴収税額は還付されます（措法37の11の6⑥⑦、地法附則35の2の5③④）。

> **【POINT】**
> ☞　利子配当受入れ源泉徴収選択口座では、上場株式等に係る利子配当等と譲渡損失の損益通算が自動的に行われます。

✠ 源泉徴収選択口座に受け入れた利子配当の取扱い

　利子配当受入れ源泉徴収選択口座内で生じた上場株式等の譲渡損失については、前述のとおり、受け入れた利子配当との損益通算が当該口座内で行われます。そのため、

当該譲渡損失について当該口座外の上場株式等に係る譲渡益等との通算や上場株式等に係る利子等及び配当等（申告分離課税）との損益通算をするときは、その利子配当受入れ源泉徴収選択口座に係る上場株式等に係る配当所得等の金額（利子所得の金額及び配当所得の金額の合計額）については、確定申告不要制度を適用することはできません（措法37の11の6⑩）。これは、その口座内で譲渡損失との損益通算が行われた後の所得に対する税額（所得税等及び配当割）が徴収されるため、譲渡損失について申告をする場合は損益通算前の状態に戻す必要があるためです。

　一方、譲渡等が譲渡益のときは、利子配当との損益通算が行われないため、譲渡等のみを申告、又は利子配当のみを申告とすることができます。ただし、利子配当について申告をする場合は、その源泉徴収選択口座に受け入れた利子配当の全てを申告する必要があります（利子配当の一部のみを申告することはできない。）（措法37の11の6⑨）。

【事例1】源泉徴収選択口座の申告又は申告不要の選択

　甲証券で源泉徴収選択口座（A口座）を、乙証券で利子配当受入れ源泉徴収選択口座（B口座）を、それぞれ開設している。この場合、A口座とB口座の申告又は申告不要については、どのような選択が可能か。

　（利子配当受入れ）源泉徴収選択口座の申告又は申告不要の選択は、口座ごとに行うため、2口座の申告又は申告不要の選択方法は次の4通りとなる。

　なお、利子配当受入れ源泉徴収選択口座（B口座）における上場株式等の譲渡等が譲渡益の場合の同口座の申告方法については、次の事例2を参照。

| 甲証券の源泉徴収選択口座（A口座） |
| 乙証券の利子配当受入れ源泉徴収選択口座（B口座） |

・いずれも申告
・A口座申告、B口座申告不要
・A口座申告不要、B口座申告
・いずれも申告不要

【事例2】利子配当受入れ源泉徴収選択口座の申告又は申告不要の選択

　下記のとおり、利子配当受入れ源泉徴収選択口座における譲渡等は500万円の譲渡益であり、同口座に利子配当の受入れもある。この場合、譲渡等と利子配当の申告又は申告不要については、どのような選択が可能か。

　譲渡等が譲渡益のときは、口座内で譲渡等と利子配当との損益通算が行われないため、譲渡等のみを申告、又は利子配当のみを申告とすることができる。ただし、利子等と配当等について申告をするときは、それら全てを申告しなければならない。

　以上により、この口座の申告又は申告不要の選択は次の4通りとなる。

| 譲渡等　500万円（黒字）

受入れ利子等　10万円

受入れ配当等　30万円 | ・いずれも申告
・譲渡等申告、利子等及び配当等申告不要
・譲渡等申告不要、利子等及び配当等申告
・いずれも申告不要 | ○ |
| | ・譲渡等及び利子等申告、配当等申告不要
・譲渡等及び配当等申告、利子等申告不要
・利子等申告、譲渡等及び配当等申告不要
・配当等申告、譲渡等及び利子等申告不要 | × |

【事例3】利子配当受入れ源泉徴収選択口座の申告又は申告不要の選択

　下記のとおり、利子配当受入れ源泉徴収選択口座における譲渡等は200万円の譲渡損失で、受け入れた利子等は5万円、配当等は60万円である。損益通算後の譲渡損失135万円（5万円＋60万円－200万円）を翌年以後に繰り越す申告を行いたい。この場合、利子配当の申告又は申告不要については、どのような選択が可能か。

　譲渡損失につき利子配当との損益通算が行われているときは、確定申告において損益通算前の状態に戻す必要がある。

　そのため、利子配当については、その全部又は一部を申告不要とすることはできず、いずれも申告する必要がある。

| 譲渡等　△200万円（損失）
受入れ利子等　5万円
受入れ配当等　60万円 | ・利子等、配当等のいずれも申告 | ○ |
| | ・利子等申告、配当等申告不要
・利子等申告不要、配当等申告
・利子等、配当等のいずれも申告不要 | |

　なお、利子配当受入れ源泉徴収選択口座に受け入れた利子等又は配当等を申告するときの課税方式は、次のとおりとなります。

　利子等の申告は申告分離課税に限られます。配当等の申告については、特定上場株式等の配当等（51頁参照）であれば、その全てにつき総合課税又は申告分離課税のいずれかを選択することになり、特定上場株式等の配当等以外の配当等は申告分離課税に限られます（措法8の4①②、地法附則33の2①②⑤⑥）。

【POINT】

☞　（利子配当受入れ）源泉徴収選択口座の譲渡損益につき申告を選択した場合は、その後の修正申告又は更正の請求において、その選択替え（課税方式の変更）はできません（措通37の11の5－4）。

● 特定口座制度の概要 ●

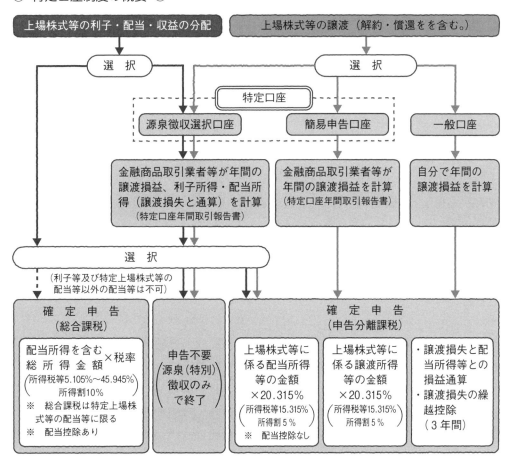

6 特定口座年間取引報告書の記載と申告又は申告不要の選択

　源泉徴収選択口座には、利子配当の受入れが可能です（利子配当受入れ源泉徴収選択口座）。ここでは、上場株式等の譲渡等が譲渡益の場合と譲渡損失の場合に区分し、利子配当受入れ源泉徴収選択口座の申告又は申告不要の選択について、"特定口座年間取引報告書"の記載内容に基づき説明します。

1 上場株式等の譲渡等が譲渡益の場合

申告する場合は、総合課税又は申告分離課税　　　　　　　　　　譲渡益

（譲渡に係る年間取引損益及び源泉徴収税額等）	源泉所得税額（所得税）	106,776	株式譲渡所得割額（住民税）	34,860	外国所得税の額
譲渡区分	① 譲渡対価の額（収入金額）		② 取得費及び譲渡に要した費用の額等	③ 差引金額（譲渡所得等の金額）（①-②）	
上場分	8,200,400		7,503,200	697,200	
特定信用分				0	
合　　計	8,200,400		7,503,200	697,200	

（配当等の額及び源泉徴収税額等）

種　類	配当等の額	源泉徴収税額（所得税）	配当割額（住民税）	特別分配金の額	上場株式配当等控除額	外国所得税の額
④株式、出資又は基金	200,000	30,630	10,000			
⑤特定株式投資信託		0	0			
⑥投資信託又は特定受益証券発行信託（⑤、⑦及び⑧以外）		0	0			
⑦オープン型証券投資信託	80,000	12,252	4,000	10,000		
⑧国外株式又は国外投資信託等		0	0			0
⑨合計（④+⑤+⑥+⑦+⑧）	280,000	42,882	14,000	10,000	0	0
⑩公社債	40,000	6,126	2,000			
⑪社債的受益権		0	0			
⑫投資信託又は特定受益証券発行信託（⑬及び⑭以外）		0	0			
⑬オープン型証券投資信託	30,000	4,594	1,500			
⑭国外公社債等又は国外投資信託等		0	0			0
⑮合計（⑩+⑪+⑫+⑬+⑭）	70,000	10,720	3,500	0	0	0
⑯ 譲渡損失の額						
⑰ 差引金額（⑨+⑮-⑯）	350,000					
⑱ 納付税額		53,602	17,500			
⑲ 還付税額（⑨+⑮-⑱）		0	0			

（左側）特定上場株式等の配当等　上記以外のもの

（右側）申告する場合はいずれも申告

申告する場合は、申告分離課税

110

✠ 特定口座年間取引報告書の内容

上記の特定口座年間取引報告書の内容は次のとおりです。なお、受け入れた利子配当についての内訳（④～⑧及び⑩～⑭の各欄）は、配当等の交付状況欄（記載省略）で確認します。

> ・上場株式等の譲渡等（③欄）　697,200円（譲渡益）
> ・特定上場株式等の配当等（⑨欄）　280,000円
> 　（内訳　上場株式の配当 200,000円（④欄）、証券投資信託の収益の分配 80,000円（⑦欄））
> ・上記以外のもの（⑮欄）　70,000円
> 　（内訳　社債の利子 40,000円（⑩欄）、公社債投資信託の収益の分配 30,000円（⑬欄））
> ・譲渡等に係る税額　所得税等 106,776円、住民税 34,860円
> ・利子配当に係る税額（⑱欄）　所得税等 53,602円、住民税 17,500円

✠ 申告・申告不要の選択の考え方

➤ 上場株式等の譲渡等が譲渡益の場合

この利子配当受入れ源泉徴収選択口座については、次の選択が可能です。

ア　全て（譲渡等及び利子配当）申告不要とする。

イ　譲渡等について申告し、利子配当について申告不要とする。

ウ　利子配当について申告し、譲渡等について申告不要とする。

エ　全て（譲渡等及び利子配当）申告する。

なお、「特定上場株式等の配当等」と「上記以外のもの」は、いずれかを申告又は申告不要とすることはできません（措法37の11の6⑨）。

➤ 利子配当の申告方法

上記において**ウ**又は**エ**を選択したときの利子等、配当等の申告については、次のいずれかになります。

ア　いずれも申告分離課税で申告する。

イ　「特定上場株式等の配当等」は総合課税で、「上記以外のもの」は申告分離課

税で申告する。

なお、「特定上場株式等の配当等」については、例えば、上場株式の配当200,000円を総合課税とし、証券投資信託の収益の分配80,000円を申告分離課税とするなど、一部を総合課税、残りを申告分離課税とすることはできません（措法8の4②）。

◆２ 譲渡損失が利子・配当と損益通算されている場合［その１］

— 申告する場合は、総合課税又は申告分離課税　　　　　　　　　　　　譲渡損失 —

（譲渡に係る年間取引損益及び源泉徴収税額等） 譲渡区分	源泉所得税額（所得税） ① 譲渡対価の額（収入金額）	株式譲渡所得割額（住民税） ② 取得費及び譲渡に要した費用の額等	外国所得税の額 ③ 差引金額（譲渡所得等の金額）（①－②）
上場分	3,200,100	4,500,400	△1,300,300
特定信用分			0
合　計	3,200,100	4,500,400	△1,300,300

（配当等の額及び源泉徴収税額等） 種　類	配当等の額	源泉徴収税額（所得税）	配当割額（住民税）	特別分配金の額	上場株式配当等控除額	外国所得税の額
④株式、出資又は基金	50,000	7,657	2,500			
⑤特定株式投資信託		0	0			
⑥投資信託又は特定受益証券発行信託（⑤、⑦及び⑧以外）		0	0			
⑦オープン型証券投資信託	100,000	15,315	5,000	5,000		
⑧国外株式又は国外投資信託等		0	0			0
⑨合計（④＋⑤＋⑥＋⑦＋⑧）	150,000	22,972	7,500	5,000	0	0
⑩公社債	180,000	27,567	9,000			
⑪社債的受益権		0	0			
⑫投資信託又は特定受益証券発行信託（⑬及び⑭以外）		0	0			
⑬オープン型証券投資信託	45,000	6,891	2,250	3,000		
⑭国外公社債等又は国外投資信託等		0	0			0
⑮合計（⑩＋⑪＋⑫＋⑬＋⑭）	225,000	34,458	11,250	3,000	0	0
⑯ 譲渡損失の額	1,300,300					
⑰ 差引金額（⑨＋⑮－⑯）	0					
⑱ 納付税額		0	0			
⑲ 還付税額（⑨＋⑮－⑱）		57,430	18,750			

— 申告する場合は、申告分離課税

✠ 特定口座年間取引報告書の内容

上記の特定口座年間取引報告書の内容は次のとおりです。なお、受け入れた利子配当についての内訳（④～⑧及び⑩～⑭の各欄）は、配当等の交付状況欄（記載省略）で確認します。

- 上場株式等の譲渡等（③欄）　△1,300,300円（譲渡損失）
- 特定上場株式等の配当等（⑨欄）　150,000円
  （内訳　上場株式の配当 50,000円（④欄）、証券投資信託の収益の分配 100,000円（⑦欄））
- 上記以外のもの（⑮欄）　225,000円
  （内訳　国債の利子 180,000円（⑩欄）、公社債投資信託の収益の分配 45,000円（⑬欄））
- 納付税額（⑱欄）　0円（所得税・住民税）

　特定口座内で、譲渡損失と利子配当との損益通算が行われ、利子配当についての源泉（特別）徴収税額は全て還付されています（⑲欄）。

✠ 申告・申告不要の選択の考え方

➡ 上場株式等の譲渡等が譲渡損失の場合

　この利子配当受入れ源泉徴収選択口座については、次の選択が可能です。

　ア　全て（譲渡等及び利子配当）申告不要とする。

　イ　全て（譲渡等及び利子配当）申告する。

　なお、イを選択したときは、損益通算前の状態に戻す必要があります。利子配当に係る源泉（特別）徴収税額は全て還付されていますから（⑲欄）、確定申告書に記載するこの口座に係る源泉徴収税額は 0 円（⑱欄）になります。

➡ 利子配当の申告方法

　上記においてイを選択したときの利子等、配当等の申告については、次のいずれかになります。

　ア　いずれも申告分離課税で申告する。

　イ　「特定上場株式等の配当等」は総合課税で、「上記以外のもの」は申告分離課税で申告する。

　なお、「特定上場株式等の配当等」については、一部を総合課税、残りを申告分離課税とすることができないことは、上記❶に記載したとおりです。利子配当と譲渡損失との損益通算後がマイナスであるため、一般には申告分離課税を選択し、通算しきれない譲渡損失を翌年以降に繰り越します。

3 **譲渡損失が利子・配当と損益通算されている場合[その2]**

申告する場合は、総合課税又は申告分離課税　　　　　　　　　　　　　　　　　譲渡損失

譲渡区分	① 譲渡対価の額 (収入金額)	② 取得費及び譲渡に要した費用の額等	③ 差引金額（譲渡所得等の金額） (①−②)
上場分	3,200,100	3,420,000	△219,900
特定信用分			0
合　計	3,200,100	3,420,000	△219,900

（譲渡に係る年間取引損益及び源泉徴収税額等）／源所得税額（所得税）／株式譲渡所得割額（住民税）／外国所得税の額

（配当等の額及び源泉徴収税額等）

種　類	配当等の額	源泉徴収税額 (所得税)	配当割額 (住民税)	特別分配金の額	上場株式配当等控除額	外国所得税の額
④株式、出資又は基金	135,000	20,675	6,750			
⑤特定株式投資信託		0	0			
⑥投資信託又は特定受益証券発行信託（⑤、⑦及び⑧以外）		0	0			
⑦オープン型証券投資信託		0	0			
⑧国外株式又は国外投資信託等		0	0			0
⑨合計（④+⑤+⑥+⑦+⑧）	135,000	20,675	6,750	0	0	0
⑩公社債	50,000	7,657	2,500			
⑪社債的受益権		0	0			
⑫投資信託又は特定受益証券発行信託（⑬及び⑭以外）		0	0			
⑬オープン型証券投資信託	190,500	29,175	9,525	7,500		
⑭国外公社債等又は国外投資信託等		0	0			0
⑮合計（⑩+⑪+⑫+⑬+⑭）	240,500	36,832	12,025	7,500	0	0
⑯ 譲渡損失の額	219,900					
⑰ 差引金額（⑨+⑮−⑯）	155,600					
⑱ 納付税額		23,830	7,780			
⑲ 還付税額（⑨+⑮−⑱）		33,677	10,995			

（④〜⑧は「特定上場株式等の配当等」、⑩〜⑭は「上記以外のもの」）

申告する場合は、申告分離課税

✠ 特定口座年間取引報告書の内容

　上記の特定口座年間取引報告書の内容は次のとおりです。なお、受け入れた利子配当の内訳（④〜⑧及び⑩〜⑭の各欄）は、配当等の交付状況欄（記載省略）で確認します。

・上場株式等の譲渡等（③欄）　△219,900円（譲渡損失）

・特定上場株式等の配当等（⑨欄）　135,000円

　（内訳　上場株式の配当 135,000円（④欄））

・上記以外のもの（⑮欄）　240,500円

　（内訳　社債の利子 50,000円（⑩欄）、公社債投資信託の収益の分配 190,500円（⑬欄））

・納付税額（⑱欄）所得税 23,830円、住民税 7,780円

（損益通算後の差引金額（⑰欄）に対する源泉（特別）徴収税額）

✠ 申告・申告不要の選択の考え方

🔸 上場株式等の譲渡等が譲渡損失の場合

この利子配当受入れ源泉徴収選択口座については、次の選択が可能です。

ア　全て（譲渡等及び利子配当）申告不要とする。

イ　全て（譲渡等及び利子配当）申告する。

なお、**イ**を選択したときは、損益通算前の状態に戻す必要があります。利子配当に係る源泉（特別）徴収税額の一部は還付されていますから、確定申告書に記載するこの口座に係る源泉徴収税額は23,830円（⑱欄）になります。

🔸 利子配当の申告方法

上記において**イ**を選択したときの利子等、配当等の申告については、次のいずれかになります。

ア　いずれも申告分離課税で申告する。

イ　「特定上場株式等の配当等」は総合課税で、「上記以外のもの」は申告分離課税で申告する。

利子配当のうち申告分離課税が適用される「上記以外のもの」は240,500円（⑮欄）であり、譲渡損失の金額△219,900円と損益通算すると20,600円（プラス）になります。そのため、「特定上場株式等の配当等」については、総合課税と申告分離課税の有利選択になります（前年以前から繰り越されてくる譲渡損失があれば、一般には繰越控除を適用するために申告分離課税で申告する。）。

7 譲渡損失の損益通算と繰越控除

上場株式等の一定の譲渡等により生じた損失は、上場株式等に係る配当所得等の金額と損益通算することができます。また、損益通算しきれない損失は、翌年以後に繰り越し、翌年以後3年間の上場株式等に係る譲渡所得等の金額及び上場株式等に係る配当所得等の金額から控除することができます。

1 上場株式等に係る配当所得等の金額との損益通算

 損益通算の対象となる譲渡

上場株式等の譲渡等による損失は、それが**金融商品取引業者（第一種金融商品取引業者に限る。）への売委託など一定の譲渡等**により生じた場合に限り、確定申告により、その年分の上場株式等に係る配当所得等の金額（申告分離課税選択）と損益通算することができます（措法37の12の2①、地法附則35の2の6①⑧）。

```
┌──────────────────┐   ┌────┐   ┌──────────────────┐
│ 上場株式等の"一定の譲渡等"│   │ 損益 │   │  上場株式等に係る  │
│   により生じた損失   │───│ 通算 │───│ 配当所得等の金額  │
└──────────────────┘   └────┘   └──────────────────┘
```

なお、**一定の譲渡等**とは、次の「損益通算の対象となる上場株式等の譲渡の範囲」に掲げる方法による譲渡とされています（措法37の12の2②、措令25の11の2）。

● 損益通算の対象となる上場株式等の譲渡の範囲 ●

①	金融商品取引業者^(注1)（第一種金融商品取引業を行う者に限る。）又は登録金融機関^(注2)への売委託（売買又は売買の委託の媒介、取次ぎ若しくは代理、並びに売出しの取扱いについて委託すること）により行う譲渡 (注) 1　金融商品取引業者とは、内閣総理大臣の登録を受けた者をいう（金商法2⑨）。 　　　2　登録金融機関とは、内閣総理大臣の登録を受けた銀行、協同組織金融機関その他一定の金融機関をいう（金商法2⑪）。
②	金融商品取引業者に対する譲渡

116

③	登録金融機関又は投資信託委託会社に対する譲渡で一定のもの
④	法人の合併などによりみなし譲渡課税の対象（措法37の10③、37の11④）となるもの
⑤	上場株式等を発行した法人の行う株式交換又は株式移転による株式交換完全親法人又は株式移転完全親法人に対する譲渡
⑥	上場株式等を発行した法人に対して会社法の規定に基づいて行う単元未満株式の譲渡
⑦	新株予約権付社債についての社債、取得条項付新株予約権又は新株予約権付社債の発行法人に対する譲渡で一定のもの及び取得条項付新投資口予約権の発行法人に対する譲渡
⑧	上場株式等を発行した法人に対して改正前の商法の規定に基づいて行う端株の譲渡
⑨	上場株式等を発行した法人が行う会社法の規定等による1株又は1口に満たない端数に係る上場株式等の競売その他一定の譲渡
⑩	信託会社（信託業務を営む金融機関を含む。）の国内にある営業所に信託されている上場株式等の譲渡で、その営業所を通じて、外国証券業者への売委託により行うもの又は外国証券業者に対して行うもの
⑪	国外転出時課税制度により譲渡があったものとみなされるもの^{（注）} （注）　住民税では対象外とされている。

　上場株式等の譲渡等による損失が、次に記載する**一定の譲渡等以外の方法**によるものであった場合のその損失は、他の上場株式等の譲渡等に係る譲渡益との通算（所得内通算）はできますが、通算しきれない損失は生じなかったものとみなされます。

✠ 損益通算の対象とならない譲渡（例示）

　例えば、次に掲げる上場株式等の譲渡等による損失は、他の上場株式等の譲渡益との通算はできますが、上記の一定の譲渡等に該当しませんから、上場株式等に係る配当所得等の金額（申告分離課税選択）との損益通算の対象にならず、下記❷の譲渡損失の繰越控除の対象にもなりません。

・外国の金融機関等への売委託による譲渡
・外国の金融機関等への譲渡
・相対取引（取引所を経由せず売手と買手による直接取引）による譲渡

117

ただし、相対取引であっても発行会社への譲渡（発行会社では自己株式の取得）により生じた損失金額については、損益通算等の対象になります（措法37の12の2②四）。

　また、発行会社に対する上場株式等の無償譲渡でみなし譲渡（所法59①一）の対象になる場合に生じる譲渡損失も損益通算等の対象になります（H23.1.21付札幌国税局文書回答事例）。

【事例1】外国の証券会社への売委託

　上場株式等の譲渡等につき、日本の証券会社への売委託による譲渡益100万円と外国の証券会社への売委託による譲渡損失150万円がある。譲渡損益の通算後の譲渡損失50万円について、申告分離課税を選択した配当所得等との損益通算及び譲渡損失の繰越控除は可能か。

> ① 日本の証券会社への上場株式等の売委託による譲渡益　100万円
> ② 外国の証券会社への上場株式等の売委託による譲渡損失　150万円
> ⇒ 上場株式等に係る譲渡所得等内の通算（①＋②）＝△50万円

　通算後の譲渡損失50万円は、外国の証券会社への売委託で生じたものであるから、申告分離課税の配当所得等の金額との損益通算及び譲渡損失の繰越控除の対象とならない（生じなかったものとみなされる。）。

(注)　外国の金融機関への売委託による譲渡損失の金額など、一定の譲渡等に該当しない取引に係る金額は、「株式等に係る譲渡所得等の金額の計算明細書」の「1　所得金額の計算」の各欄に括弧書（内書）で記載する。

【事例2】相対取引

　上場株式等の譲渡等につき、日本の証券会社への売委託による譲渡損失200万円と個人間の相対取引による譲渡益130万円がある。譲渡損益の通算後の譲渡損失70万円について、申告分離課税を選択した配当所得等との損益通算及び譲渡損失の繰越控除は可能か。

① 日本の証券会社への上場株式等の売委託による譲渡損失　200万円

② 個人間の相対取引による上場株式等の譲渡益　130万円

⇒　上場株式等に係る譲渡所得等内の通算（①＋②）＝△70万円

　通算後の譲渡損失70万円は、日本の証券会社への売委託により生じたものであり、申告分離課税の配当所得等の金額との損益通算及び譲渡損失の繰越控除の対象となる。

◉ 上場株式等の譲渡損失の取扱いの概要 ◉

譲渡損失の区分	譲渡損失の取扱い
非課税口座（NISA制度）で生じたもの	・他の上場株式等の譲渡益と通算できない（譲渡損失は生じなかったものとみなされる。）。
外国の金融機関への（売委託による）譲渡又は相対取引（発行会社への譲渡を除く。）で生じたもの	・他の上場株式等の譲渡益と通算できる。 ・上場株式等に係る配当所得等の金額との損益通算や譲渡損失の繰越控除はできない。
我が国の金融機関への売委託による譲渡など、一定の譲渡等（116頁参照）で生じたもの	・他の上場株式等の譲渡益と通算できる。 ・上場株式等に係る配当所得等の金額との損益通算や譲渡損失の繰越控除もできる。

✠ 損益通算の手続

　上場株式等の配当等についての申告分離課税の選択及び上場株式等の譲渡損失との損益通算は、確定申告書に**「株式等に係る譲渡所得等の金額の計算明細書」**及び**「確定申告書付表（上場株式等に係る譲渡損失の損益通算及び繰越控除用）」**を添付することにより行います（措法37の12の2③、地法附則35の2の6①⑧）。

　また、源泉徴収選択口座について申告を選択し、他の口座の上場株式等の譲渡損失との譲渡所得内の通算及び他の上場株式等に係る利子等及び配当等と損益通算を行う場合も同様です。

●→ 計算明細書の作成

　下記の利子配当受入れ源泉徴収選択口座（前記❻ 2 の事例）について申告を選択し、特定口座内で利子配当と損益通算した後の譲渡損失を翌年以後に繰り越すためには、まず、「株式等に係る譲渡所得等の金額の計算明細書」を作成します。その記載は、次頁のとおりとなります。

特定口座年間取引報告書

（譲渡に係る年間取引損益及び源泉徴収税額等）	源泉所得税額 （所得税）		株式譲渡所得割額 （住民税）		外国所得税の額	
譲渡区分	① 譲渡対価の額 （収入金額）		② 取得費及び譲渡に要した費用の額等		③ 差引金額（譲渡所得等の金額） （①－②）	
上場分	3,200,100		4,500,400		△1,300,300	
特定信用分					0	
合　計	3,200,100		4,500,400		△1,300,300	

（配当等の額及び源泉徴収税額等）		種　類	配当等の額	源泉徴収税額 （所得税）	配当割額 （住民税）	特別分配金の額	上場株式配当等控除額	外国所得税の額
特定上場株式等の配当等	④株式、出資又は基金		50,000	7,657	2,500			
	⑤特定株式投資信託		0	0				
	⑥投資信託又は特定受益証券発行信託（⑤、⑦及び⑧以外）		0	0				
	⑦オープン型証券投資信託		100,000	15,315	5,000	5,000		
	⑧国外株式又は国外投資信託等		0	0				0
	⑨合計 （④＋⑤＋⑥＋⑦＋⑧）		150,000	22,972	7,500	5,000	0	0
上記以外のもの	⑩公社債		180,000	27,567	9,000			
	⑪社債的受益権		0	0				
	⑫投資信託又は特定受益証券発行信託（⑬及び⑭以外）		0	0				
	⑬オープン型証券投資信託		45,000	6,891	2,250	3,000		
	⑭国外公社債等又は国外投資信託等		0	0				0
	⑮合計 （⑩＋⑪＋⑫＋⑬＋⑭）		225,000	34,458	11,250	3,000	0	0
⑯ 譲渡損失の額			1,300,000					
⑰ 差引金額 （⑨＋⑮－⑯）			0					
⑱ 納付税額				0	0			
⑲ 還付税額 （⑨＋⑮－⑱）				57,430	18,750			

└─ 合計額375,000円を確定申告書付表1面の1⑵へ

　まず、この計算明細書の「2面」の「2　申告する特定口座の上場株式等に係る譲渡所得等の金額の合計」の所定欄に特定口座年間取引報告書の譲渡所得等についての記載内容を転記します。他に申告する特定口座があれば、同様にその特定口座年間取引報告書の譲渡所得等についての記載内容を転記し、それらの合計額を「1面」の「1　所得金額の計算」の所定欄に転記します。

　なお、特定口座以外で譲渡した株式等があれば、その明細を「【参考】特定口座以外で譲渡した株式等の明細」欄に記入しますが、ここではその様式の掲載を省略しています。

120

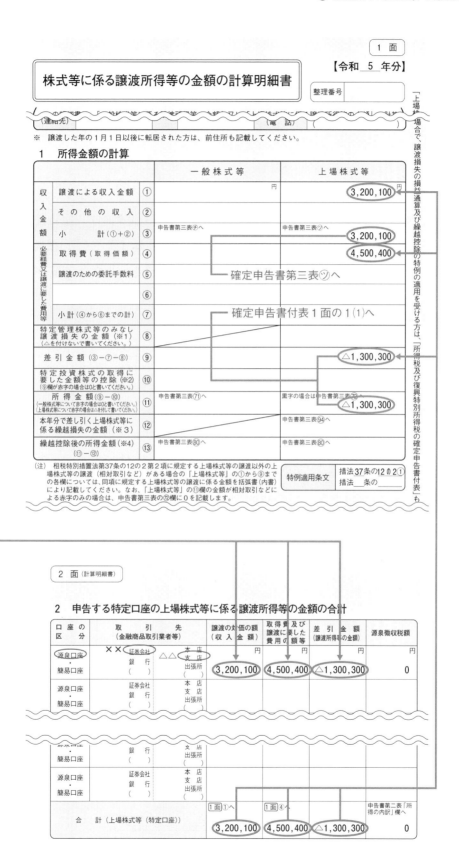

■◆ 確定申告書付表の作成

　譲渡損失の金額と利子配当の損益通算が行われている源泉徴収選択口座について申告をする場合は、損益通算前の状態に戻した上で、「確定申告書付表（上場株式等に係る譲渡損失の損益通算及び繰越控除用）」の「１面」の「１　本年分の上場株式等に係る譲渡損失の金額及び分離課税配当所得等金額の計算」の所定欄に記入することにより損益通算を行います。

　「(1)　本年分の損益通算前の上場株式等に係る譲渡損失の金額」欄には、前記の「株式等に係る譲渡所得等の金額の計算明細書」の所定欄（⑪・⑨）の損失金額（△1,300,300円）につき、「△」を付けないで転記し、いずれか少ない金額を③欄に記入します。

　次に、利子配当受入れ源泉徴収選択口座に受け入れた利子配当の合計額（375,000円）を「(2)　本年分の損益通算前の分離課税配当所得等金額」欄に記入します。他の特定口座に受け入れた利子配当や特定口座以外で受けた上場株式等に係る利子配当で、申告分離課税とするものがあれば併せて記入し、合計額を④欄に記入します。

　最後に、損益通算後の譲渡損失の金額（925,300円）を「(3)　本年分の損益通算後の上場株式等に係る譲渡損失の金額又は分離課税配当所得等金額」の⑤欄に記入します。

　その譲渡損失の金額を翌年以後に繰り越しますから、当該確定申告書付表「2面」の「2　翌年以後に繰り越される上場株式等に係る譲渡損失の金額の計算」の⑪欄に転記します（ここでは、前年以前から繰り越されてくる譲渡損失の金額はないものとしている。）。

2　面（確定申告書付表）

※１　「本年分で差し引く上場株式等に係る譲渡損失の金額」は、「前年から繰り越された上場株式等に係る譲渡損失の金額」のうち最も古い年に生じた金額から順次控除します。
　　また、「本年分で差し引く上場株式等に係る譲渡損失の金額」は、同一の年に生じた「前年から繰り越された上場株式等に係る譲渡損失の金額」内においては、「株式等に係る譲渡所得等の金額の計算明細書」の1面の「上場株式等」の⑪欄の金額（赤字の場合には、0とみなします。）及び「⑥本年分の損益通算後の分離課税配当所得等金額」の合計額を限度として、まず上場株式等に係る譲渡所得等の金額から控除し、なお控除しきれない損失の金額があるときは、分離課税配当所得等金額から控除します。
※２　本年の3年前分に生じた上場株式等に係る譲渡損失のうち、本年分で差し引くことのできなかった上場株式等に係る譲渡損失の金額を、翌年以後に繰り越して控除することはできません。

123

●◆ 確定申告書の作成

計算明細書及び確定申告書付表の所定欄の金額を転記することにより確定申告書を作成します。ここでは、特定口座による取引のほか、次表の給与所得がある場合としています。

◎ 給与所得の源泉徴収票（年末調整済）

（単位：円）

支払金額	給与所得控除後 の金額	所得控除の額の 合計額（※）	源泉徴収税額
3,120,000	2,104,000	944,594	59,100

※社会保険料控除464,594円、基礎控除480,000円

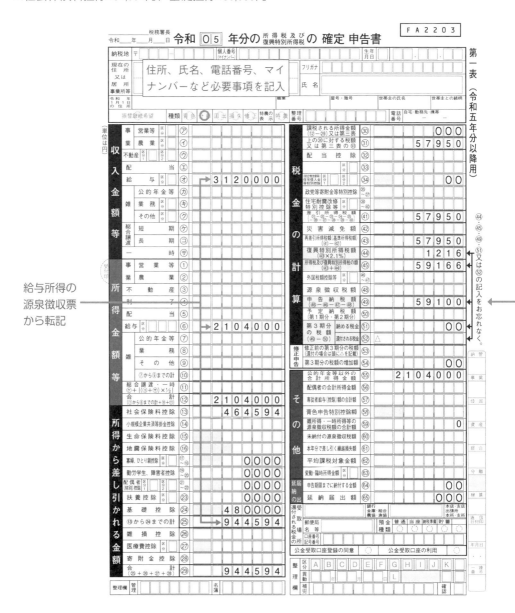

給与所得の
源泉徴収票
から転記

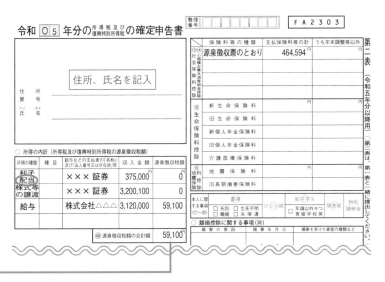

令和 05 年分の 所得税及び 復興特別所得税 の確定申告書

整理番号 ☐☐☐☐☐☐☐☐   F A 2 3 0 3

住所、氏名を記入

住　所
屋　号
フリガナ
氏　名

	保険料等の種類	支払保険料等の計	うち年末調整等以外
⑬⑭ 社会保険料控除 小規模企業共済等掛金控除	源泉徴収票のとおり	464,594 円	
⑮ 生命保険料控除	新生命保険料	円	
	旧生命保険料		
	新個人年金保険料		
	旧個人年金保険料		
	介護医療保険料		
⑯ 地震保険料控除	地震保険料	円	
	旧長期損害保険料		

第二表 （令和五年分以降用）○第二表は、第一表と一緒に提出してください。

○ 所得の内訳（所得税及び復興特別所得税の源泉徴収税額）

所得の種類	種目	給与などの支払者の「名称」及び「法人番号又は所在地」等	収入金額	源泉徴収税額
利子配当		×××証券	375,000 円	0
株式等の譲渡		×××証券	3,200,100	0
給与		株式会社△△△	3,120,000	59,100
		㊽ 源泉徴収税額の合計額		59,100

本人に関する事項（⑰～⑳）
寡婦　☐死別 ☐生死不明 ☐未帰還 ☐離婚
ひとり親
勤労学生　☐年調以外かつ専修学校等
障害者
特別障害者

○ 雑損控除に関する事項（㉖）
損害の原因　　損害年月日　　損害を受けた資産の種類など

令和 05 年分の 所得税及び 復興特別所得税 の 確定申告書（分離課税用）   F A 2 4 0 1

住所、氏名を記入

住　所
屋　号
フリガナ
氏　名

整理番号 ☐☐☐☐☐☐☐☐   一連番号 ☐☐☐☐☐☐

第三表 （令和四年分以降用）○第三表は、申告書の第一表・第二表と一緒に提出してください。

措法に〇印を付け、適用条項（譲渡損失と配当との損益通算）を記入

	特例適用条文		法	条	項	号
所法 措法〇 震法			37	12 2 1	項	号
所法 措法 震法			条の		項	号
所法 措法 震法			条の		項	号

（単位は円）

収入金額			
分離課税	短期譲渡	一般分 ㋝	
		軽減分 ㋜	
	長期譲渡	一般分 ㋞	
		特定分 ㋟	
		軽課分 ㋠	
	一般株式等の譲渡 ㋡		
	上場株式等の譲渡 ㋢		3200100
	上場株式等の配当等 ㋣		375000
	先物取引 ㋤		
	山林 ㋥		
	退職 ㋦		

所得金額			
分離課税	短期譲渡	一般分 ⑯	
		軽減分 ⑰	
	長期譲渡	一般分 ⑱	
		特定分 ⑲	
		軽課分 ⑳	
	一般株式等の譲渡 ㉑		
	上場株式等の譲渡 ㉒		△925300
	上場株式等の配当等 ㉓		0
	先物取引 ㉔		
	山林 ㉕		
	退職 ㉖		

税金の計算			
課税される所得金額	総合課税の合計額（申告書第一表の⑫） ⑫		2104000
	所得から差し引かれる金額（申告書第一表の㉙） ㉙		944594
	⑫ 対応分 ⑰		1159000
	⑯⑰ 対応分 ⑱		000
	⑱⑲⑳ 対応分 ㉘		000
	㉑㉒ 対応分 ㉛		000
	㉓ 対応分 ㉜		000
	㉔ 対応分 ㉝		000
	㉕ 対応分 ㉞		000

税金の計算			
	⑰ 対応分 ㉞		
	⑱ 対応分 ㉟		57950
	⑲ 対応分 ㊱		
	⑳ 対応分 ㊲		
	㉑ 対応分 ㊳		0
	㉒ 対応分 ㊴		
	㉓ 対応分 ㊵		
	㊱から㊷までの合計（申告書第一表の㉛に転記） ㊷		57950

その他			
株式等	本年分の㋢㋣から差し引く繰越損失の金額 ㊸		
	翌年以降に繰り越される損失の金額 ㊹		925300
配当	本年分の㋣から差し引く繰越損失の金額 ㊺		
先物取引	本年分の㋤から差し引く繰越損失の金額 ㊻		
	翌年以降に繰り越される損失の金額 ㊼		

○ 分離課税の短期・長期譲渡所得に関する事項

区分	所得の生ずる場所	必要経費	差引金額（収入金額－必要経費）	特別控除額
		円	円	円

差引金額の合計額 ㊾
特別控除額の合計額 ㊿

○ 上場株式等の譲渡所得等に関する事項
上場株式等の譲渡所得等の源泉徴収税額の合計額 ㉑

○ 退職所得に関する事項

区分	収入金額	退職所得控除額
一般	円	円
短期		
特定役員		

整理欄	A	B	C	申告等年月日
	D	E	F	通算
取得期限	資産	入力	申告区分	始期 終期

2 譲渡損失の繰越控除

✠ 繰越控除の順序

上記 1 に掲げた**一定の譲渡等**により生じた上場株式等に係る譲渡損失の金額（申告分離課税の配当所得等の金額との損益通算をした場合には、通算しきれない譲渡損失の金額）については、確定申告により翌年以後に繰り越し、翌年以後 3 年内の上場株式等に係る譲渡所得等の金額及び上場株式等に係る配当所得等の金額を限度として控除することができます（措法37の12の 2 ⑤、地法附則35の 2 の 6 ④⑪）。

この場合の控除する順序は次のとおりとされています（措令25の11の 2 ⑧、措通37の12の 2 - 4 ）。

① 控除する上場株式等の譲渡損失の金額のうち、前年以前 3 年内の 2 以上の年に生じたものがある場合は、これらのうち最も古い年に生じたものから順次控除します。この場合において、エンジェル税制（概要は77頁参照）による繰越控除の対象となる「特定投資株式に係る譲渡損失の金額」がある場合は、先に控除します（エンジェル税制による譲渡損失⇒上場株式等の譲渡損失）。

② 繰越控除における控除年分については、まず、「上場株式等の譲渡所得の金額（エンジェル税制による控除額がある場合はその控除後の金額）」から控除し、次に「上場株式等に係る配当所得等の金額」から控除します。

なお、雑損失の繰越控除（所法71①）が行われる場合は、譲渡損失の繰越控除後の金額から控除します。

● ３年間の繰越控除（控除年の譲渡益、利子配当から順次控除）●

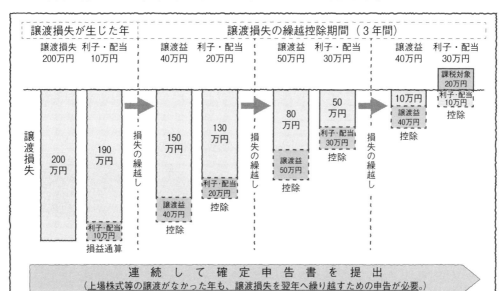

✠ 繰越控除の手続

　譲渡損失の繰越控除の手続は、次のとおりとされています（措法37の12の２⑦、措令25の11の２⑪、地法附則35の２の６④⑪）。

① 　譲渡損失が生じた年分の確定申告書に「株式等に係る譲渡所得等の金額の計算明細表」及び「確定申告書付表（上場株式等に係る譲渡損失の損益通算及び繰越控除用）」を添付して提出します。

② 　その後の年において、**連続して確定申告書を提出**（上場株式等に係る譲渡等や配当等がなかった年分も、譲渡損失を繰り越すために前述の確定申告書付表を添付）します。

③ 　控除を受ける年分の確定申告書に「株式等に係る譲渡所得等の金額の計算明細表」及び「確定申告書付表（上場株式等に係る譲渡損失の損益通算及び繰越控除用）」を添付して提出します。

●◆ 計算明細書の作成

　下記の利子配当受入れ源泉徴収選択口座（前記**❻ 1**の事例）について、前年以前から繰り越される上場株式等に係る譲渡損失の金額（下記参照）の繰越控除を行うために申告をする場合には、まず、当該源泉徴収選択口座の譲渡益につき「株式等に係る譲渡所得等の金額の計算明細書」を作成します（次頁参照）。

◎ 前年以前から繰り越されてくる上場株式等の譲渡損失の金額

区　分	令和2年分	令和3年分	令和4年分
譲渡損失の金額	300,500円	460,200円	292,200円

確定申告書付表2面の2へ

特定口座年間取引報告書

（譲渡に係る年間取引損益及び源泉徴収税額等）	源泉所得税額（所得税）	106,776	株式譲渡所得割額（住民税）	34,860	外国所得税の額	
譲渡区分	① 譲渡対価の額（収入金額）		② 取得費及び譲渡に要した費用の額等		③ 差引金額（譲渡所得等の金額）（①－②）	
上場分	8,200,400		7,503,200		697,200	
特定信用分					0	
合　計	8,200,400		7,503,200		697,200	

（配当等の額及び源泉徴収税額等）

	種　　類	配当等の額	源泉徴収税額（所得税）	配当割額（住民税）	特別分配金の額	上場株式配当等控除額	外国所得税の額
特定上場株式等の配当等	④株式、出資又は基金	200,000	30,630	10,000			
	⑤特定株式投資信託		0	0			
	⑥投資信託又は特定受益証券発行信託（⑤、⑦及び⑧以外）		0	0			
	⑦オープン型証券投資信託	80,000	12,252	4,000	10,000		
	⑧国外株式又は国外投資信託等		0	0			0
	⑨合計（④＋⑤＋⑥＋⑦＋⑧）	（※）280,000	42,882	14,000	10,000	0	0
上記以外のもの	⑩公社債	40,000	6,126	2,000			
	⑪社債的受益権		0	0			
	⑫投資信託又は特定受益証券発行信託（⑬及び⑭以外）		0	0			
	⑬オープン型証券投資信託	30,000	4,594	1,500			
	⑭国外公社債等又は国外投資信託等		0	0			0
	⑮合計（⑩＋⑪＋⑫＋⑬＋⑭）	70,000	10,720	3,500	0	0	0
⑯	譲渡損失の額						
⑰	差引金額（⑨＋⑮－⑯）	350,000					
⑱	納付税額		53,602	17,500			
⑲	還付税額（⑨＋⑮－⑱）	0	0				

合計額350,000円を確定申告書付表1面の1(2)へ

（※）　特定上場株式等の配当等は、前年以前から繰り越されてくる上場株式等の譲渡損失の控除をするため、申告分離課税を選択する。

1 面

【令和 5 年分】

株式等に係る譲渡所得等の金額の計算明細書

整理番号

この明細書は、「一般株式等に係る譲渡所得等の金額」又は「上場株式等に係る譲渡所得等の金額」を計算

（連絡先） （電話）

※ 譲渡した年の1月1日以後に転居された方は、前住所も記載してください。

1 所得金額の計算

			一 般 株 式 等	上 場 株 式 等
収入金額	譲渡による収入金額	①	円	8,200,400 円
	その他の収入	②	確定申告書第三表㋡欄へ ←	
	小 計（①＋②）	③	申告書第三表㋠へ	申告書第三表㋡へ 8,200,400
必要経費又は譲渡に要した費用等	取得費（取得価額）	④		7,503,200
	譲渡のための委託手数料	⑤		
		⑥		
	小計（④から⑥までの計）	⑦	→ 確定申告書第三表㊷欄へ → 確定申告書付表2面の2へ	
	特定管理株式等のみなし譲渡損失の金額（※1）（△を付けないで書いてください。）	⑧		
	差引金額（③－⑦－⑧）	⑨		697,200
	特定投資株式の取得に要した金額等の控除（※2）（⑨欄が赤字の場合は0と書いてください。）	⑩		
	所得金額（⑨－⑩）（一般株式等について赤字の場合は0と書いてください。）（上場株式等について赤字の場合は△を付して書いてください。）	⑪	申告書第三表㋐へ	黒字の場合は申告書第三表㋡へ 697,200
	本年分で差し引く上場株式等に係る繰越損失の金額（※3）	⑫	申告書第三表㉙へ	697,200
	繰越控除後の所得金額（※4）（⑪－⑫）	⑬	申告書第三表㋔へ	申告書第三表㋔へ 0

（注） 租税特別措置法第37条の12の2第2項に規定する上場株式等の譲渡以外の上場株式等の譲渡（相対取引など）がある場合の「上場株式等」の①から⑨までの各欄については、同項に規定する上場株式等の譲渡に係る金額を括弧書（内書）により記載してください。なお、「上場株式等」の⑪欄の金額が相対取引などによる赤字のみの場合は、申告書第三表の㉙欄に0を記載します。

特例適用条文　措法 37条の12の2⑤
　　　　　　　　措法　　条の　　

※1 「特定管理株式等のみなし譲渡損失の金額」とは、租税特別措置法第37条の11の2第1項の規定により、同法第37条の12の2第2項に規定する上場株式等の譲渡をしたことにより生じた損失の金額とみなされるものをいいます。
※2 ⑩欄の金額は、「特定中小会社が発行した株式の取得に要した金額等の控除の明細書」で計算した金額に基づき、「一般株式等」、「上場株式等」の順に、⑨欄の金額を限度として控除します。
※3 ⑫欄の金額は、「上場株式等」の⑪欄の金額を限度として控除し、「上場株式等」の⑪欄の金額が0又は赤字の場合には記載しません。なお、⑫欄の金額を「一般株式等」から控除することはできません。
※4 ⑬欄の金額は、⑪欄の金額が0又は赤字の場合には記載しません。また、⑬欄の金額を申告書に転記するに当たって申告書第三表の㉙欄の金額が同⑫欄の金額から控除しきれない場合には、税務署にお尋ねください。

整理欄

（令和5年分以降用）　　R5.11

（上場株式等の場合で、譲渡損失の損益通算及び繰越控除の特例の適用を受ける方は、「所得税及び復興特別所得税の確定申告書付表」も記載してください。）

確定申告書付表の2面の2⑨欄から

確定申告書第三表㉙欄へ

2 面（計算明細書）

2 申告する特定口座の上場株式等に係る譲渡所得等の金額の合計

口 座 の区 分	取 引 先（金融商品取引業者等）		譲渡の対価の額（収 入 金 額）	取得費及び譲渡に要した費用の額等	差 引 金 額（譲渡所得等の金額）	源泉徴収税額
源泉口座・簡易口座	×× 証券会社銀行（　）	△△ 本店支店出張所	8,200,400 円	7,503,200 円	697,200 円	106,776 円
源泉口座・簡易口座	証券会社銀行（　）	本店支店出張所				
源泉口座・簡易口座	証券会社銀行（　）	本店支店出張所				
源泉口座・簡易口座	証券会社銀行（　）	本店支店出張所				
源泉口座・簡易口座	証券会社銀行（　）	本店支店出張所				
合 計（上場株式等（特定口座））			1面①へ 8,200,400	1面④へ 7,503,200	697,200	申告書第二表「所得の内訳」欄へ 106,776

確定申告書第三表㉙欄へ

確定申告書第三表㉙欄へ

■◆ 確定申告書付表の作成

　次に、当該源泉徴収選択口座に受け入れた利子配当の合計額（350,000円）を「確定申告書付表（上場株式等に係る譲渡損失の損益通算及び繰越控除用)」の「1面」の「(2) 本年分の損益通算前の分離課税配当所得等金額」欄に記入し（他の特定口座に受け入れた利子配当や特定口座以外で受けた上場株式等に係る利子配当で、申告分離課税とするものがあれば併せて記載する。）、合計額をその④欄及び「(3)　本年分の損益通算後の上場株式等に係る譲渡損失の金額又は分離課税配当所得等金額」の⑥欄に記入します。

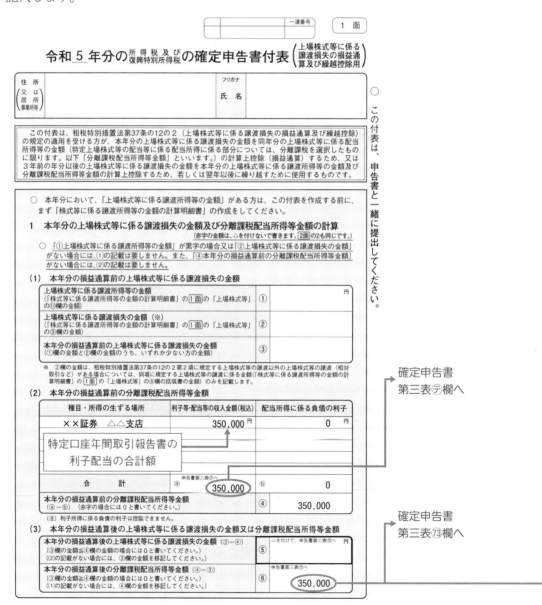

確定申告書付表の「2面」の「2　翌年以後に繰り越される上場株式等に係る譲渡損失の金額の計算」で繰越控除を行います。まず、「前年から繰り越された上場株式等に係る譲渡損失の金額」欄に、繰り越された譲渡損失の金額（令和2年分300,500円、同3年分460,200円、同4年分292,200円）を記入します。次に、「本年分で差し引く上場株式等に係る譲渡損失の金額」欄で、その繰り越された譲渡損失の金額の合計額1,052,900円について、本年分の上場株式等に係る譲渡所得等の金額（697,200円）から順次控除し、控除しきれない譲渡損失の金額355,700円について分離課税配当所得等金額（350,000円）から順次控除します。その結果、控除しきれな

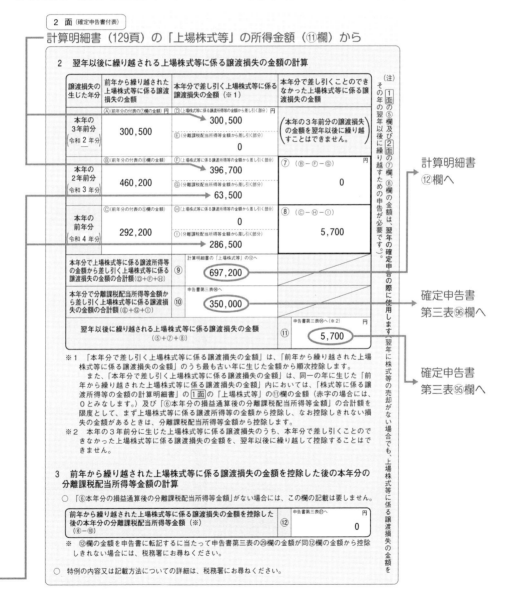

計算明細書（129頁）の「上場株式等」の所得金額（⑪欄）から

い譲渡損失の金額（令和４年分の5,700円）が残りますので、それを翌年以後に繰り越します（確定申告書付表「２面」⑪欄）。

●◆ 確定申告書の作成

　計算明細書及び確定申告書付表の所定欄の金額を転記することにより確定申告書を作成します。ここでは、特定口座による取引のほか、給与所得（124頁と同内容）がある場合としています。

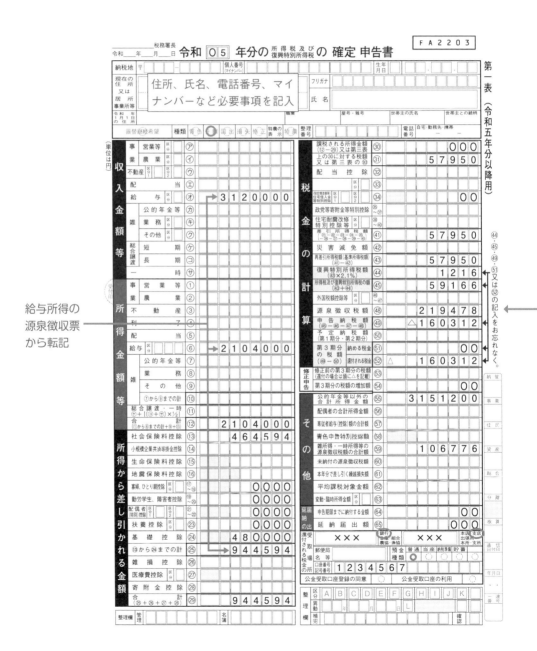

給与所得の
源泉徴収票
から転記

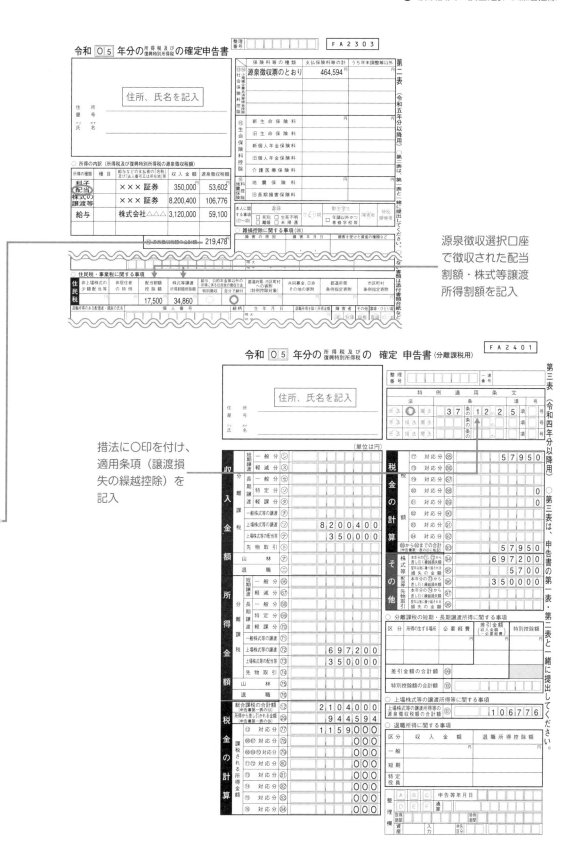

源泉徴収選択口座で徴収された配当割額・株式等譲渡所得割額を記入

措法に○印を付け、適用条項（譲渡損失の繰越控除）を記入

✠ 計算明細表及び確定申告書付表の添付を失念した場合

●→ 確定申告において上場株式の譲渡損失の申告を失念した場合

　譲渡損失が生じた年分に「株式等に係る譲渡所得等の金額の計算明細表」及び確定申告書付表（上場株式等に係る譲渡損失の損益通算及び繰越控除用）」を**添付しないで確定申告書を提出した場合**は、**次の年分の確定申告書を提出する前に、更正の請求書**を提出して**譲渡損失があった旨の更正通知書**を受けておく必要があります（措置法通達37の12の2－5、H28.12.2裁決）。

　この譲渡損失の繰越控除の適用については、前述のとおり法令上は確定申告要件とされています（措法37の12の2⑦）。しかし、下記の通達により、更正の請求に基づく更正により新たに譲渡損失の金額があることとなった場合も含む旨の取扱いが示されています（措通37の12の2－5）。更正の請求書を提出しただけでは譲渡損失の金額があったことにはなりません。税務署から更正の請求（譲渡損失があったこと）を認める旨の更正通知書を受けてから、繰越控除を行う年分の確定申告書を提出する必要があります。

措通37の12の2－5
（更正の請求による更正により上場株式等に係る譲渡損失の金額があることとなった場合）

　措置法第37条の12の2第7項に規定する「上場株式等に係る譲渡損失の金額が生じた年分の所得税につき当該上場株式等に係る譲渡損失の金額の計算に関する明細書その他の財務省令で定める書類の添付がある確定申告書を提出」した場合には、同項に規定する上場株式等に係る譲渡損失の金額の計算に関する明細書その他の財務省令で定める書類の添付がなく提出された確定申告書につき通則法第23条《更正の請求》に規定する<u>更正の請求に基づく更正により、新たに上場株式等に係る譲渡損失の金額があることとなった場合も含まれる</u>ものとする。

　また、更正の請求については、譲渡等を行った口座により取扱いが異なります。その譲渡損失が、特定口座（源泉徴収選択口座）で生じた損失の場合には、確定申告書提出時に申告不要を選択したものとされますので（措法37の11の5①）、当該口座に係る譲渡損失について更正の請求はできないことになります（措通37の11の5－1）。

　すなわち、当初申告で上場株式等の譲渡損失の申告をしなかった場合において、譲渡損失があったとする**更正の請求**ができるのは、**一般口座及び特定口座（簡易申告口座）で生じた譲渡損失**に限られます。

● 申告していない譲渡損失につき譲渡損失があった旨の更正の請求 ●

口 座 の 区 分	更正の請求
一般口座又は特定口座（簡易申告口座）で生じた譲渡損失	可
特定口座（源泉徴収選択口座）で生じた譲渡損失	不可

━◆ 前年以前の譲渡損失の翌年への繰越しを失念した場合

　上場株式等の譲渡損失の繰越しは３年間とされているため、前年（又は前々年）から繰り越されてくる上場株式等の譲渡損失がある場合は、翌年以後に繰越控除の適用を受けるために、確定申告書に「確定申告書付表（上場株式等に係る譲渡損失の損益通算及び繰越控除用）」（以下「譲渡損失繰越用の付表」という。）を添付して提出する必要があります（措法41の12の２⑦、措令25の11の２⑪）。

　上場株式等の譲渡等がない場合であっても、その年分について、①確定申告義務がある場合（所法121①）、②還付申告書を提出できる場合（所法122①）、又は③純損失などがあり損失申告書を提出できる場合（所法123①）のいずれかに該当していれば、提出する申告書に譲渡損失繰越用の付表を添付します。

　なお、①〜③のいずれにも該当しない場合ですが、繰り越されてくる上場株式等の譲渡損失を翌年以後に繰り越す目的のみで提出する申告書は、上記③の確定損失申告書として取り扱われることとされています（措法37の12の２⑨による読み替え後の所法123①一、三）。

　譲渡損失繰越用の付表の確定申告書への添付もれがあった場合の税務当局の対応は明らかではありませんが、法令上、譲渡損失の繰越控除の要件を満たさないことになるため、注意が必要です。

┈┈【POINT】┈┈
☞　上場株式等の譲渡等がない場合であっても、前年（又は前々年）から繰り越されてくる上場株式等の譲渡損失がある場合は、その譲渡損失を翌年に繰り越すために、確定申告書に「確定申告書付表（上場株式等に係る譲渡損失の損益通算及び繰越控除用）」を添付して提出する必要がある。

● 一般株式等又は上場株式等に係る譲渡所得等・上場株式等に係る配当所得等の課税所得金額

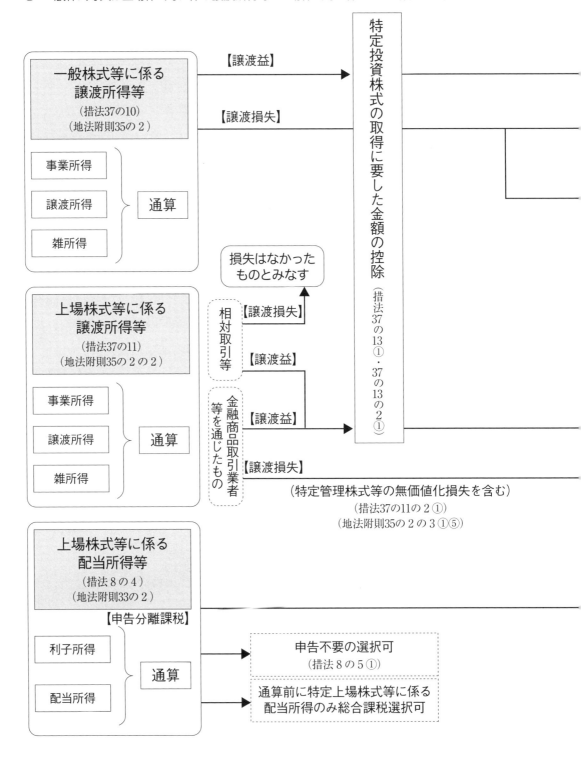

の計算過程（令和5年分所得・令和6年度住民税）●

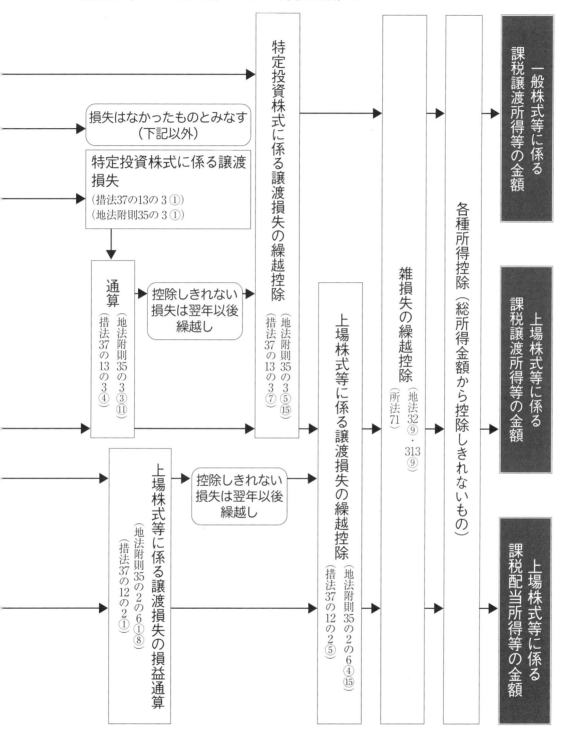

137

IV

外貨建取引による為替差損益と税額控除制度

【本章の構成と主な内容】

　本章では、国外上場株式等に投資した場合の為替差損益の認識と二重課税調整のための税額控除制度について説明します。

区　分		内　容
外貨建取引による為替差損益と税額控除制度	❶外貨建取引の邦貨換算と為替差損益の認識	国外の株式、公社債、投資信託等への直接投資は、外貨建取引になります。外貨建取引は邦貨（円）換算が必要になるため為替差損益の認識が必要になります。外貨による配当等の受取りや株式等の取得の際の為替差損益について説明しています。
	❷上場株式等に係る所得と分配時調整外国税相当額控除	国内の公募の集団投資信託等を通じて外国法人の株式等に投資をし、その収益の分配を国内における支払の取扱者から交付を受ける際の源泉徴収において二重課税の調整が行われます。その調整を受けた集団投資信託の収益の分配を申告する際に適用する分配時調整外国税相当額控除について説明しています。
	❸上場株式等に係る所得と外国税額控除	居住者に対して全世界所得課税を行う我が国の所得税制において、外国税額控除制度は国内と国外の二重課税を精算する仕組みです。申告実務では、外国所得税額を我が国の所得税額から控除する際の控除限度額の計算が重要です。外国所得税が差し引かれた上場株式等に係る所得に係る外国税額控除の適用について説明しています。

❶ 外貨建取引の邦貨換算と為替差損益の認識

国内の金融商品取引業者（証券会社）に口座を開設し、国外の株式、公社債、投資信託等に投資するケースが増えているようです。国外の株式等を購入するとき、円貨を外貨に換える必要があるため、外貨建取引を行うことになります。なお、国外の金融機関等に口座を開設して、国外の株式等に直接投資をする場合も同様です。ここでは、外貨建取引の邦貨換算と為替差損益について説明しています。

◆ 1 外貨建取引の邦貨換算と為替差損益

✠ 外貨建取引とは

外貨建取引とは、外国通貨で支払が行われる資産の販売及び購入、役務の提供、金銭の貸付け及び借入れその他の取引をいいます。外貨建取引を行った場合には、その外貨建取引の金額の円換算額（外国通貨で表示された金額を本邦通貨表示の金額に換算した金額をいう。）は、その外貨建取引を行った時における外国為替の売買相場により換算した金額として、各種所得の金額を計算します（所法57の3①）。

ただし、次のものは外貨建取引に該当しないこととされています（所令167の6②、国税庁質疑応答事例、所基通57の3−1）。

① 同一の外国通貨で行われる預貯金の預替え

② 取引に係る金額が外国通貨で表示されていてもその支払が邦貨で行われるもの

上場株式等に係る所得を含む金融証券税制では、例えば、外国法人の株式の購入や譲渡をするとき、外国法人から利子や配当を受けるとき、外貨で表示された金額を邦貨（円）に換算して所得金額を算定します。

✠ 為替差損益

利子等や配当等を外貨で受ける場合や外国株式等の購入代金を外貨で支払う場合には、外貨表示の金額を邦貨に換算する必要があります。外国為替の売買相場は変動す

るため、例えば、邦貨を外貨に交換して、その外貨により外国法人の株式を購入した場合、交換時と購入時の為替相場の変動による為替差損益の認識（計上）が必要になります。

なお、**為替差損益は雑所得**（総合課税）とされており、為替差損が生じた場合は他の雑所得の金額との通算（所得内通算）はできますが、通算しきれない損失（他に雑所得がない場合を含む。）は切捨てになります。

> **【POINT】**
> ☞　外貨建取引と為替差損益
> ・収入計上時期の為替相場で邦貨（円）に換算して所得金額を算定します。
> ・外貨建取引を行うと為替差損益計上を検討する必要があります。

✠ 邦貨換算レート

●◆ 所得税基本通達による原則的な取扱い

邦貨換算は、その取引を計上すべき日（以下「取引日」という。）における対顧客直物電信売相場（以下「TTS」という。）と対顧客直物電信買相場（以下「TTB」という。）の仲値（以下「TTM」という。）によります。

ただし、不動産所得、事業所得、山林所得又は雑所得を生ずべき業務に係るこれらの所得の金額の計算においては、継続適用を条件として、売上その他の収入又は資産については取引日のTTB、仕入その他の経費又は負債については取引日のTTSによることができることとされています。

なお、当該日に為替相場がない場合には、同日前の最も近い日の為替相場によります。また、邦貨により外貨を購入し直ちに資産を取得した場合のその資産、又は外貨による借入金に係るその外貨を直ちに売却して邦貨を受け入れる場合のその借入金については、現にその支出し、又は受け入れた邦貨の額をその円換算額とすることができることとされています（所基通57の3－2）。

一般に、外貨により支払われる外国法人株式の配当を国外の金融機関の口座で受ける場合はTTMで邦貨換算することになりますが、国内の支払の取扱者を経由して交付を受ける場合は、源泉（特別）徴収が必要となるため、次に掲げる租税特別措置法通達の取扱いによることになります。

●◆ 租税特別措置法通達による利子配当の源泉徴収の取扱い

国内における支払の取扱者が国外株式の配当等の支払をする者又はその支払を代理する機関から外貨によって国外株式の配当等の支払を受け、その国外株式の配当等を居住者等に外貨で交付する場合には、その交付をする外貨の金額を、下記の①又は②の国外株式の配当等の区分に応じ、それぞれ次に掲げる日（以下「邦貨換算日」という。）におけるその支払の取扱者の主要取引金融機関のその外貨に係る東京外国為替市場の TTB により邦貨に換算した金額を「交付をする金額」として源泉徴収の規定を適用することとされています。

また、国外株式の配当等から控除する外国所得税の額の邦貨換算についても、その国外株式の配当等に係る邦貨換算日における TTB によることとされています（措通 9 の 2 － 2）。

①　記名の国外株式の配当等…支払開始日と定められている日

②　無記名の国外株式の配当等…現地保管機関等が受領した日

したがって、国外株式等の配当等の収入計上時期は、現地の「支払開始日」又は「現地保管機関等の受領日」になり、同日の TTB により配当等の収入金額及び配当等から控除された外国所得税の額を邦貨換算することになります。

なお、国外公社債の利子等の収入計上時期も国外株式の配当等と同様（記名分は支払開始日と定められている日、無記名分は現地保管機関等が受領した日）とされており、その利子等の収入金額及び利子等から控除された外国所得税の額の邦貨換算についても国外株式の配当等と同様（収入計上時期の TTB）とされています（措通 3 の 3 － 6）。

以上は、国内における支払の取扱者が配当等又は利子等を外貨により交付する場合ですが、邦貨により交付する場合の源泉徴収についても同様（支払開始日等のTTB）とされています（措通 3 の 3 － 7、9 の 2 － 3）。

●◆ 租税特別措置法通達による株式等の譲渡所得の取扱い

株式等の譲渡対価の額が外貨で表示されその対価の額を邦貨又は外貨で支払うこととされている場合の譲渡価額は、原則として、外貨で表示されているその対価の額につき金融商品取引業者と株式等を譲渡する者との間の外国証券の取引に関する外国証券取引口座約款において定められている「約定日」におけるその支払をする者の主要取引金融機関のその外貨に係る TTB により邦貨に換算した金額により行うこととされています。また、取得対価の額の邦貨換算は、これに準じて TTS に

より行うこととされています（措通37の10・37の11共－6）。

【POINT】
☞ 邦貨換算
・利子等や配当等を外貨により直接受ける場合は、原則として、支払開始日等のTTMにより邦貨換算しますが、国内の支払の取扱者を経由して交付を受ける場合は、支払開始日等のTTBにより邦貨換算することになります。
・外貨による株式等に係る譲渡所得等については、原則として、譲渡対価は約定日のTTBにより、譲渡原価は約定日TTSにより邦貨換算します。

2 為替差損益の認識の有無

✠ 金融証券税制における為替差損益の認識の有無

金融証券税制に係る取引における為替差損益の認識（計上）の有無は、一般には、次のとおりとされています。

●➤ 為替差損益の認識を要するもの

為替差損益を認識するケースとしては、例えば、次のようなものが挙げられます。

① 預け入れていた外貨預金（邦貨を外貨に交換して預け入れていたもの）を払い出して円転した場合や他の外貨建資産（例えば、外国の株式等）を購入した場合

外貨預金を預け入れた時の為替相場と円転又は外国の株式等を購入した時の為替相場との差額により認識します。

② 外貨建資産（外国株式等）を譲渡して、その譲渡代金を円転した場合やその譲渡代金で他の外貨建資産（例えば、外貨建MMF）を購入した場合

譲渡した時の為替相場と円転又は外貨建MMF（公社債投資信託）を購入した時の為替相場との差額により認識します。

③ 外貨建資産（預貯金、株式、投資信託、公社債など）の利子等や配当等を外貨で受け、それを円転した場合やその利子等・配当等で他の外貨建資産を購入した場合

利子配当の収入計上時期の為替相場と円転又は他の外貨建資産を購入した時の為替相場との差額により認識します。

➡️❖ **為替差損益の認識を要しないもの**

　為替差損益を認識しないケースとしては、例えば、次のようなものが挙げられます。

① 　預け入れていた外貨預金を引き出し、同じ通貨の外貨預金に預け替えた場合

　　　法令によると「同一の金融機関に同一の外国通貨で行われる預貯金の預入れ」は外貨建取引に該当しないとされていますが（所令167の6②）、同じ外国通貨であれば他の金融機関に預け替えた場合も同様に取り扱うこととされています（国税庁質疑応答事例「外貨建預貯金の預入及び払出に係る為替差損益の取扱い」）。

　　　なお、外貨預金を引き出し円転した場合や他の外国通貨の外貨預金に預け替えた場合（例えば、ドル預金を引き出してユーロ預金に預け替えた場合など）は為替差損益を認識します。

② 　外国株式等を外貨で譲渡した場合で、その譲渡により生じた所得のうち、その外国株式等の保有期間の為替相場の変動による為替差損益に相当する部分

　　　外国株式等の譲渡対価の邦貨換算額相当額が、株式等の譲渡に係る収入金額として取り扱われることとなるため、為替差損益を雑所得として区分する必要はないとされています（国税庁質疑応答事例「外貨建取引による株式の譲渡による所得」）。

参考 **外貨決済と邦貨（円貨）決済** ━━━━━━━━━

　金融商品取引業者に証券口座を開設し、外国の株式、公社債などを購入する場合、予め邦貨を外貨に交換しておき、その外貨を用いて購入することを「外貨決済」といいます。一方、金融商品取引業者への邦貨による預け金により購入することを「邦貨（円貨）決済」といいます（購入時に外貨への交換が自動的に行われる。）。

1　外貨決済と為替差損益

　外貨決済による外国株式等の購入においては、購入の都度、為替差損益の認識が必要になります。

　例えば、予め1,000万円を8万ドルに交換しておき（1ドル＝125円）、その8万ドルで、順次、次表のとおり外国株式を購入した場合、購入時における為替相場（レート）が交換時に比べ円安になると、それぞれの購入時に為替差益が生じることになります（逆に円高になると為替差損が生じることになる。）。

購入した外国株式 とその購入金額	購入時 レート	為替差益
A社株式３万ドル	130円	15万円＝（130円－125円）×３万ドル
B社株式３万ドル	140円	45万円＝（140円－125円）×３万ドル
C社株式２万ドル	150円	50万円＝（150円－125円）×２万ドル
合　計		110万円

　なお、円のドルへの交換を複数回行うような場合は、異なる為替相場が適用されたドルが混在することになります。この場合におけるドルの取得単価は、有価証券の譲渡が譲渡所得又は雑所得となる場合の取得費の計算と同様に「総平均法に準ずる方法」（83頁参照）により算定するのが相当とされています（平成28年６月２日公表裁決）。

２　邦貨（円貨）決済と為替差損益

　邦貨（円貨）決済による外国株式等の購入においては、購入の都度、その購入時の為替相場により外貨への交換が自動的に行われます。邦貨により外貨を購入し直ちに資産（外国株式等）を取得した場合に該当し、その支出した邦貨の額を外国株式等の取得価額（円換算額）とすることができますから（所基通57の３－２（注４））、購入時における為替差損益の認識は要しないと考えられます。

✠ 為替差損益の認識事例

　ここでは、①外国法人株式の配当を邦貨で交付を受けたとき、②外国法人株式を譲渡し、その譲渡代金で外貨建 MMF（公社債投資信託）を購入したときの為替差損益について、事例を用いて説明します。

■◆ 外国法人株式の配当を邦貨で交付を受けた場合

　国外株式の配当等の支払の際に外国所得税が徴収されている場合の配当に係る源泉徴収は、その国外株式の配当等の額から外国所得税を控除した後の金額に対して行われます（後記❸❶参照、措法９の２③）。

　国内における支払の取扱者が支払代理機関等から外貨によって国外株式の配当等の支払を受け、その国外株式の配当等を居住者に邦貨で交付する場合には、その交付をする金額を配当等の金額（支払を受けた外貨の金額を邦貨換算日における TTB により邦貨に換算した金額をいう。）とその他の金額（為替差損益）とに区分し、前者のみが配当等に係る源泉徴収の対象となります（措通９の２－３）。

┌─【事例】配当と為替差損益の区分 ─────────────

　米国法人株式（上場株式等）の配当300ドルの交付を受けた。外国所得税30ドル
が控除された上、我が国の所得税等及び配当割が徴収され、残額の30,396円が入
金された。配当の支払開始日と入金日の為替相場が次表の場合、配当所得の金額、
外国税額控除の対象となる外国所得税の額及び為替差損益の額は、それぞれいく
らになるか。

> 米国法人株式の配当 300 ドル
> 米国での税徴収額 30 ドル（税率10%）
> 配当等に係る源泉徴収対象金額 270 ドル（300 ドル − 30 ドル）
> 為替相場
> ・配当の支払開始日の TTB　　1 ドル135 円
> ・配当の入金日の TTB　　　　1 ドル140 円

配当所得	300ドル × 135円 ＝ 40,500円（①）	
外国所得税	30ドル × 135円 ＝ 4,050円（②）	
源泉徴収対象金額	（300ドル − 30ドル）× 135円 ＝ 36,450円	
源泉（特別）徴収税額	所得税等	36,450円 × 15.315% ＝ 5,582円	合計 7,404円
	配当割	36,450円 × 5% ＝ 1,822円	
入 金 額（手取額）	（300ドル − 30ドル） × 140円 − 7,404円 ＝ 30,396円	
配当所得分	（300ドル − 30ドル） × 135円 − 7,404円 ＝ 29,046円	
雑所得（為替差益）	（300ドル − 30ドル） × （140円 − 135円）＝ 1,350円（③）	

　以上により、

・配当所得の金額　40,500円（①）

・外国税額控除の対象となる外国所得税　4,050円（②）

・雑所得の金額（為替差益）　1,350円（③）

となる。配当の収入計上時期（支払開始日等）と入金日の為替相場の変動により
為替差損益が認識される。

└───────────────────────────────

■● 外国法人株式を譲渡し、その譲渡代金で外貨建 MMF を購入した場合

　外国法人株式に係る譲渡所得では、その保有期間に係る為替相場の変動に基因する所得も譲渡所得の金額に含まれるものとして、別途、為替差損益の認識は行いません。しかし、その譲渡代金（外貨）で外貨建 MMF や他の外国法人株式などを購入する場合には、譲渡時と購入（取得）時の為替相場の変動による為替差損益の認識が必要になります。

【事例】株式等の譲渡所得金額と為替差損益の認識

　米国法人株式（上場株式等）100株を30,000ドルで譲渡した（取得価額25,000ドル）。譲渡代金は円転せず、10日後にドル建 MMF を30,000ドル購入した。為替相場が次表の場合において、上場株式等の譲渡所得の金額と為替差損益はいくらになるか。なお、取得（購入）や譲渡に係る各種手数料は考慮しないこととする。

米国法人株式	譲渡価額30,000 ドル	（TTB 1 ドル135 円）
	取得価額25,000 ドル	（TTS 1 ドル120 円）
ドル建て MMF	取得価額30,000 ドル	（TTS 1 ドル140 円）

米国法人株式	譲渡収入	30,000ドル × 135円 ＝ 4,050,000円（①）
	取得価額	25,000ドル × 120円 ＝ 3,000,000円（②）
ドル建 MMF	取得価額	30,000ドル × 140円 ＝ 4,200,000円（③）

以上により、

・上場株式等の譲渡所得の金額　1,050,000円（①－②）

・雑所得（為替差益）150,000円（③－①）

となる。米国法人株式の譲渡による収入計上時期とドル建 MMF の取得時期の為替相場の変動により為替差損益が認識される。

✠ 最近の為替相場変動による為替差損益への影響

　令和5年におけるドル円相場は23円を超える変動があり、ユーロ円相場は25円を超える変動がありました（令和5年11月末現在）。外貨決済（予め邦貨を外貨に交換し、その外貨での外国株式等を購入）による外国株式等への投資においては、その購入の都度、

為替差損益の認識が必要になり、取引金額が高額になると為替差損益も高額になることが考えられます。為替差損益を計算するためには、邦貨と外貨との交換資料や外国株式等の取引明細が必要となり、取引数が多い場合は時間も要するため、早めの準備が必要になります。

　源泉徴収選択口座に受け入れた利子配当及び同口座で行った上場株式等の譲渡等に係る所得については、いずれも申告不要を選択できます。しかし、源泉徴収選択口座で保有する株式等の取引（譲渡等を除く。）や同口座に受け入れた利子配当から生じた為替差益について申告不要とする規定はなく、雑所得として申告対象になるため、注意が必要です。

② 上場株式等に係る所得と分配時調整外国税相当額控除

　居住者が、外国法人の株式等に直接投資をして、外国所得税が差し引かれた後の配当等を受けた場合は、確定申告の際に外国税額控除を適用して国外と国内の二重課税を調整します。

　一方、国内の公募の投資信託を通じて外国法人の株式等に投資をして、その配当等を国内における支払の取扱者（金融商品取引業者等）から令和2年1月1日以後に受ける場合は、所得税等の源泉徴収の際に自動的に外国税相当額を控除して二重課税を調整する仕組みが設けられました。そのため、その配当等について確定申告をする場合には、分配時調整外国税相当額控除を適用する必要があります。

1 源泉徴収の際の外国税相当額の調整

　国内の公募の投資信託を経由して外国法人の株式等に投資した場合に、その投資信託から受ける配当等に係る源泉（特別）徴収制度は、次のとおりです。

　まずは、次頁の図をご覧ください。外国法人からの配当は100円ですが、外国所得税10円が差し引かれ90円が交付されます。この配当等に係る所得税の源泉徴収税額は、交付額である90円に外国所得税10円を加算した額の100円に対して、所得税等の税率15.315％を乗じて算出した15円から、外国所得税10円を控除した5円とされます（措法9の3、9の3の2①③）。

　一方、配当割の特別徴収税額は、当初の配当額100円に税率5％を乗じて算出した5円になります（地法71の27、71の28）。

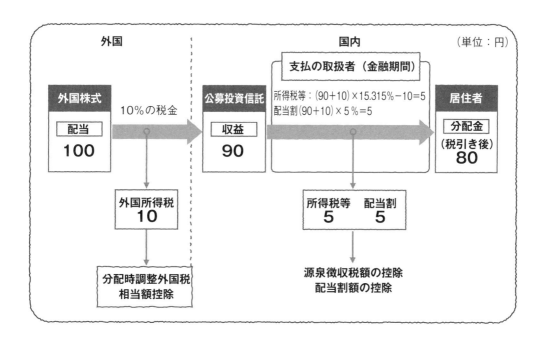

　このように国内の公募の投資信託を経由して外国法人の株式等に投資した場合に受ける配当等については、源泉徴収の際に自動的に二重課税の調整が行われます。

　そのため、源泉徴収税額が調整（15円⇒5円）された上記の配当等100円について確定申告をする場合には、税額計算の過程で、下記の **2** に記載する**「分配時調整外国税相当額控除」**を適用する必要が生じます（所法93①、復興財確法13の2①）。

　なお、「外国税額控除」の対象となる配当等に係る源泉（特別）徴収税額は、外国所得税控除後の金額に、所得税等と配当割の各税率を乗じる点で異なります。

2 分配時調整外国税相当額控除

✠ 制度の内容

　居住者が令和2年以後の各年において集団投資信託の収益の分配の支払を受ける場合には、その収益の分配に係る**分配時調整外国税**の額で、その収益の分配に係る所得税の額から控除された金額のうちその居住者が支払を受ける収益の分配に対応する部分の金額（以下**「分配時調整外国税相当額」**という。）は、その年分（その収益の分配に係る収入金額の収入すべき時期の属する年分）の所得税の額から控除します（所法93①、所令220の2、所基通93-1）。

なお、上記の**分配時調整外国税**とは、外国の法令に基づき信託財産に課される税で、所得税法の規定による源泉徴収に係る所得税に相当するもの（以下「外国所得税」という。）のうち、その外国所得税の課せられた収益を分配するとしたならばその収益の分配につき所得税法の規定により所得税を徴収されるべきこととなるものに対応する部分をいいます（所法93①かっこ書）。

　また、上記の**分配時調整外国税相当額**とは、居住者が支払を受ける集団投資信託の収益の分配に係る次に掲げる金額の合計額をいいます（所令220の2）。

① 　内国法人が引き受けた集団投資信託の収益の分配に係る所得税の額から控除された外国所得税の額に、その収益の分配（源泉徴収されるべき部分に限る。）の額の総額のうちに、その居住者が支払を受ける収益の分配の額の占める割合を乗じて計算した金額（ただし、支払を受けた収益の分配に外国所得税を加算した金額に15.315％の税率を乗じ、さらに外貨建資産割合を乗じて算定した金額を限度）

② 　外国法人が引き受けた集団投資信託の収益の分配に係る所得税の額から控除された外国所得税の額に、その収益の分配（源泉徴収されるべき部分に限る。）の額の総額のうちに、その居住者が支払を受ける収益の分配の額の占める割合を乗じて計算した金額（ただし、支払を受けた収益の分配に外国所得税を加算した金額に15.315％の税率を乗じ、さらに外貨建資産割合を乗じて算定した金額を限度）

【事例】公募投資信託の収益の分配と控除する分配時調整外国税相当額

［収益の分配の状況］

　国内の公募投資信託に投資した。この投資信託の外貨建資産割合は60％である。外国所得税1,500円控除後の普通分配金の額は50,000円。

> ① 　普通分配金　50,000円（外国所得税1,500円控除後）
>
> ② 　外国所得税　　1,500円（普通分配金1円当たり外国所得税0.03円）
>
> ③ 　外貨建資産割合　60％

［源泉（特別）徴収税額］

　所得税等の源泉徴収税額は、収益分配金51,500円（外国所得税控除前）に所得税等の税率を乗じた額から外国所得税1,500円を控除した金額となる。配当割の特別徴収税額は、収益分配金に配当割の税率を乗じた金額となる。

所得税等……（50,000円 ＋ 1,500円）× 15.315% － 1,500円 ＝ 6,387円
　　　　　　　　（①）　　　（②）　（所得税等の税率）　（②）

配当割………（50,000円 ＋ 1,500円）×　　 5 %　＝ 2,575円
　　　　　　　　（①）　　　（②）　　（配当割の税率）

[控除する分配時調整外国税相当額]

　控除する分配時調整外国税相当額は、下記算式のとおり、収益分配金51,500円
（外国所得税控除前）に所得税等の税率と外貨建資産割合を乗じた金額4,732円が
限度額となるが、控除された外国所得税1,500円は当該限度額より小さいため
1,500円となる。

算式　　（50,000円 ＋ 1,500円）× 15.315% ×　　 60%　　 ＝ 4,732円
　　　　　　（①）　　　（②）　　　　　　（外貨建資産割合（③））

　　　　1,500円　＜　4,732円　⇒　1,500円（いずれか少ない金額）

✠ 適用要件

　分配時調整外国税相当額控除を受けるためには、確定申告書、修正申告書又は更正
請求書に控除の対象となる分配時調整外国税相当額、控除を受ける金額及びその計算
に関する明細を記載した**「分配時調整外国税相当額控除に関する明細書」**並びに**分配
時調整外国税相当額を証する書類**を添付する必要があります。その控除額は、その明
細書等に分配時調整外国税相当額として記載された金額が限度（ただし、その年分の
所得税額の範囲内）とされます（所法93②③）。

　この場合において、その年分の所得税額から控除しきれない分配時調整外国税相当
額がある場合には、その年分の復興特別所得税の額から控除することとされています
（復興財確法13の２①、復興所令２の２）。なお、復興特別所得税の額から控除しきれな
い金額は還付されません（住民税からの控除もできない。）。

✠ 特定目的会社の利益の配当などへの分配時調整外国税相当額控除制度の適用

　特定目的会社の利益の配当、投資法人の配当等、特定目的信託の剰余金の配当及び
特定投資信託の剰余金の配当の支払又は特定上場株式等の配当等の交付を受ける場合
においても分配時調整外国税相当額控除制度の適用があります（措法８の４③四）。

3 ▶ 分配時調整外国税相当額控除の対象となる配当等

✠ 上場株式等の支払通知書及び特定口座年間取引報告書における表記

集団投資信託の収益の分配の交付を受ける際に、金融商品取引業者からその計算内容を書面又は Web により交付を受けます。

●◆ 一般口座で受ける場合

上記 2 の事例における公募投資信託の収益の分配を一般口座で受ける場合は、下図のとおり、上場株式配当等の支払通知書の「通知外国税相当額等（円）」欄に分配時調整外国税相当額控除の対象となる外国税相当額の1,500円が表記されます。

当該金額は、投資対象に外国資産が含まれる場合の国内投資信託の収益分配金等に対する源泉徴収税額から二重課税調整のために控除された外国税相当額です。

なお、その下欄の「通知所得税相当額」欄は、控除された外国税相当額に内国税額が含まれている場合のその内国税額（源泉徴収税額）の金額です。

（オープン型証券投資信託の収益の分配）

種　類	受益権の口数	分配金額（円）	受　益　権　の　名　称				
			収益の分配（円）	通知外国税相当額等（円）	源泉徴収税額（所得税）（円）	支払確定日等
	受益権の単位当たり分配金額（円）		特別分配金（円）	通知所得税相当額（円）	特別徴収税額（住民税）（円）	支払年月日
オープン型証券投資信託	10,000,000	51,500	内 51,500 1,500	1,500	6,387	令3X.XX
	51.00		0	0	2,575	令3X.XX
小　　計		51,500	内 51,500 1,500	1,500	6,387	
			0	0	2,575	

154

■❖ 特定口座で受ける場合

　下記の収益分配金につき、特定口座（利子配当受入れ源泉徴収選択口座）で受ける場合の特定口座年間取引報告書の表記は下図のとおりです。

オープン型証券投資信託の収益の分配………82,400円

　上場株式配当等控除額……2,400円

　源泉徴収税額…………… 10,219円

　配当割額………………………4,120円

　「上場株式配当等控除額」欄の金額は、投資対象に外国資産を含む国内投資信託の収益分配金等に対する源泉徴収税額から二重課税調整のために控除された外国税相当額です。なお、内書きは、当該外国税相当額に内国税額が含まれる場合のその内国税額（源泉徴収税額）です。

（配当等の額及び源泉徴収税額等）　　　　　　　　　　　　　　　　　　（単位：円）

種　　類		配当等の額	源泉徴収税額（所得税）	配当割額（住民税）	特別分配金の額	上場株式配当等控除額	外国所得税の額
特定上場株式等の配当等	④ 株式、出資又は基金		0	0			
	⑤ 特定株式投資信託		0	0			
	⑥ 投資信託又は特定受益証券発行信託（⑤、⑦及び⑧以外）		0	0			
	⑦ オープン型証券投資信託	82,400	10,219	4,120	0	内 0 2,400	
	⑧ 国外株式又は国外投資信託等		0	0			0
	⑨ 合計（④＋⑤＋⑥＋⑦＋⑧）	82,400	10,219	4,120	0	内 0 2,400	0
上記以外のもの	⑩ 公社債		0	0			
	⑪ 社債的受益権		0	0			
	⑭ 国外公社債等又は国外投資信託等		0	0			0
	⑮ 合計（⑩＋⑪＋⑫＋⑬＋⑭）	0	0	0	0	内 0 0	0
	⑯ 譲渡損失の額				（摘要）		
	⑰ 差引金額（⑨＋⑮－⑯）	82,400					
	⑱ 納付税額		10,219	4,120			
	⑲ 還付税額（⑨＋⑮－⑱）		0	0			

4　分配時調整外国税相当額控除に係る申告

　分配時調整外国税相当額控除の対象となる配当等に係る源泉徴収税額は、支払を受けた配当等の額に控除された外国所得税を加算した額に対し15.315%の税率を乗じた金額から**「通知外国税相当額等」**又は**「上場株式配当等控除額」**が控除されています（措法9の3の2①③）。

　そのため、それら配当等につき申告を選択する場合は、確定申告において分配時調整外国税相当額控除を適用しないと、還付税額が過少（又は納付税額が過大）に算出されることになるため、当該税額控除の適用を失念しないよう注意する必要があります。

　当該税額控除の適用を受けるためには、配当等の支払通知書又は特定口座年間取引報告書の記載内容に基づき**「分配時調整外国税相当額控除に関する明細書」**を作成し、確定申告書に添付します（所法93②）。

　上記❸の「一般口座」及び「特定口座」で支払を受けたオープン型証券投資信託の収益の分配について「分配時調整外国税相当額控除に関する明細書」を作成すると次頁のとおりとなります。

　この明細書の「1」には特定口座の配当等（源泉徴収選択口座内配当等）及び未成年者口座の配当等、「2」には一般口座の配当等で、それぞれ分配時調整外国税相当額控除の対象となるものについて該当欄に記載します。

　なお、「1」の「控除所得税相当額［③］」欄には、特定口座年間取引報告書の「上場株式配当等控除額」欄の内書きの金額を記載します。

　また、「3」の控除額等の計算の「(4)再差引所得税額（基準所得税額）」及び「(5)復興特別所得税額」の各欄は、それぞれ所得税確定申告書の該当欄の金額を記載します。

分配時調整外国税相当額控除に関する明細書
（令和4年分以降用）

（令和5 年分）　　　　　　　　　　　　氏 名＿＿＿＿＿＿○○　○○＿＿＿＿＿＿

提出用

○ この明細書は、申告書と一緒に提出してください。

1　特定口座の配当等（源泉徴収選択口座内配当等）及び未成年者口座の配当等に係る事項

金融商品取引業者等の「名称」、「法人番号又は所在地」	種類	配当等の額	源泉徴収税額（納付税額）［①］	上場株式配当等控除額［②］	控除所得税相当額［③］	控除外国所得税相当額等［②－③］	源泉徴収税額相当額［①＋③］
△△証券	特定（○） / 未成年者	82,400 円	10,219 円	2,400 円	0 円	2,400 円	10,219 円
	特定 / 未成年者						
	特定 / 未成年者						
	特定 / 未成年者						
合計額		(A) 82,400				(B) 2,400	(C) 10,219

2　上記1以外の配当等に係る事項

支払者又は支払の取扱者の「名称」、「法人番号又は所在地」	種別等	配当等の額	源泉徴収税額［④］	通知外国税相当額［⑤］	通知所得税相当額［⑥］	支払確定又は支払年月日	源泉徴収税額相当額［④＋⑥］
××証券	オープン型証券投資信託	51,500 円	6,387 円	1,500 円	0 円	4・×・××	6,387 円
						・　・	
						・　・	
						・　・	
合計額		(D) 51,500	(E) 1,500				(F) 6,387

3　控除額等の計算

⑴	対象となる配当等の額（収入金額）（1の(A)＋2の(D)）	133,900 円
⑵	源泉徴収税額相当額（1の(C)＋2の(F)）	16,606
⑶	分配時調整外国税相当額控除額（1の(B)＋2の(E)）	3,900
⑷	再差引所得税額（基準所得税額）（申告書㊸欄の金額）	1,200,000
⑸	復興特別所得税額（申告書㊹欄の金額）	25,200
⑹	所法第93条第1項の規定による控除額 ※（⑶と⑷のうち、いずれか少ない方の金額）	3,900
⑺	分配時調整外国税相当額控除後の所得税額（⑷－⑹）	1,196,100
⑻	復興財確法第13条の2の規定による控除額（⑶が⑹より大きい場合に（⑶－⑹）と⑸のいずれか少ない方の金額）	0
⑼	分配時調整外国税相当額控除後の復興特別所得税額（⑸－⑻）	25,200
⑽	分配時調整外国税相当額控除可能額（⑹及び⑻の合計額）	3,900

- 申告書第二表「○所得の内訳（所得税及び復興特別所得税の源泉徴収税額）」欄の「収入金額」欄に⑴の金額を、「源泉徴収税額」欄に⑵の金額を転記します。
- 「給与などの支払者の「名称」及び「法人番号又は所在地」等」欄には、「分配時調整外国税相当額控除に関する明細書のとおり」と記入します。
- ※　申告分離課税の所得がある場合には、裏面の書き方の2(3)を参照してください。
- 外国税額控除の適用を受ける場合には、⑺、⑼及び⑽の金額を、「外国税額控除に関する明細書」欄の5の⑨欄、⑩欄及び⑲欄にそれぞれ転記します。
- 外国税額控除の適用を受けない場合には、⑽の金額を、申告書第一表「税金の計算」欄の「外国税額控除等」欄に転記します。このとき、⑻の金額がある場合は、「外国税額控除等」欄の区分の□に「2」を記入します。

居住者が、外国法人の株式や国外の投資信託に直接投資をして配当等を受けるとき、配当等から外国所得税が差し引かれた上、更に我が国の所得税等及び配当割が徴収されます。その結果、国外と国内で二重課税となりますから、その調整をするために外国税額控除を適用することになります。

なお、前記❷に記載した国内の公募の投資信託を経由して外国法人の株式等に投資した場合には、源泉徴収の段階で二重課税の調整がなされる仕組みでしたが、直接投資した場合はその調整は行われません。

ここでは、上場株式等に係る所得についての外国税額控除について、控除限度額を算定する場合の「その年分の調整国外所得金額」を中心に説明しています。

1 国内の支払の取扱者経由で配当等を受ける場合の源泉徴収

外国法人の株式等に投資し、その配当等を国内の支払の取扱者（金融商品取引業者等）を経由して受ける場合のその配当等に係る源泉（特別）徴収制度は、次のとおりです。

まずは、次頁の図をご覧ください。外国法人からの配当は100円ですが、外国所得税10円が差し引かれます。この配当に係る所得税等の源泉徴収税額は、外国所得税差引後の90円に対して所得税等の税率15.315％を乗じて算出した13円が源泉徴収されます（措法9の2③、9の3①）。同様に、配当割は税率5％を乗じて算出した4円が特別徴収されます（地法71の28、71の29）。

そのため、100円の配当に対して国外と国内で二重課税が生じるため、外国税額控除を適用してその調整を図ります（所法95①）。

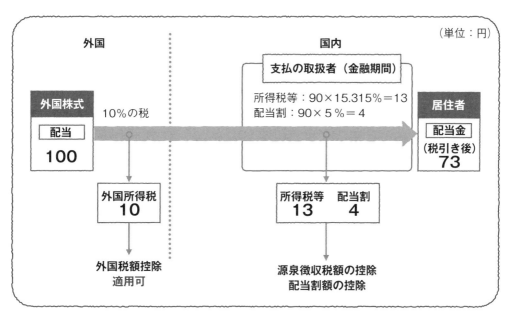

　なお、国内の支払の取扱者経由でなく、直接支払を受ける場合は、外国所得税のみが差し引かれ、所得税等及び配当割は徴収されません。そのため、原則として、確定申告による納税が必要となり、その際に外国税額控除を適用することになります。

■➡ 外国での利子・配当に対する課税

　居住者が外国の株式や公社債に投資をして、利子や配当を受ける際に徴収される外国所得税の税率は、租税条約による制限税率とされており、その税率は投資先国により異なりますが、利子の税率は0％～10％程度、配当の税率は10％～15％程度とされています（国によっては、この制限税率を超える税率で一旦徴収され、投資家がその相手国の税務当局に還付請求することにより制限税率による税額との差額が還付される場合がある。）。

　外国税額控除の対象となる外国所得税は、この制限税率による税額であり、制限税率を超えて課された部分の税額は、外国税額控除の対象にはなりません（所法95①、所令222の2④）。

■➡ 外国での株式等の譲渡に対する課税

　居住者が外国の株式や公社債の譲渡をして譲渡収入を受ける場合、通常は、外国所得税が徴収されることはありません。

2 外国税額控除制度の概要（控除限度額と控除順序）

　居住者が、その年において外国の法令により外国所得税等を納付することとなる場合には、①所得税の控除限度額、②復興特別所得税の控除限度額、③個人住民税（道府県民税及び市町村民税）の控除限度額までの外国所得税等について、所得税、復興特別所得税、道府県民税、市町村民税の順序で控除することができます（所法95、復興財確法14、地法37の3、314の8）。

✠ まずは所得税から控除

　外国所得税等を納付することとなる場合には、次の算式で計算した「**所得税の控除限度額**」を限度として、その外国所得税額をその年分の所得税額から控除することができます（所法95、所令222）。

➡◆ 所得税の控除限度額

【算式】

$$所得税の控除限度額 = その年分の所得税額 \times \frac{その年分の調整国外所得金額}{その年分の所得総額}$$

✠ 復興特別所得税、個人住民税（道府県民税・市町村民税）から順次控除

　外国所得税額が上記の「所得税の控除限度額」を超える場合には、順次、**復興特別所得税の控除限度額**、**道府県民税の控除限度額**、**市町村民税の控除限度額**の順に、それぞれの控除限度額を限度として、その超える部分の金額について控除することができます（復興財確法14、復興所令3①、地法37の3、314の8、地令7の19、48の9の2）。

➡◆ 復興特別所得税の控除限度額

【算式】

$$復興特別所得税の控除限度額 = その年分の復興特別所得税額 \times \frac{その年分の調整国外所得金額}{その年分の所得総額}$$

●➡ 道府県民税の控除限度額

【算式】

道府県民税の
控除限度額　＝　所得税の
控除限度額　×　12％（指定都市に住所
を有する場合は6％）

●➡ 市町村民税の控除限度額

【算式】

市町村民税の
控除限度額　＝　所得税の
控除限度額　×　18％（指定都市に住所
を有する場合は24％）

✠ 控除限度超過額等の取扱い

　上記の控除限度額の合計額を超える外国所得税等の額がある場合には、下図のとおり、前年以前3年内の所得税、道府県民税及び市町村民税の**控除余裕額**の範囲内で控除することができます（所法95②、所令223、224、地令7の19④、48の9の2⑤）。

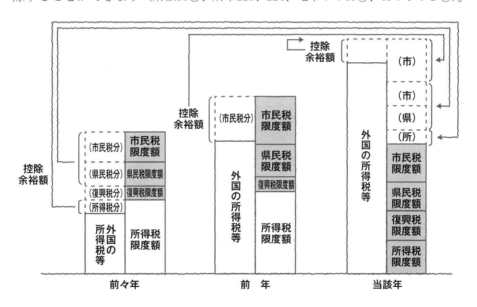

　また、控除しきれない**控除限度超過額**は3年間にわたり繰り越し、各年の所得税、道府県民税及び市町村民税の**控除余裕額**の範囲内で控除することができます（所法95③、所令225、地令7の19②、48の9の2②）。

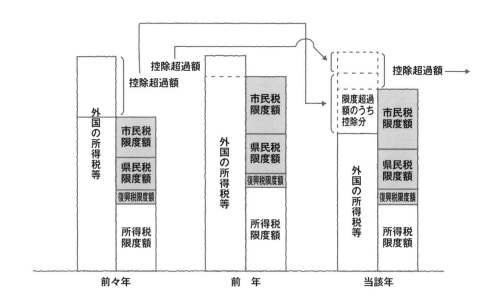

前々年　　　　　前　年　　　　　当該年

参考 国外転出時課税の特例

　国外転出をする場合の譲渡所得等の課税の特例の対象となった資産の譲渡等により
生じる所得に係る外国所得税（日本以外の国又は地域の居住者等として課されるもの
に限る。）を納付することとなる場合で、一定の要件を満たすときは、その外国所得税
額を国外転出の日の属する年において納付することとなるものとみなして外国税額控
除の計算をすることができる制度があります。

3 所得税の控除限度額の詳細

控除限度額は、上記のとおり、まず、所得税の控除限度額から計算します。

所得税の控除限度額の算式は次のとおりです（再掲）。

【算式】

$$\text{所得税の控除限度額} = \text{その年分の所得税額} \times \frac{\text{その年分の調整国外所得金額}}{\text{その年分の所得総額}}$$

162

✠ その年分の所得税額・所得総額・調整国外所得金額

●✦ その年分の所得税額

　その年分の所得税額とは、外国税額控除を適用する前の所得税の額（附帯税を除く。）です（所令222①）。

　所得税の税額控除には順序があります（下記の参考を参照）。所得税の税額控除制度の中で外国税額控除は最後に控除することとされていますから、配当控除、住宅ローン控除、寄附金税額控除、分配時調整外国税相当額控除などの他の税額控除がある場合には、それらを控除した後の所得税の額となります。

参考　税額控除の順序（概要）

税額控除の順序は次のとおりとなります（措通41の19の4－4）。

① 　肉用牛の売却による農業所得の免税

② 　配当控除

③ 　事業所得に係る各種の税額控除（一定の順序あり）

④ 　（特定増改築等）住宅借入金等特別控除

⑤ 　寄附金税額控除（公益社団法人等、認定特定非営利活動法人等、政治活動の順序）

⑥ 　上記④以外の住宅税制に係る税額控除（耐震改修特別控除、特定改修特別控除、認定住宅等新築等特別控除の順序）

⑦ 　災害被害者に対する所得税の軽減又は減免（災害減免法）

⑧ 　分配時調整外国税相当額控除

⑨ 　外国税額控除

●✦ その年分の所得総額（分母）

　その年分の所得総額とは、その年分の総所得金額、分離長期（短期）譲渡所得の金額、一般株式等に係る譲渡所得等の金額、上場株式等に係る譲渡所得等の金額、上場株式等に係る配当所得等の金額、先物取引に係る雑所得等の金額、退職所得及び山林所得の合計額ですが（所令222②）、次の点に注意が必要です。

　　✓ 　その年中の損益通算は適用しますが、前年以前から繰り越される次の各繰越控除は適用しないで計算します（所令222②）。

　　　　① 　純損失、雑損失の繰越控除

　　　　② 　居住用財産の買換え等の場合の譲渡損失の繰越控除又は特定居住用財

産の譲渡損失の繰越控除

　③　上場株式又は特定株式に係る譲渡損失の繰越控除

　④　先物取引の差金等決済に係る損失の繰越控除

✓　租税特別措置法の特別控除は適用前の金額です。

✓　源泉分離課税の適用を受ける各種所得、申告不要を選択した上場株式等に係る利子所得、配当所得及び譲渡所得等は含めません。

■➡️　その年分の調整国外所得金額（分子）

　その年分の調整国外所得金額とは、国外源泉所得（所法95④）の合計額（０円以下となる場合は０円）であり、この国外源泉所得に係る所得のみについて所得税を課するものとした場合に課税標準となるべき金額です（所法95①、所令221の２、221の６）。すなわち、国外源泉所得に係る所得のみにより、上記の所得総額（分母）と同様に各課税標準を合計した金額になりますが、次の点に注意が必要です。

✓　外国所得税が課されない国外所得も含めます（法人税の取扱いと異なる。）。

✓　我が国の所得税法、租税特別措置法その他の関係法令により所得金額を算定します。

✓　非永住者については、国内において支払われ、又は国外から送金されたものに限られます。

✓　分母の「その年分の所得総額」を超えるときは分母と同額とします。

　なお、租税条約により条約相手国等において租税を課することができる所得でその条約相手国等において外国所得税等が課されるものは国外所得に該当します（条約相手国の法人の役員報酬など）。

✓　分母の「その年分の所得総額」と同様に、次の繰越控除は適用しないで計算します（所令222③）。

　①　純損失、雑損失の繰越控除

　②　居住用財産の買換え等の場合の譲渡損失の繰越控除又は特定居住用財産の譲渡損失の繰越控除

　③　上場株式又は特定株式に係る譲渡損失の繰越控除

　④　先物取引の差金等決済に係る損失の繰越控除

　なお、平成30年分以前は、③及び④の繰越控除に限り、その適用後の金額とされていました。

> **参考** 利子・配当・株式等の譲渡等における「国外源泉所得」
>
> 　利子所得、配当所得及び株式等の譲渡等に係る所得における「国外源泉所得」は、次表のとおりとされています（所法95④三、六、七、所令225の４①四～六、②）。
>
> 　外国法人が発行する債券の利子や外国法人から受ける配当等は、「国外源泉所得」に該当します。
>
> 　他方、外国法人株式等の譲渡等による所得で「国外源泉所得」とされるものは、次表の「株式等の譲渡所得」欄に記載のとおり限定されており、その一般的な譲渡等による所得は「国外源泉所得以外の所得」とされます（一般的な株式の譲渡等による所得は、租税条約で居住地国にのみに課税権を認めているものが多い。）。
>
> | | 国外源泉所得とされるもの |
> |---|---|
> | 利子所得 | ①　外国の国債、地方債又は外国法人の発行する債券の利子
②　国外にある営業所等に預け入れられた預貯金の利子
③　国外にある営業所に信託された合同運用信託、公社債投資信託又は公募公社債等運用投資信託（これに相当する信託を含む。）の収益の分配 |
> | 配当所得 | ①　外国法人から受ける剰余金の配当、利益の配当若しくは剰余金の分配又は金銭の分配若しくは基金利息に相当するもの
②　国外にある営業所に信託された投資信託（公社債投資信託並びに公募公社債等運用投資信託及びこれに相当する信託を除く。）又は特定受益証券発行信託（これに相当する信託を含む。）の収益の分配 |
> | 株式等の譲渡所得 | ①　外国法人の発行する株式又は外国法人の出資者の持分で、その外国法人の発行済株式又は出資の総数又は総額の一定割合以上に相当する数又は金額の株式又は出資を所有する場合にその外国法人の本店又は主たる事務所の所在する国又は地域においてその譲渡による所得に対して外国所得税が課されるもの
②　不動産関連法人の株式（出資及び投資口を含みます。③において同じ。）
③　国外にあるゴルフ場の所有又は経営に係る法人の株式を所有することがそのゴルフ場を一般の利用者に比して有利な条件で継続的に利用する権利を有する者となるための要件とされている場合におけるその株式 |

4　具体例による控除限度額の算定

　その年分の調整国外所得金額は、国外源泉所得の合計額（０円以下となる場合は０円）であり、国外源泉所得に係る所得のみについて所得税を課するものとした場合に課税標準となるべき金額です（所法95①、所令221の２、221の６）。

　次の具体例でみてみます。

【事例】外国税額控除の控除限度額の算定

［所得等の状況］

　所得等の状況及び外国税額控除前の所得税額は次のとおり。

・米国法人からの配当（上場株式等の配当に該当）　1,000,000円

　（外国所得税等10万円が差し引かれ受領額は900,000円⇒申告分離課税を選択）

・内国法人の株式（上場株式等に該当）の譲渡損失　△3,000,000円

　（国内の金融機関に対する売委託によるもの）

・給与所得の金額　10,000,000円

・外国税額控除前の所得税額　999,990円

・指定都市以外に居住

［所得税の控除限度額］

　所得税の控除限度額は、次のとおり99,999円となる。

①　その年分の所得税額　999,990円（外国税額控除前）

②　その年分の所得総額　10,000,000円（給与所得）

　　米国法人からの配当1,000,000円は申告分離課税を選択し、上場株式の譲渡損失△3,000,000円と損益通算する。通算しきれない損失△2,000,000円は給与所得と損益通算できない。

③　その年分の調整国外所得金額　1,000,000円（外国法人からの配当）

　　国外源泉所得に係る所得のみについて所得税を課するものとした場合に課税標準となるべき金額であるため、外国法人からの配当のみとなる。

④　所得税の控除限度額　＝　999,990円（①）× $\dfrac{1,000,000円（③）}{10,000,000円（②）}$ ＝　99,999円

［復興特別所得税、道府県民税及び市町村民税の控除限度額］

　所得税の控除限度額を基礎として次の算式により算定する。

　復興特別所得税の控除限度額　＝（999,990円（①）× 2.1%）× $\dfrac{③}{②}$ ＝ 2,099円

　道府県民税の控除限度額　＝　④　×　12%　＝　11,999円

　市町村民税の控除限度額　＝　④　×　18%　＝　17,999円

参考 「調整国外所得金額」の考え方

　居住者の外国税額控除は、全世界課税を前提として、二重課税を調整するためのも

のです。控除限度額の算式が意味するところは、外国税額控除適用前の所得税額のうち、所得総額に占める調整国外所得金額の割合に相当する金額の範囲内で外国税額控除を認めようとするものです。そのため、外国所得税が課せられた国外源泉所得であっても、国内源泉所得に係る損失と損益通算され相殺されてしまうものは、我が国の所得税が課されていないため、本年における外国税額控除の対象とならないとも考えられます。

　上記の事例についてみると、申告分離課税を選択した外国法人からの配当100万円（国外源泉所得）は、上場株式等の譲渡損失△300万円（国内源泉所得）との損益通算により相殺され我が国の所得税が課されていないものの10万円の外国税額控除の適用があり、所得税の納税額は90万円となります。我が国からすれば100万円の税収となるべきものが90万円の税収となりますが、納税者側からすれば我が国に90万円、外国に10万円の計100万円の納税となり、二重課税が調整されています。

　仮に、調整国外所得金額において、国内源泉所得の損失と損益通算を行うとすると、分子の調整国外所得金額は0円となるため、本年において外国税額控除の適用はありません。納税者側からすると我が国に100万円、外国に10万円の計110万円の納税となるため二重課税が生じます（外国税額10万円は控除限度超過額として繰り越し、翌年以後3年以内に控除余裕額が生じればその範囲内で控除できるため二重課税の調整が行われる可能性は残る。）。

　外国税額控除は、本来は個々の事例に基づき二重課税の調整方法を検討した上で行うべきものとしても、調整国外所得金額は、「国外源泉所得に係る所得のみについて所得税を課するものとした場合に課税標準となるべき金額」と規定されており（所法95①、所令222③）、調整国外所得金額の計算において国内源泉所得に係る損失との損益通算は行わないと考えます（文理解釈）。

5 　外国税額控除に係る申告

　外国税額控除を受けるためには、確定申告書、修正申告書又は更正請求書に外国税額控除を受けるべき金額及びその計算に関する明細を記載した**「外国税額控除に関する明細書」**及び**外国所得税が課されたことを証する書類**などを添付する必要があります（所法95⑩⑪、所規41、42）。

　この明細書は、所得税の確定申告書による控除額（所得税からの控除額及び復興特別所得税からの控除額）を求めるためのものですが、同時に住民税（道府県民税・市町村民税）からの控除額の算定の基礎資料となるものです。また、控除余裕額や控除限度超過額もこの明細書で求めますので、的確に記載する必要があります。

　上記❹の事例（外国税額控除の控除限度額の算定）に基づき「外国税額控除に関する明細書（居住者用）」を作成すると次頁のとおりとなります。

外国税額控除に関する明細書（居住者用）
（令和２年分以降用）

氏　名　　　　○○　○○

提出用

○この明細書は、申告書と一緒に提出してください。

1　外国所得税額の内訳

○　本年中に納付する外国所得税額

国　名	所得の種類	税種目	納付確定日	納付日	源泉・申告(賦課)の区分	所　得　の計算期間	相手国での課税標準	左に係る外国所得税額
米国	配当	所得税	5.0.0	5.0.0	源泉	4.0.0 5.0.0	（外貨　　　） 1,000,000 円	（外貨　　　） 100,000 円
			・・	・・・		・・ ・・	（外貨　　　） 円	（外貨　　　） 円
						・・ ・・	（外貨　　　） 円	（外貨　　　） 円
計							1,000,000	Ⓐ 100,000

○　本年中に減額された外国所得税額

国　名	所得の種類	税種目	納付日	源泉・申告(賦課)の区分	所　得　の計算期間	外国税額控除の計算の基礎となった年分	減額されることとなった日	減額された外国所得税額
					・・ ・・	年分	・・	（外貨　　　） 円
					・・ ・・	年分	・・	（外貨　　　） 円
					・・ ・・	年分	・・	（外貨　　　） 円
計								Ⓑ 円

Ⓐの金額がⒷの金額より多い場合（同じ金額の場合を含む。）

| Ⓐ 100,000 円 | − | Ⓑ 0 円 | = | Ⓒ 100,000 円 | → 5の「⑬」欄に転記します。 |

Ⓐの金額がⒷの金額より少ない場合

| Ⓑ 円 | − | Ⓐ 円 | = | Ⓓ 円 | → 2の「Ⓓ」欄に転記します。 |

2　本年の雑所得の総収入金額に算入すべき金額の計算

前　3　年　以　内　の　控　除　限　度　超　過　額			
年　分	㋑ 前年繰越額	㋺ ㋑から控除すべきⒹの金額	㋩ ㋑−㋺
年分（3年前）	円	円	Ⓖ 円
年分（2年前）			Ⓗ
年分（前　年）			Ⓘ
計		Ⓔ	
本年中に納付する外国所得税額を超える減額外国所得税額			
本　年　発　生　額	Ⓓに充当された前3年以内の控除限度超過額	雑所得の総収入金額に算入する金額（Ⓓ−Ⓔ）	
Ⓓ 円	Ⓔ 円	Ⓕ 円	

→ Ⓖ、Ⓗ、Ⓘの金額を4の「⑫前年繰越額及び本年発生額」欄に転記します。

→ 雑所得の金額の計算上、総収入金額に算入します。

3 所得税及び復興特別所得税の控除限度額の計算

所 得 税 額	①	999,990 円
復興特別所得税額	②	20,999
所 得 総 額	③	10,000,000
調整国外所得金額	④	1,000,000
所得税の控除限度額 (①×④/③)	⑤	99,999
復興特別所得税の控除限度額 (②×④/③)	⑥	2,099

2の⑰の金額がある場合には、その金額を雑所得の総収入金額に算入して申告書により計算した税額を書きます(詳しくは、控用の裏面を読んでください。)。

「①」欄の金額に2.1%の税率を乗じて計算した金額を書きます。

2の⑰の金額がある場合には、その金額を雑所得の総収入金額に算入して計算した所得金額の合計額を書きます(詳しくは、控用の裏面を読んでください。)。

2の⑰の金額がある場合には、その金額を含めて計算した調整国外所得金額の合計額を書きます。

→4の㊁欄及び5の⑦欄に転記します。

→4の㊅欄及び5の⑧欄に転記します。

4 外国所得税額の繰越控除余裕額又は繰越控除限度超過額の計算の明細

本年分の控除余裕額又は控除限度超過額の計算

控除限度額	所 得 税 (3の⑤の金額)	㊁	99,999 円	控除余裕額	所 得 税 (㊁-⑰)	㋩	0 円
	復興特別所得税 (3の⑥の金額)	㊅	2,099		道 府 県 民 税 ((㊁+㊅+㋩-⑰)と㋥のいずれか少ない方の金額)	㋬	11,999
	道 府 県 民 税 (㊁×12%又は6%)	㋥	11,999		市 町 村 民 税 ((㋭-⑰)と㋬のいずれか少ない方の金額)	㋣	17,999
	市 町 村 民 税 (㊁×18%又は24%)	㋭	17,999		計 (㋩+㋬+㋣)	㋠	29,998
	計 (㊁+㊅+㋥+㋭)	㋬	132,096				
	外 国 所 得 税 額 (1の©の金額)	⑰	100,000	控除限度超過額 (⑰-㋬)		㋦	

前3年以内の控除余裕額又は控除限度超過額の明細等

年 分	区 分	控除余裕額 ⑤前年繰越額及び本年発生額	㋺本年使用額	㋩翌年繰越額 (⑤-㋺)	控除限度超過額 ⑥前年繰越額及び本年発生額	㋥本年使用額	㋭翌年繰越額 (⑥-㋥)	所得税の控除限度額等
令和 2 年分 (3年前)	所 得 税	円	円		⑥ 円	円		翌年1月1日時点の住所 □指定都市 ☑一般市
	道府県民税							
	市町村民税							
	地 方 税 計							
令和 3 年分 (2年前)	所 得 税				㊋ 円	円	円	翌年1月1日時点の住所 □指定都市 ☑一般市
	道府県民税							
	市町村民税							
	地 方 税 計							
令和 4 年分 (前年)	所 得 税				①		円	翌年1月1日時点の住所 □指定都市 ☑一般市
	道府県民税							
	市町村民税							
	地 方 税 計							
合 計	所 得 税	㋵			㋰			
	道府県民税							
	市町村民税							
	計	㋗						
本 年 分	所 得 税	㋦ 0	㋷ 0		㋦	㋷		
	道府県民税	㋹ 11,999		11,999				
	市町村民税	㋣ 17,999		17,999				
	計	㋠ 29,998	㋰ 29,998					

5 外国税額控除額等の計算

所得税の控除限度額 (3の⑤の金額)	⑦	99,999 円	所法第95条第1項による控除税額 (⑪と⑬とのいずれか少ない方の金額)	⑭	99,999 円
復興特別所得税の控除限度額 (3の⑥の金額)	⑧	2,099	復興財確法第14条第1項による控除税額 (⑩が⑪より小さい場合に(⑬-⑪)と⑫とのいずれか少ない方の金額)	⑮	1
分配時調整外国税相当額控除後の所得税額(※)	⑨	「分配時調整外国税相当額控除に関する明細書」のⓈの金額	所法第95条第2項による控除税額 (4の㋵の金額)	⑯	
分配時調整外国税相当額控除後の復興特別所得税額(※)	⑩	「分配時調整外国税相当額控除に関する明細書」のⓉの金額	所法第95条第3項による控除税額 (4の㋰の金額)	⑰	
所得税の控除可能額 (⑦の金額又は⑦と⑨とのいずれか少ない方の金額)	⑪	99,999	外国税額控除の金額 (⑭+⑮+(⑯又は⑰))	⑱	100,000
復興特別所得税の控除可能額 (⑧の金額又は⑧と⑩とのいずれか少ない方の金額)	⑫	2,099	分配時調整外国税相当額控除可能額 (※)	⑲	「分配時調整外国税相当額控除に関する明細書」のⓊの金額
外 国 所 得 税 額 (1の©の金額)	⑬	100,000	外国税額控除等の金額 (⑱+⑲)	⑳	100,000

(※)分配時調整外国税相当額控除の適用がない方は記載する必要はありません。

申告書第一表「税金の計算」欄の「外国税額控除等」欄(㊱~㊸欄)に転記します。同欄の「区分」の□の記入については、控用の裏面を読んでください。

V

所得税・住民税一体課税における
課税方式の有利選択

～税負担・保険料負担を考慮～

【本章の構成と主な内容】

　住民税の所得金額は、所得税の確定申告書における所得金額と住民税に関する付記事項に基づき定まります。その住民税の所得金額を基礎として、国民健康保険や後期高齢者医療保険の保険料の基礎となる所得金額（基準所得金額）が定まります。

　そのため、所得税の確定申告書を作成する際、上場株式等に係る各所得については、所得税負担はもとより住民税や保険料の負担を踏まえた上で課税方式を選択する必要があります。

　本章の構成は、次表のとおりです。

	区　　分	内　　容
所得税・住民税一体課税における課税方式の有利選択	❶住民税における上場株式等に係る所得の課税方式	住民税の「特定配当等（配当割の徴収対象）」及び「特定株式等譲渡所得金額（株式等譲渡所得割の徴収対象）」については、令和6年度分（令和5年分の所得）から所得税の課税方式と一致させることになりました。ここでは、令和6年1月から適用される地方税法の規定を確認し、改正点や経過措置について説明しています。
	❷課税方式選択のための社会保険制度のあらまし	課税方式の選択は、医療保険料の負担等を踏まえて行う必要があります。ここでは、国民健康保険や後期高齢者医療保険の制度内容と保険料の算定方法の概要について説明しています。
	❸上場株式等の利子等・配当等に係る課税方式の有利選択	上場株式等の利子等・配当等について、医療保険料負担を踏まえた課税方式の有利選択について説明しています。
	❹源泉徴収選択口座における上場株式等の譲渡等に係る課税方式の有利選択	源泉徴収選択口座の上場株式等の譲渡等について、医療保険料負担を踏まえた課税方式の有利選択について説明しています。

❶ 住民税における上場株式等に係る所得の課税方式

令和4年分所得までは、住民税における「特定配当等」及び「特定株式等譲渡所得金額」について所得税と異なる課税方式を選択することができました。しかし、令和4年度の税制改正により令和5年分所得（令和6年度の住民税）から、これら所得の課税方式は、次で述べるとおり、所得税と一致させることとなりました。

なお、「特定配当等」に該当しない上場株式等の配当等（源泉（特別）徴収の対象から除かれるもの）及び「特定株式等譲渡所得金額」に該当しない上場株式等の譲渡所得等（一般口座分や特定口座（簡易申告口座）分）は、所得税で申告の対象となり、住民税においても所得税と同じ課税方式で課税されます。

1 所得税・住民税の一体課税

上場株式等に係る利子等、配当等及び譲渡所得等（いずれも源泉（特別）徴収の対象に限る。）について、住民税では**「特定配当等」**又は**「特定株式等譲渡所得金額」**と定義した上で、これら所得について所得税と異なる課税方式の選択が可能とされていました（旧地法32⑬、⑮、313⑬、⑮）。

この点に関し、金融所得課税制度は所得税と住民税を一体として設計されていること等を踏まえ、**「特定配当等」**及び**「特定株式等譲渡所得金額」の課税方式を所得税の課税方式と一致**させることに改正されました。

この改正の適用時期は、令和5年分の所得、すなわち令和6年度分の住民税からとされています（令4改正地法附則4①、11①）。

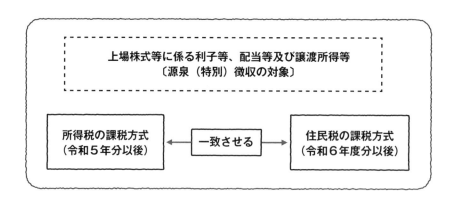

参考 所得税確定申告書の「住民税に関する事項」欄

令和3年分及び同4年分において、所得税で総合課税又は申告分離課税を選択した「特定配当等」及び所得税において申告分離課税を選択した「特定株式等譲渡所得金額」について、その全てを住民税において申告不要を選択する場合には、その旨を確定申告書の「住民税に関する事項」欄に付記すれば足り、住民税申告書の提出は不要とされていました。令和5年分以後の所得から、住民税の課税方式を所得税の課税方式と一致させるため、令和5年分所得税の確定申告書から、この課税方式の選択に係る付記事項が削除されます（旧地規2の3②十）。

✠ 住民税における「特定配当等」に関する規定

住民税における**「特定配当等」**とは、上場株式等の配当等（措法8の4①）及び割引債の償還金（特定口座で受けるものを除く。）に係る差益金額（措法41の12の2⑥三）のことをいい（地法23十五）、いずれも支払（交付）時に配当割（税率5％）が特別徴収されるものです。なお、所得税についても源泉徴収の対象とされています。

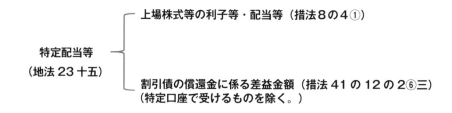

「特定配当等」については、所得税の課税方式と一致させることになることは、既に記載したとおりですが、ここでは、特定配当等に関する地方税法（道府県民税及び市町村民税の所得割）の規定について確認しておきます。

174

　特定配当等に係る所得を有する者に係る総所得金額（※）は、当該特定配当等に係る所得の金額を除外して算定すること（申告不要扱い）とされています（地法32⑫、313⑫）。

（※）　住民税における総所得金額とは、地方税法等により特別の定めをする場合を除くほか、所得税法の規定（国外転出時課税に関する規定を除く。）による総所得金額（租税特別措置法等による読替え適用後）をいう（地法32②、313②）。

　しかし、特定配当等について、所得税で総合課税又は申告分離課税の適用を受けようとする旨の記載のある確定申告書が提出された場合に限り、前述の総所得金額から特定配当等に係る所得金額を除外して算定する旨の規定（地法32⑫、313⑫）は適用しないこととされます（地法32⑬、313⑬）。

　この場合、特定上場株式等の配当等については、所得税で申告分離課税を選択した場合に限り住民税においても申告分離課税が適用され（地法附則33の2②⑥）、所得税で総合課税を選択した場合は住民税も総合課税になります（地法32②、313②）。

　すなわち住民税では、特定配当等は申告不要を原則とした上で、所得税の確定申告において、上場株式等の利子等については申告分離課税、上場株式等の配当等については総合課税又は申告分離課税、割引債の償還金（特定口座で受けるもの等を除く。）に係る差益金額については申告分離課税（株式等に係る譲渡所得等）として申告し、確定申告書の付記事項欄に配当割額を記載することにより（地規1の12の2①）、住民税においても所得税と同じ課税方式とするものです。

　なお、特定配当等のうち、「**上場株式等の利子等・配当等**」については、所得税で申告不要を選択すれば住民税はその原則どおり申告不要になりますが（地法32⑫、313⑫）、「**割引債の償還金に係る差益金額**」については、所得税で申告分離課税による申告となり（申告不要とする旨の規定はない。）、課税方式の一致により住民税も同様になります。

　以上により、住民税における特定配当等（上場株式等の配当等・割引債の償還金に係る差益金額）の課税方式は、所得税の課税方式と一致することになります。

● 「特定配当等」とされる上場株式の利子等・配当等 ●

区分		下記の上場株式の利子等・配当等（措法8の4①）で支払（交付）時に「配当割」の徴収対象となるもの	住民税の課税方式
利子等		① 特定公社債（34頁参照）の利子（措法3①一） ② 公社債投資信託で次のものに係る収益の分配（措法3①二） 　a 受益権の募集が公募のもの 　b 受益権が金融商品取引所に上場されているもの 　c 受益権が外国金融商品市場で売買されているもの ③ 公募公社債等運用投資信託の収益の分配（措法3①三） ④ 国外一般公社債等以外の国外公社債等の利子等で国内の支払の取扱者から交付を受けるもの（措法3の3③⑦）	・原則申告不要 ・所得税で申告分離課税を選択した場合は、所得税と同様となる。
配当等	特定上場株式等の配当等	⑤ 株式等で金融商品取引所に上場されているもの（措法37の11②）の配当等（内国法人等の大口株主等を除き、次に掲げるものを含む。） 　a 特定株式投資信託の収益の分配 　b 店頭売買登録銘柄として登録された株式（出資を含む。）の配当等 　c 店頭管理銘柄株式（出資及び投資法人の投資口を含む。）の配当等 　d 日本銀行出資証券からの配当等 　e 外国金融商品市場において売買されている株式等の配当等 ⑥ 公募証券投資信託（上記⑤aの特定株式投資信託及び公社債投資信託を除く。）の収益の分配 ⑦ 特定投資法人の投資口の配当等	・原則申告不要 ・所得税で総合課税又は申告分離課税を選択した場合は、所得税と同様となる。
	上記以外の配当等	⑧ 証券投資信託以外の公募投資信託（公社債等運用投資信託を除く。）の収益の分配 ⑨ 公募の特定受益証券発行信託の収益の分配（上場されている特定受益証券発行信託の収益の分配は上記⑤に該当） ⑩ 公募の特定目的信託の社債的受益権の剰余金の配当	・原則申告不要 ・所得税で申告分離課税を選択した場合は、所得税と同様となる。

(注) いずれも所得税で申告不要とした場合は、住民税も申告不要（原則の取扱い）となる。

● 「特定配当等」とされる割引債の償還金に係る差益金額 ●

区分	下記の償還金に係る差益金額で 配当割の徴収対象となるもの	住民税の課税方式
株式等に係る 譲渡所得等	割引債^(※)の償還金(特定口座で保管するものを除く。)に係る差益金額 ※ 分離元本公社債、分離利子公社債、ディスカウント債を含む。	・原則申告不要 ・譲渡所得等となるため所得税で申告分離課税による申告が必要。その場合、住民税も同様となる。

(注) 割引債の源泉(特別)徴収制度については98頁参照。

✠ 住民税における「特定株式等譲渡所得金額」に関する規定

　住民税における**「特定株式等譲渡所得金額」**とは、源泉徴収選択口座内調整所得金額(措法37の11の4②)(97頁参照)のことをいい(地法23十七)、その年の源泉徴収選択口座における上場株式等の譲渡等による譲渡益になります。

　　特定株式等譲渡所得金額　＝　源泉徴収選択口座内調整所得金額

　　　　(地法23十七)　　　　　　　　(措法37の11の4②)

　「特定株式等譲渡所得金額」に関する地方税法の規定ぶりも以下のとおり前述の特定配当等と同様です。

　特定株式等譲渡所得金額に係る所得を有する者に係る総所得金額(175頁(※)参照)は、当該特定株式等譲渡所得金額に係る所得の金額を除外して算定すること(申告不要扱い)とされています(地法32⑭、313⑭)。

　しかし、特定株式等譲渡所得金額について、所得税で申告分離課税の適用を受けようとする旨の記載のある確定申告書が提出された場合に限り、前述の総所得金額から特定株式等譲渡所得金額に係る所得の金額を除外して算定するとの規定(地法32⑭、313⑭)は適用しないこととされ(地法32⑮、313⑮)、住民税も申告分離課税になります(地法附則35の2の2)。

　また、上場株式等に係る譲渡損失の損益通算及び繰越控除についても、これらの措置の適用を受ける旨の所得税の確定申告書を提出している場合に限り、住民税においても同様に適用することとされています(地法附則35の2の6①④⑧⑪)。

　すなわち住民税では、源泉徴収選択口座における上場株式等の譲渡等については申告不要を原則とした上で、所得税の確定申告において申告分離課税とし、確定申告書

の付記事項欄に株式等譲渡所得割額を記載することにより（地規1の12の3①）、住民税においても所得税と同様の課税方式とするものです。譲渡損失の損益通算及び繰越控除の取扱いも同様です。

　なお、所得税で申告不要とすれば、住民税はその原則どおり申告不要になります（地法32⑭、313⑭）。

　以上により、住民税における特定株式等譲渡所得金額（源泉徴収選択口座における上場株式等の譲渡等）の課税方式は、所得税による課税方式と一致することになります。

●「特定株式等譲渡所得金額」とされる源泉徴収選択口座内調整所得金額 ●

区分	「株式等譲渡所得割」の徴収対象となるもの	住民税の課税方式
上場株式等に係る譲渡所得等	源泉徴収選択口座における上場株式等に係る譲渡益	・原則申告不要 ・所得税で申告分離課税を選択した場合は、所得税と同様となる。

参考 住民税における上場株式等に係る譲渡損失の繰越しに関する経過措置

　所得税・住民税の一体課税により、上場株式等に係る譲渡損失の繰越控除は、上場株式等に係る譲渡損失の金額の生じた年分の所得税について確定申告書を提出し、かつ、その後において連続して確定申告書を提出している場合に限り適用されることとなります（地法附則35の2の6④⑪）。そのため、令和6年度から令和8年度までの住民税については、上場株式等に係る譲渡損失が令和2年分から令和4年分までの各年である場合には、改正前の地方税法の規定による住民税申告書を連続して提出していた場合に繰越控除を可能とする経過措置が設けられています（令4改正地法附則4②、11②）。

　この経過措置は、令和4年分所得まで特定配当等及び特定株式等譲渡所得金額について所得税と異なる課税方式の選択が可能であったことから、繰り越されてくる上場株式等の譲渡損失が所得税と一致していない場合があることにより設けられたものと考えられます。

---

2 課税方式の選択時期

✠ 所得税の申告納税方式

　所得税は「申告納税方式」を採用していますが、住民税は「賦課課税方式」とされています。

　まず、所得税ですが、確定申告要件とされる特例等を適用しないで計算した所得に基づき計算した最終税額（源泉徴収税額、予定納税額等の控除後の税額をいう。以下同じ。）がプラスとなる場合は、翌年の3月15日までに確定申告書を提出しなければならないこととされています（所法120①、所基通120－1）。他方、これに該当せず最終税額がマイナスとなる場合は、確定損失申告書を提出できる場合を除き還付等を受けるための申告書を提出することはできることとされています（所法122①）。この還付等を受けるための申告書の提出期限は、還付請求権の消滅時効まで（還付請求をすることができる日から5年間）とされており（通則法74①）、その申告書は年が明けると提出できることになりますから、提出期限はその年の翌年1月1日から5年間になります。

〔所得税〕　最終税額がプラス　⇨　確定申告義務あり

　　　　　　　　　　　　　　　　（申告期限は翌年3月15日）

　　　　　最終税額がマイナス　⇨　確定申告義務なし

　　　　　　　　　　　　　　　　（還付請求は翌年1月1日から5年間）

　上場株式等に係る所得（住民税の特定配当等及び特定株式等譲渡所得金額）の課税方式の選択は、所得税の確定申告書への記載（又は記載しないこと）により行いますから、その選択時期は**確定申告書の提出時期**になります。

✠ 住民税の賦課課税方式

　一方、住民税は、住民税の申告書（又は所得税の確定申告書）を課税資料として市区町村が税額計算をして課税する賦課課税方式です。手続としては、市区町村が納税通知書を送達して課税します。

　改正前及び改正後（令和6年1月1日施行）の地方税法第32条（道府県民税の所得割の課税標準）の第12項から第15項までの規定（地方税法第313条の市町村民税についても同様）は、要旨、次のとおりとされています。

　改正前は、特定配当等及び特定株式等譲渡所得金額について住民税において所得税

と異なる課税方式を選択することができましたが、その手続として、その旨を記載した住民税（道府県民税又は市町村民税）の申告書の提出が必要で、その提出時期は納税通知書が送達される時までとされていました（旧地法32⑬⑮、313⑬⑮）。そのため、納税通知書が送達された後に所得税と異なる課税方式を選択する旨の住民税の申告をしても、所得税と異なる課税方式の選択はできませんでした（平成31年1月24日付 総務省自治税務局市町村税課 事務連絡）。

改正後は、所得税の課税方式と一致させることになりますが、課税方式を選択することとなる所得税の確定申告書については、地方税法32条（同313条）13項及び15項で「前年分の所得税に係る第45条の3第1項（第317条の3第1項）に規定する確定申告書」（住民税の申告書とみなされる所得税の確定申告書）とされており、改正前のように「道府県民税（又は市町村民税）の納税通知書が送達される時までに提出された申告書」という表記はされていません。

したがって、所得税の確定申告書の提出時期が住民税の納税通知書が送達された後となったとしても、住民税において申告不要扱いとされることはなく、所得税と同じ課税方式により住民税の再計算が行われることになります。すなわち、課税方式の選択時期は**所得税の確定申告書の提出時期**になります。

以上により、特定配当等（配当割が徴収されるもの）又は特定株式等譲渡所得金額（株式等譲渡所得割が徴収されるもの）に係る令和6年度分住民税の課税については、次表の左欄の令和5年分所得税の確定申告書の提出時期に応じて、右欄のとおりになると考えられます。

●「特定配当等」及び「特定株式等譲渡所得金額」に係る令和6年分住民税の課税 ●

令和5年分所得税の確定申告書		令和6年度分住民税の課税
①期限内申告（3月15日までの申告）		特定配当等及び特定株式等譲渡所得金額については、所得税と同じ課税方式による納税通知書が送達される。
②期限後申告等	令和6年度分住民税の納税通知書の送達前に行われた場合 (注)	
	令和6年度分住民税の納税通知書の送達後に行われた場合	特定配当等及び特定株式等譲渡所得金額を除外（申告不要扱い）した納税通知書が送達される。その後、所得税の期限後申告等において選択された課税方式により、住民税（所得割）を再計算した上で、変更後の納税通知書が送達される。

㊟　期限後申告等の時期が送達前であっても、事務手続の関係で、送達後に行われた場合として処理される場合が考えられる。

● （参考）地方税法32条・313条（所得割の課税標準）●

改正前	改正後（令和6年1月1日施行）
12　特定配当等に係る所得を有する者に係る総所得金額は、当該特定配当等に係る所得の金額を除外して算定するものとする。	12　（同左）
13　前項の規定は、特定配当等に係る所得が生じた年の翌年の4月1日の属する年度分の特定配当等申告書（<u>道府県民税の納税通知書が送達される時までに提出された次に掲げる申告書をいう。</u>）に特定配当等に係る所得の明細に関する事項その他総務省令で定める事項の記載があるときは、当該特定配当等に係る所得の金額については、適用しない。（以下省略）	13　前項の規定は、<u>前年分の所得税に係る第45条の3第1項に規定する確定申告書</u>㊟に特定配当等に係る所得の明細に関する事項その他総務省令で定める事項の記載があるときは、当該特定配当等に係る所得の金額については、適用しない。
14　特定株式等譲渡所得金額に係る所得を有する者に係る総所得金額は、当該特定株式等譲渡所得金額に係る所得の金額を除外して算定するものとする。	14　（同左）
15　前項の規定は、特定株式等譲渡所得金額に係る所得が生じた年の翌年の4月1日の属する年度分の特定株式等譲渡所得金額申告書（<u>道府県民税の納税通知書が送達される時までに提出された次に掲げる申告書をいう。</u>）に特定株式等譲渡所得金額に係る所得の明細に関する事項その他総務省令で定める事項の記載があるときは、当該特定株式等譲渡所得金額に係る所得の金額については、適用しない。（以下省略）	15　前項の規定は、<u>前年分の所得税に係る第45条の3第1項に規定する確定申告書</u>㊟に特定株式等譲渡所得金額に係る所得の明細に関する事項その他総務省令で定める事項の記載があるときは、当該特定株式等譲渡所得金額に係る所得の金額については、適用しない。

㊟　所得税の確定申告書であり、当該確定申告書には期限後申告書を含むこととされている（所法2①三十七）。

② 課税方式選択のための医療保険制度のあらまし

　所得税及び住民税のいずれにおいても、申告不要を含めた課税方式の選択ができる所得のその選択については、税負担（所得税・住民税）に加え、社会保険料負担の考慮が必要になる場合があります。そのため、ここでは、医療保険を中心とした社会保険制度のあらましについて説明しています。

1　医療保険制度の概要と保険料の算定基礎

　我が国の社会保険制度のうち医療保険としては、75歳未満の者を被保険者とする健康保険及び国民健康保険と75歳以上の者を被保険者とする後期高齢者医療保険があります。前者（健康保険及び国民健康保険）の保険料には、医療保険料に加え後期高齢者医療保険に対する支援金が含まれ、また、被保険者が40歳以上65歳未満であれば介護保険料も併せて支払うこととされています。

　これら医療保険の加入対象者や保険料計算の基礎とされる金額は、次表のとおりです。

区　分	健康保険 （協会けんぽ又は 各社会保険組合）	国民健康保険 （市区町村）	後期高齢者 医療保険
加入者	会社員、公務員、会社役員など(注)	個人事業主、無職の者など(注)	75歳以上の者
保険料の計算単位	個人単位	世帯単位	個人単位
保険料計算の基礎	給与等の標準報酬月額	**基準所得金額＝住民税における総所得金額等－基礎控除額**	

(注)　75歳未満に限る。

2　医療保険加入者区分による課税方式の選択

　健康保険（公務員の共済組合を含む。以下同じ。）の保険料は、原則として月額給与

収入額を基礎とする標準報酬月額により定まります。一方、国民健康保険や後期高齢者医療保険の保険料は、住民税の総所得金額等（前年分）から基礎控除額（最高43万円）を差し引いた**基準所得金額**を基礎として計算されます。

　以下においては、月額給与収入を基礎とする標準報酬月額により保険料の額が定まる給与所得者を**Aグループ**、基準所得金額により保険料が定まる給与所得者以外の者を**Bグループ**とします。ただし、給与所得者でも、75歳以上は全て後期高齢者医療保険の加入者となり、また、勤務先が健康保険の加入手続をしていない場合や所定労働時間に達していないなどの場合は国民健康保険の加入者となるため、Bグループに含まれることになります。

　健康保険料は、月額給与収入による標準報酬月額等により保険料の金額が定まるため、Aグループの者は、所得税の確定申告に当たり、申告不要を含めた課税方式の選択が可能な所得（住民税における特定配当等のうちの上場株式等の利子等・配当等及び特定株式等譲渡所得金額をいい、以下「選択可能所得」という。）について、税負担（所得税・住民税）のみで申告又は申告不要を選択します。一方、国民健康保険料及び後期高齢者医療保険料は基準所得金額を基礎として算定されるため、Bグループの者は、選択可能所得について、税負担（所得税・住民税）のみならず保険料負担も踏まえた上で申告又は申告不要を選択する必要があります。

　ただし、基準所得金額を基礎とする国民健康保険及び後期高齢者医療保険の各保険料は、いずれも保険料に限度額（上限）が定められています。そのため、**Bグループ**に属していても、一定額（居住地と制度により異なる。）以上の基準所得金額を有する場合には、**Aグループ**と同様、税負担（所得税・住民税）のみを考慮して課税方式を選択することになります。

● 医療保険制度の加入者区分による選択可能所得についての課税方式の選択 ●

区分	医療保険制度の加入者区分	課税方式の選択
Aグループ	①健康保険加入者 ②国民健康保険加入者及び後期高齢者医療保険加入者のうち、基準所得金額が一定額以上の者	税負担（所得税・住民税）で選択
Bグループ	①国民健康保険加入者 ②後期高齢者医療保険加入者 （いずれもAグループの②を除く。）	税負担（所得税・住民税）・保険料負担で選択

なお、国民健康保険の保険料は世帯単位で計算されます。世帯主は給与所得者でAグループに属するが、世帯員は個人事業主等でBグループに属するケースについては、次の国民健康保険制度のあらましで説明します。

 3　国民健康保険制度のあらまし

✠ 国民健康保険の保険料（税）

　国民健康保険は、居住地の市区町村が中心となり都道府県と一体運営をしています。そのため、市区町村により保険料の算定方法が異なります。

　なお、国民健康保険には、国民健康保険法に基づく保険料と地方税法に基づく保険税があります。保険料と保険税のどちらにするかは各区市町村が選択して決めています（以下の説明では「保険料」に統一している。）。

　その保険料は、加入者（被保険者）ごとに計算したものを世帯単位で合算し、世帯主に支払義務が生じます。保険料の内訳は、①医療分保険料（医療給付に充てるもの）、②後期高齢者支援金分保険料（後期高齢者の支援金等に充てるもの。以下「支援金分保険料」という。）、③介護分保険料（介護給付に充てるもの）の合計額になります。

　ただし、加入者の年齢により３区分（「40歳未満」、「40歳以上65歳未満」、「65歳以上75歳未満」）に分けられ、次に記載のとおり「40歳未満」及び「65歳以上75歳未満」の場合は、①医療分保険料と②支援金分保険料の負担に限られます。③介護分保険料の負担については40歳以上の加入者とされており、65歳以上75歳未満は、国民健康保険料としてではなく、別途介護保険料として市区町村により通知徴収（原則、公的年金から徴収）されます。

（40歳未満・65歳以上75歳未満）

（40歳以上65歳未満）

✠ 保険料の算定方法（世帯当たりの保険料）

　医療分、支援金分及び介護分の各保険料は、それぞれ所得割、資産割、均等割及び平等割を用いて算定します（資産割と平等割は、採用していない市区町村あり）。

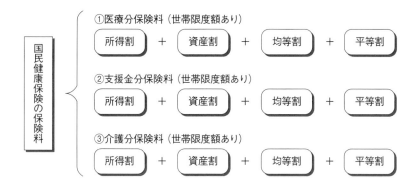

　所得割、資産割、均等割及び平等割は、次の算式で求めます。

【算式】

・所得割　＝　加入者の基準所得金額　×　所得割の料率（市区町村により異なる）
　　　　　※基準所得金額　＝　前年の総所得金額等－基礎控除額
　　　　　※加入者が複数名の場合は加入者ごとに計算し、合算する。

・資産割　＝　世帯の固定資産税額　×　資産割の料率（市区町村により異なる）

・均等割　＝　世帯の加入者数　×　１名当たりの金額（市区町村により異なる）

・平等割　＝　世帯当たりの金額（市区町村により異なる）

　資産割と平等割は、前述のとおり採用していない市区町村があり、特に資産割を廃止する市区町村が増えています。

　保険料の計算は、市区町村により、四方式（所得割、資産割、均等割及び平等割の合計）、三方式（所得割、均等割及び平等割の合計）又は二方式（所得割と均等割の合計）のいずれかですが、主要都市は三方式又は二方式のところが多いようです。

　国民健康保険料に影響を及ぼすのは、所得割の計算基礎になる基準所得金額です。

✠ 所得割の基礎となる「基準所得金額」

　加入者の基準所得金額が増加すると一般には、所得割額の増加により保険料負担が増加します。

基準所得金額は、「前年の総所得金額等」から「住民税の基礎控除額」を差し引いた金額です。

●◆ 総所得金額等

総所得金額等とは、純損失の金額の繰越控除後（雑損失の繰越控除は適用なし）の所得金額の合計額（下記の参考を参照）です。所得税の総所得金額等と異なるのは、現年分離課税とされる退職所得が除かれ、また、所得税で免税とされる肉用牛の売却に係る所得を加える点です（租税特別措置法における特別控除は、所得税ではその控除前の金額になるが、保険料の計算では控除後とされているようである。）。青色事業専従者給与は、所得税と同様に必要経費として控除しますが、同一世帯員である専従者の給与として取り扱われます。

参考 **国民健康保険料等の算定の基準となる総所得金額等**

国民健康保険料等の算定の基準となる総所得金額等とは、次の各所得金額の合計額（純損失の繰越控除、居住用財産の買換え等の場合の譲渡損失及び特定居住用財産の譲渡損失の控除後の金額）となります。

①	総所得金額
②	土地等に係る事業所得等の金額（平10.1.1〜令8.3.31適用なし）
③	短期譲渡所得の金額（租税特別措置法の特別控除適用後）
④	長期譲渡所得の金額（租税特別措置法の特別控除適用後）
⑤	上場株式等に係る配当所得等の金額（上場株式等に係る譲渡損失との通算後）
⑥	一般株式等に係る譲渡所得等の金額
⑦	上場株式等に係る譲渡所得等の金額（上場株式等に係る譲渡損失の繰越控除及び特定株式に係る譲渡損失の繰越控除適用後）
⑧	先物取引に係る雑所得等の金額（先物取引の差金等決済に係る損失の繰越控除適用後）
⑨	山林所得金額
⑩	肉用牛の売却に係る所得金額 (注) 運営団体（市区町村）により取扱いが異なる場合がある。

●◆ 基礎控除額

住民税の基礎控除額は43万円です。ただし、前年の合計所得金額が2,400万円を超えると控除額が減額し、2,500万円超は0円になります（地法34②、314の2②）。

✠ 保険料の限度額とされる総所得金額等の目安

保険料の計算は、前述のとおり市区町村により異なります。ただし、保険料負担の

世帯限度額は全国共通（同額）です。ここでは、保険料の限度額に達する総所得金額等の目安について、東京23区内の渋谷区を例に掲げて説明します。

　令和5年度（令和5年4月～令和6年3月）の渋谷区の一世帯当たり保険料（①医療分、②支援金分、③介護分の合計額）は、二方式（所得割と均等割）により計算され、世帯限度額は104万円（年齢40歳未満及び65歳以上75歳未満は③介護分がないため87万円）とされています。

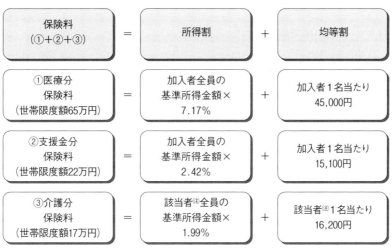

(注)　介護分の「該当者」とは加入者のうち年齢40歳以上65歳未満の者

　所得割の料率は、①医療分7.17%、②支援金分2.42%、③介護分1.99%で、合計11.58%とされています。そのため、保険料が世帯限度額未満の場合は、その世帯に属する加入者が、選択可能所得につき所得税及び住民税において申告を選択することにより増加する所得金額（総所得金額等）に対し、その12%相当額の保険料が増加することが考えられます。

　ただし、保険料が世帯限度額に達している場合は、選択可能所得について申告を選択して基準所得金額が増加しても保険料が増加することはありません。そこで、保険料の限度額に達する総所得金額等の目安を求めると次のとおりとなります。

■◆ 一人世帯の場合

● 保険料の限度額とされる総所得金額等(x円)の目安(令和5年度の渋谷区の場合) ●

　：総所得金額等は2,400万円以下と仮定

① 医療分の場合　（限度額63万円）

　（x円 － 430,000円） × 7.17% ＋ 45,000円 ＝ 650,000円

　　（基準所得金額）　　　　　（所得割の料率）（均等割額加入者1名の場合）（世帯限度額）

上記算式からx円を求めると　⇒　　**x 円　＝　8,867,937円**

② **支援金分の場合（限度額19万円）**

（**x 円**－　430,000円）　×　　2.42％　　＋　　15,100円　＝　220,000円

　　　（基準所得金額）　　　　　（所得割の料率）（均等割額加入者１名の場合）（世帯限度額）

上記算式からx円を求めると　⇒　　**x 円　＝　8,896,943円**

③ **介護分の場合（限度額17万円）**

（**x 円**－　430,000円）　×　　1.99％　　＋　　16,200円　＝　170,000円

　　　（基準所得金額）　　　　　　　　　　　　（均等割額該当者１名の場合）（世帯限度額）

上記算式からx円を求めると　⇒　　**x 円　＝　8,158,644円**

　上記のとおり、保険料の限度額に達する総所得金額等は、保険料の３区分により異なります。限度額に達する最も高い総所得金額等は医療分の約890万円が目安となります。

　申告不要とすることができる選択可能所得を除き、前述の総所得金額等の額（東京都渋谷区の一人世帯では約890万円）を超える所得を有する者は保険料負担の限度額に達していますから、その申告又は申告不要の選択において国民健康保険の保険料負担を考慮する必要はないことになります。

●➡ **複数人の世帯の場合**

　世帯の中に国民健康保険の加入者（被保険者）が複数人いる場合の所得割及び均等割は、次の算式で求めます。

【算式】

・所得割　＝　加入者１名ごとの所得割（基準所得金額×料率）の合計額

・均等割　＝　均等割額　×　加入（該当）者の人数

　すなわち、加入（該当）者ごとに、①医療分、②支援金分及び③介護分の各保険料について計算し、その合計額がそれぞれの所得割になります。

　所得がなく（所得が基礎控除以下の場合を含む。）、被扶養者となっている者については、それぞれ均等割のみとなります。

　夫婦 2 名世帯のケースで、世帯の状況は、いずれも40歳以上65歳未満とし、世帯主の夫は所得あり（所得2,400万円以下）、被扶養者の妻は所得なしと仮定します。

　この場合の所得割の限度額とされる世帯主（夫）の総所得金額等の目安は、前頁の各保険料の算式における均等割額を、医療分90,000円（45,000円× 2 名）、支援金分30,200円（15,100円× 2 名）、介護分32,400円（16,200円× 2 名）とすることにより、それぞれ計算します。

　その結果、保険料の限度額に達する世帯主（夫）の総所得金額等は、①医療分が8,240,322円、②支援金分が8,272,976円、③介護分が7,344,574円となります。

　以上から、世帯主である夫の保険料の限度額に達する総所得金額等は、最も高い医療分の約827万円が目安となります。

　ここでは、東京都渋谷区を例に挙げましたが、国民健康保険料の計算方法は、各市区町村により異なりますから、それぞれの市区町村への確認が必要になります。

　東京23区及び全国主要都市の国民健康保険料の所得割の料率については、次の参考資料をご覧ください。

⇒ 資料 1 「国民健康保険制度の保険料率一覧（令和 5 年度）」（262頁参照）

■◆ 令和 6 年度の国民健康保険料の限度額

　令和 6 年度の国民健康保険料は、令和 5 年分の所得金額を基礎として計算されます。令和 5 年度の保険料の限度額は104万円（年齢40歳未満及び65歳以上75歳未満は87万円）でしたが、令和 6 年度の限度額は、支援金分保険料の限度額が 2 万円引き上げられ、次表のとおり106万円（年齢40歳未満及び65歳以上75歳未満は89万円）とされることが予定されています（令和 5 年10月27日の厚生労働省第169回社会保障審議会医療保険部会資料より）。

● 令和 6 年度の国民健康保険料の限度額 ●

区分	①医療分	②支援金分	③介護分	合計（①＋②＋③）
令和 5 年度	65万円	22万円	17万円	104万円（87万円）
令和 6 年度	変わらず	24万円	変わらず	106万円（89万円）

1 被保険者の区分と保険料の徴収方法

　介護保険の被保険者は、65歳以上の第1号被保険者と、40歳以上65歳未満の第2号被保険者に分けられます。第1号被保険者の保険料は年金からの徴収又は普通徴収とされ、第2号被保険者の保険料は健康保険料又は国民健康保険料と一体的に徴収されることは既に述べたとおりです。

2 第1号被保険者の保険料

　65歳以上の第1号被保険者の保険料は、前年の合計所得金額（介護保険法施行令39、地方税法292①十三）及びその属する世帯全員の課税状況等により、数段階の所得段階（標準は9段階、市区町村により異なる。）に区分された上で保険料が決定されるため（基準保険料×所得段階に応じた乗率）、選択可能所得につき所得税及び住民税で申告を選択すると、合計所得金額の増加により介護保険料が増加する場合があります。

　この場合の合計所得金額は、所得税と同様に①純損失、雑損失などの各種の繰越控除や②租税特別措置法の特別控除はいずれも適用前ですが（地方税法292①十三）、平成30年度以後は②の租税特別措置法の特別控除はその適用後に変更されているようです（市区町村に確認が必要）。

　　・介護保険の保険料…………合計所得金額（損失の繰越控除適用前）を基礎
　　・国民健康保険の保険料……総所得金額等（損失の繰越控除適用後）を基礎

3 所得金額の増加と保険料への影響

　厚生労働省が示す介護保険料負担における所得段階の基準は、年金収入等80万円以下の第1段階から合計所得320万円以上までの9段階とされていますが、自治体によりその所得階層区分は異なり、高所得者層について更に詳細な段階を設けている場合があります。しかし、選択可能所得につき申告を選択することにより増加する介護保険料は、国民健康保険料が増加する所得金額の12%程度であることと比べ影響は大きくありません。

　なお、令和5年11月6日に開催された厚生労働省社会保障審議会介護保険部会では、令和6年度以後、合計所得320万円以上の段階で介護保険料を増額（低所得者階層では減額）させる案が示されています。

190

4 後期高齢者医療制度のあらまし

　後期高齢者医療制度とは、75歳以上（一定の障害がある方で認定を受けた場合は65歳以上）の者を対象とする医療制度で、平成20年4月に創設されました。

　74歳までは、健康保険又は国民健康保険に加入しますが、75歳からは自動的にこの医療制度の加入者（被保険者）になります。

　①夫婦共に国民健康保険の加入者のケース、②夫が健康保険の加入者で妻が被扶養者のケースにおいて、夫が75歳になり後期高齢者医療制度に移行した場合、75歳未満の妻については、前者（①）は継続して国民健康保険の加入者ですが（手続不要）、後者（②）は国民健康保険などへの加入手続が必要になります。

✠ 後期高齢者医療保険の保険料

　保険料は、所得割と均等割の合計額となります。前述の国民健康保険に係る保険料が世帯ごとに計算され、世帯主が支払義務を負うのに対し、後期高齢者医療保険の保険料は、各人別に計算し、各人が支払義務を負う点が異なります。

　例えば、令和5年度の東京都の保険料（最高限度額66万円）は、次の算式により計算されます（基準所得金額は国民健康保険料と同じ。）。

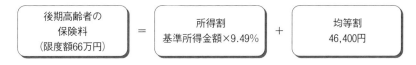

　令和5年度の保険料の最高限度額は全国共通（66万円）ですが、所得割の料率（全国平均は9.34%）及び均等割額（全国平均は47,777円）は都道府県ごとに異なります。保険料の最高限度額については、令和6年度は73万円に、令和7年度は80万円にそれぞれ引き上げられることが予定されています。

　また、所得が低い者については、均等割の軽減措置（7割軽減・5割軽減・2割軽減）が設けられています。

　後期高齢者医療保険の保険料及びその軽減制度の概要並びに令和6年度及び同7年度の保険料負担の見直しについては、次の参考資料をご覧ください。

　⇒ 資料2「後期高齢者医療の保険料について」（263頁参照）
　⇒ 資料3「後期高齢者の保険料負担の見直し（令和6・7年度）」（264頁参照）

　後期高齢者医療保険制度の適用者についても、選択可能所得につき所得税及び住民

V
所得税・住民税一体課税における課税方式の有利選択

税で申告を選択すると、保険料の限度額に達するまでの部分に係る増加所得金額に対し、その10%相当額の保険料が増加することとなります。

✠ 保険料の限度額とされる総所得金額等

　令和5年度の後期高齢者医療保険料の限度額は前述のとおり66万円であり、東京都の場合、その限度額に達する総所得金額等の目安は次のとおり約690万円になります。

● 保険料の限度額とされる総所得金額等（x円）の目安（東京都の場合）●

：総所得金額等は2,400万円以下と仮定

$$(\text{x 円} - 430{,}000\text{円}) \times 9.49\% + 46{,}400\text{円} = 660{,}000\text{円}$$

（基準所得金額）　　　（所得割の料率）　　（被保険者1名当たり）　　（限度額）

上記算式から x 円を求めると　⇒　　x 円　＝　6,895,754円

　選択可能所得を除き、前述の総所得金額等が690万円を超える所得を有する者は、保険料負担の限度額に達していますから、その選択において後期高齢者医療保険料の負担を考慮する必要はありません。

　なお、後期高齢者医療保険料の限度額は、前述のとおり引上げが予定されており、保険料率や均等割に変動がないと仮定すると、総所得金額等の限度額は、令和6年度が約764万円、令和7年度が約837万円になります。

　各都道府県の後期高齢者医療保険制度の所得割の料率及び均等割額については、次の参考資料をご覧ください。

⇒ 資料4「後期高齢者医療保険制度の保険料率等一覧（令和4・5年度)」（265頁参照）

参考 **後期高齢者医療保険料の軽減（東京都の場合）**

東京都における後期高齢者医療保険料の軽減制度の概要は、次のとおりです。

1　均等割の軽減

同一世帯の被保険者全員と世帯主の「総所得金額等を合計した額」に応じて、保険料の均等割が軽減されます。なお、「総所得金額等を合計した額」とは、前年の総所得金額及び山林所得金額並びに株式・長期（短期）譲渡所得金額等の合計額ですが、退職所得は除かれます。なお、均等割の軽減判定額である「総所得金額等を合計した額」の算定においては、事業専従者控除や青色事業専従者給与は控除せず（青色事業専従者が支払を受けた給与はないものとみなす。）、また、譲渡所得の特別控除は控除前とされています。

「総所得金額等を合計した額」が下記に該当する世帯	軽減割合
43万円 ＋（年金又は給与所得者の合計数－1）×10万円　以下	70%
43万円 ＋（年金又は給与所得者の合計数－1）×10万円 ＋28.5万円 ×（被保険者数）以下	50%
43万円 ＋（年金又は給与所得者の合計数－1）×10万円 ＋52万円 ×（被保険者数）以下	20%

(注)1　65歳以上の公的年金等に係る所得については、公的年金控除とは別に15万円（高齢者特別控除額）を差し引いた額で判定する。
　　2　世帯主が被保険者でなくても、世帯主の所得は軽減判定の対象に含まれる。
　　3　軽減判定は、当該年度の4月1日（年度途中に制度加入した場合は資格取得時）における世帯状況により行う。

2　所得割の軽減（東京都後期高齢者医療広域連合独自の軽減）

被保険者本人の「賦課のもととなる所得金額（基準所得金額）」をもとに所得割額が軽減されます。

賦課のもととなる所得金額（基準所得金額）	軽減割合
15万円以下	50%
20万円以下	25%

3　健康保険の被扶養者であった者の保険料の軽減

後期高齢者医療制度加入の前日まで健康保険（国民健康保険は除く。）の被扶養者だった者は、次表のとおり保険料が軽減されます。なお、上記1の均等割の軽減に該当する場合は、軽減割合の高い方が優先されます。

区　分	軽減割合等
均等割	50%軽減（加入から2年を経過する日まで）
所得割	賦課なし（当面の間はかからない）

③ 上場株式等の利子等・配当等に係る課税方式の有利選択

1 上場株式等の利子等・配当等の区分と課税方式の選択

　上場株式等の利子等・配当等で、その支払（交付）時に所得税等及び配当割が源泉（特別）徴収されるもの（住民税における「特定配当等」に該当）は申告不要とすることができますが、申告を選択する場合は、次表のとおり、①総合課税と申告分離課税のいずれかを選択できるもの、②申告分離課税のみとなるものの2区分に分けられます。

● 上場株式等の利子等・配当等の区分と課税方式 ●

区分		上場株式等の利子等・配当等の内容	申告を選択する場合の課税方式
配当等	特定上場株式等の配当等	① 金融商品市場に上場されている株式の配当、証券投資信託等の収益の分配（次のa〜eを含む。） a 特定株式投資信託の収益の分配 b 店頭売買登録銘柄として登録された株式（出資を含む。）の配当等 c 店頭管理銘柄株式（出資及び投資法人の投資口を含む。）の配当等 d 日本銀行出資証券の配当等 e 外国金融商品市場において売買されている株式等の配当又は収益の分配 ② 公募証券投資信託の収益の分配 （上記①aの特定株式投資信託及び公社債投資信託等を除く。） ③ 特定投資法人の投資口の配当等	総合課税 （配当所得） 又は 申告分離課税 （上場株式等に係る配当所得等）
	上記以外の配当等	④ 証券投資信託以外の公募投資信託（公社債等運用投資信託を除く。）の収益の分配 ⑤ 公募の特定受益証券発行信託の収益の分配（上場されている特定受益証券発行信託の収益の分配は上記①に該当） ⑥ 公募の特定目的信託の社債的受益権の剰余金の配当	申告分離課税 （上場株式等に係る配当所得等）
利子等		⑦ 特定公社債の利子 ⑧ 公募又は金融商品市場に上場されている公社債投資信託の収益の分配 ⑨ 公募の公社債等運用投資信託の収益の分配 ⑩ 国外一般公社債等以外の国外公社債等の利子等で、国内の支払の取扱者から交付を受けるもの	申告分離課税 （上場株式等に係る配当所得等）

　前記表のとおり、特定上場株式等の配当等（大口株主等が受けるものを除く。）（①〜

③）は、総合課税と申告分離課税のいずれかを選択できますが、特定上場株式等以外の上場株式等の配当等（④～⑥）及び特定公社債の利子など上場株式等の利子等（⑦～⑩）は、申告分離課税に限られます。

✠ 所属グループの確認

有利選択に当たっては、所得税及び住民税負担に加え、保険料負担を考慮する必要があるため、まずは所属グループの確認が必要です（183頁参照）。

A グループ（健康保険の加入者）は、所得税及び住民税負担を考慮して課税方式を選択し、**B グループ**（国民健康保険又は後期高齢者医療保険の加入者）は、所得税及び住民税負担に加え、保険料負担をも考慮して課税方式を選択します。

なお、Bグループでも、他の所得による所得金額が一定額以上あるため、保険料の額が限度額に達している場合は、Aグループとして課税方式を選択します。

2 特定上場株式等の配当等に係る有利選択

特定上場株式等の配当等については、**総合課税**、**申告分離課税**又は**申告不要**のいずれかを選択できます。

✠ 有利選択の考え方

特定上場株式等の配当等の支払（交付）を受ける際の源泉（特別）徴収税率は、所得税等（税率15.315％）及び配当割（税率5％）であり、申告分離課税（上場株式等に係る配当所得等の金額）に適用される税率と同じです。

したがって、特定上場株式等の配当等に係る有利選択は、上場株式等の譲渡損失との損益通算や前年以前から繰り越される譲渡損失の控除を選択する場合を除き、**総合課税による申告**と**申告不要**における**負担率の比較**になります。

なお、申告を選択した方が有利になる場合には、合計所得金額による制限措置に注意が必要です（213頁参照）。

✠ 保険料率を12％と仮定

有利選択に当たっては、**医療保険**（国民健康保険又は後期高齢者医療保険）の**保険料率**を把握しておく必要があります。保険料率は、前述のとおり地方公共団体により異なります。全国平均は、国民健康保険が12％超、後期高齢者医療保険が9.34％ですが、

以下の本章における試算では、保険料率は一律12％と仮定しています。

総合課税による負担率 （所得税等率＋住民税率＋保険料率12％）	> <	申告不要による負担率 20.315％（所得税等率＋住民税率）

✠ 配当控除割合の確認

　総合課税による負担率は、配当控除の適否で変わります（43頁参照）。適用できる配当等はその配当控除割合（次表参照）を事前に確認しておきます。

　事業所得、不動産所得などの損失金額と配当所得（配当控除適用対象）との損益通算により総所得金額が０円以下になっても配当控除の適用はありますが、控除額（配当所得の金額×控除割合）はその年分の所得税額の範囲内になります（所法92②）。

◉ 配当所得の内容と課税総所得金額等に応じた配当控除割合（再掲）◉

（単位：％）

税目等 の区分 配当所得 の内容	課税総所得金額等が 1,000万円以下の場合		課税総所得金額等が 1,000万円超の場合			
			1,000万円以下 の部分の金額		1,000万円超 の部分の金額	
	所得税	住民税	所得税	住民税	所得税	住民税
剰余金の配当、利益の配当、剰余金の分配、金銭の分配、特定株式投資信託の収益の分配	10.0	2.8	10.0	2.8	5.0	1.4
証券投資信託（特定株式投資信託及び一般外貨建等証券投資信託を除く。）^(注1)の収益の分配	5.0	1.4	5.0	1.4	2.5	0.7
一般外貨建等証券投資信託^(注2)の収益の分配	2.5	0.7	2.5	0.7	1.25	0.35

(注)1　非株式組入割合と外貨建資産割合のいずれもが50％以下のものが該当

　　2　非株式組入割合と外貨建資産割合のいずれもが50％超75％以下のものが該当

　配当控除割合は、前表のとおり**課税総所得金額等**（所得金額の合計額−所得控除の合計額）が1,000万円を超えると2分の1（10％のものは5％、5％のものは2.5％など）になります（所法92①、措法8の4③四ほか）。この場合の課税総所得金額等とは、総所得金額に係る課税総所得金額（下記①）に、下記②〜⑦の申告分離課税の各課税所得金額を加算した金額です。

課税総所得金額等
（①〜⑦の合計）

① 課税総所得金額

② 課税長期譲渡所得金額

③ 課税短期譲渡所得金額

④ 上場株式等に係る課税配当所得等の金額

⑤ 一般株式等に係る課税譲渡所得等の金額

⑥ 上場株式等に係る課税譲渡所得等の金額

⑦ 先物取引に係る課税雑所得等の金額

　したがって、特定上場株式等の配当等の有利選択に当たっては、適用される配当控除割合と申告分離課税を含めた**課税総所得金額等の確認**が必要になります。

【事例】課税総所得金額の区分と配当控除割合

　次の①〜③の所得があり、所得控除の合計額（④）が250万円である。配当所得の金額30万円（②）を総合課税とする際の「課税総所得金額（累進税率）の区分」と「配当控除割合」はどのようになるか。

> ① 給与所得の金額　870万円
>
> ② 配当所得の金額　30万円（上場会社の配当で総合課税を選択）
>
> ③ 上場株式等に係る譲渡所得等の金額　400万円
>
> ④ 所得控除の合計額　250万円

　課税標準は、「総所得金額」と「上場株式等に係る譲渡所得等の金額」となり、それぞれの課税総所得金額及び課税総所得金額等は次のとおりである。

・課税総所得金額＝［870万円（①）＋30万円（②）］−［250万円（④）］

　　　　　　　　＝650万円（⑤）（所得控除は、まず総所得金額から控除）

・上場株式等に係る課税譲渡所得等の金額＝400万円（③）

・課税総所得金額等＝650万円（⑤）＋400万円（③）

＝1,050万円（＞1,000万円）

　課税所得金額（累進税率）の区分は650万円（⑤）が含まれる330万円超695万円以下の所得税率20％区分となる。また、配当控除割合は、配当所得の30万円（②）が、下図のとおり課税総所得金額等1,050万円の最上部（1,000万円超の部分）に含まれるものとして、所得税5％・住民税1.4％の割合が適用される。

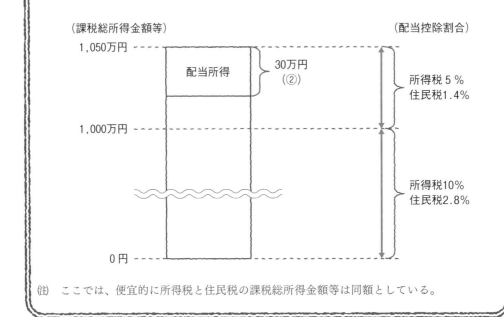

（注）　ここでは、便宜的に所得税と住民税の課税総所得金額等は同額としている。

　上記の事例のとおり、特定上場株式等の配当等を総合課税で申告する場合の**有利選択における課税所得金額の区分は総合課税による課税総所得金額の区分**で確認し、一方、**配当控除割合は申告分離課税の所得を含めた課税総所得金額等**で確認することになります。

　なお、上記の事例は、配当等が上場会社からの配当のみの場合ですが、配当控除割合が異なる複数の配当等を受けるケースが考えられます。

　例えば、配当控除割合が異なる3種類の配当等（A～C）及び配当控除の適用がない配当等（D）が次頁の表のとおりであるとすると、表下の図のとおり、課税総所得金額等の最上部を配当所得が構成するものとした上で、配当控除の適用がないもの（D）が配当所得の最下部となり、その上に配当控除割合の高いものから順に（A⇒

B⇒C）配当所得を構成するものとしてA～Cの配当控除割合が定まります。

区　分	適用される配当控除割合			
	課税総所得金額等 1,000以下の部分		課税総所得金額等 1,000超の部分	
	所得税	住民税	所得税	住民税
A　上場株式の配当	10%	2.8%	5 %	1.4%
B　証券投資信託の収益の分配	5 %	1.4%	2.5%	0.7%
C　証券投資信託の収益の分配	2.5%	0.7%	1.25%	0.35%
D　外国法人株式の配当	－	－	－	－

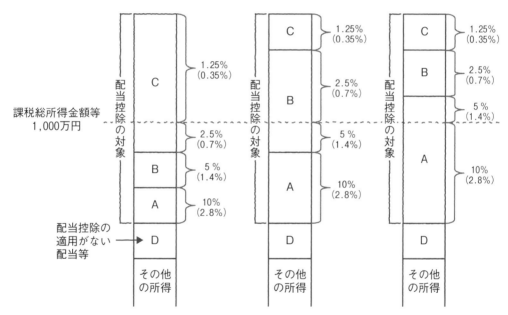

(注)　本書きは所得税、かっこ書きは住民税の配当控除割合を示す。

　適用される配当控除割合については上記のとおりとなりますが、以下においては、個々の配当等に係る配当控除割合別の有利選択について説明します。

✠ 配当控除割合別の有利選択

> （ケース１）配当控除割合（所得税10%、住民税2.8%）の配当等の場合

　ここでは、内国法人に係る上場株式の配当など、配当控除割合が最高（所得税10%、住民税2.8%）となるものについて説明します。

（１−１）　課税総所得金額等1,000万円以下の場合

　課税総所得金額の区分による負担率は次表のとおりとなります。判定の対象となる特定上場株式等の配当等が、課税総所得金額（総所得金額−所得控除の合計額）の各区分内に含まれ、かつ、他に総合課税で申告する配当等がないものとして作成しています。

　所得税と住民税では、所得控除額の違いにより課税総所得金額が異なること、また、

配当控除割合（所得税10%、住民税2.8%）の配当等における有利選択

（１−１）　課税総所得金額等1,000万円以下の場合

区　分	所得税等				住民税				保険料
	総合課税			申告不要	総合課税			申告不要	
	税率	配当控除	差引税率（復興税含む）	徴収税率	税率	配当控除	差引税率	徴収税率	料率
課税総所得金額の区分	①	②	③＝（①−②）×102.1%	④	⑤	⑥	⑦＝⑤−⑥	⑧	⑨
195万円以下	5%		0%						
195万円超　　330万円以下	10%		0%						
330万円超　　695万円以下	20%	10%	10.21%			2.8%	7.2%		
695万円超　　900万円以下	23%		13.273%	15.315%	10%			5%	12%
900万円超　　1,000万円以下	33%		23.483%						
1,000万円超　1,800万円以下	33%		28.588%						
1,800万円超　4,000万円以下	40%	5%	35.735%			1.4%	8.6%		
4,000万円超	45%		40.84%						

保険料は基準所得金額（総所得金額等－43万円）に料率を乗じるため、一応の目安となります（以下において同じ。）。

有利選択ですから負担率が低い方を選択します。下記の表では網かけ部分が低い負担率になります。

Ａグループは、特定上場株式等の配当等を含めた課税総所得金額（総所得金額－所得控除の合計額）が695万円以下であれば「総合課税を選択」、それが695万円超であれば「申告不要を選択」が有利です。

Ｂグループは、特定上場株式等の配当等を含めた課税総所得金額が330万円以下であれば「総合課税を選択」、それが330万円超であれば「申告不要を選択」が有利です。

なお、課税総所得金額の区分「330万円以下」では、申告不要と総合課税の差は1.115%（20.315%－19.2%）です。そのため、保険料率が13.115%（仮定の12%＋1.115%）より高い場合は「申告不要を選択」が有利になります。

（健康保険適用者）　　　（国民健康保険等適用者）

Ａ グループ 負担率		Ｂ グループ 負担率		区　分
総合課税を選択	申告不要を選択	総合課税を選択	申告不要を選択	
③＋⑦	④＋⑧	③＋⑦＋⑨	④＋⑧	課税総所得金額の区分
7.2%	20.315%	19.2%	20.315%	195万円以下
7.2%	20.315%	19.2%	20.315%	195万円超　　330万円以下
17.41%	20.315%	29.41%	20.315%	330万円超　　695万円以下
20.473%	20.315%	32.473%	20.315%	695万円超　　900万円以下
30.683%	20.315%	42.683%	20.315%	900万円超　　1,000万円以下
37.188%	20.315%	49.188%	20.315%	1,000万円超　　1,800万円以下
44.335%	20.315%	56.335%	20.315%	1,800万円超　　4,000万円以下
49.44%	20.315%	61.44%	20.315%	4,000万円超

（1－2） 課税総所得金額等が1,000万円超の場合

　配当控除は、課税総所得金額等が1,000万円を超えると控除割合が2分の1（所得税10%のものは5%、住民税2.8%のものは1.4%）になります。

　ここでは、総所得金額以外に申告分離課税の所得があり、課税総所得金額等（所得金額の合計額－所得控除の合計額）が1,000万円を超え、かつ、配当等の金額がその1,000万円超の部分となる場合の負担割合について説明します。

　有利選択は下記の表のとおりです。配当控除の欄はそれぞれ2分の1（所得税分（②）は5%、住民税分（⑥）は1.4%）となり、表側の「課税総所得金額の区分」は、当該配当等を含んだ総所得金額による区分（総所得金額－所得控除の合計額）になります。

配当控除割合（所得税10%、住民税2.8%）の配当等における有利選択

（1－2）　課税総所得金額等が1,000万円を超える場合

区　分	所得税等				住民税				保険料
	総合課税			申告不要	総合課税			申告不要	料率
	税率	配当控除	差引税率（復興税含む）	徴収税率	税率	配当控除	差引税率	徴収税率	
課税総所得金額の区分	①	②	③＝（①－②）×102.1%	④	⑤	⑥	⑦＝⑤－⑥	⑧	⑨
195万円以下	5%		0%						
195万円超　　330万円以下	10%		5.105%						
330万円超　　695万円以下	20%		15.315%						
695万円超　　900万円以下	23%	5%	18.378%	15.315%	10%	1.4%	8.6%	5%	12%
900万円超　1,800万円以下	33%		28.588%						
1,800万円超　4,000万円以下	40%		35.735%						
4,000万円超	45%		40.84%						

> 課税総所得金額等が1,000万円超につき、配当控除割合を2分の1としている。

(注)　所得税と住民税の課税所得金額は異なり、また、保険料率を乗じる基準所得金額も異なることから、負担割合は一応の目安である。

Aグループは、特定上場株式等の配当等を含めた課税総所得金額（総所得金額－所得控除の合計額）が330万円以下であれば「総合課税を選択」、それが330万円超であれば「申告不要を選択」が有利です。

Bグループは、課税総所得金額の多寡にかかわらず「申告不要を選択」が有利です。

なお、課税総所得金額の区分「195万円以下」では、総合課税と申告不要の差は0.285％（20.6％－20.315％）です。そのため、保険料率が11.715％（仮定の12％－0.285％）より低い場合（例えば、東京都の後期高齢者医療保険の所得割の保険料率は9.49％）は「総合課税を選択」が有利になります。

（健康保険適用者） Aグループ 負担率		（国民健康保険等適用者） Bグループ 負担率		区　分
総合課税を選択	申告不要を選択	総合課税を選択	申告不要を選択	
③＋⑦	④＋⑧	③＋⑦＋⑨	④＋⑧	課税総所得金額の区分
8.6%	20.315%	20.6%	20.315%	195万円以下
13.705%	20.315%	25.705%	20.315%	195万円超　330万円以下
23.915%	20.315%	35.915%	20.315%	330万円超　695万円以下
26.978%	20.315%	38.978%	20.315%	695万円超　900万円以下
37.188%	20.315%	49.188%	20.315%	900万円超　1,800万円以下
44.335%	20.315%	56.335%	20.315%	1,800万円超　4,000万円以下
49.44%	20.315%	61.44%	20.315%	4,000万円超

> （ケース2）配当控除割合（所得税5％、住民税1.4%）の配当等の場合

ここでは、公募株式投資信託のうち非株式割合や外貨建資産割合が50％以下のものなど、所得税5％・住民税1.4%の配当控除割合が適用されるものについて説明します。

（2－1）　課税総所得金額等が1,000万円以下の場合

有利選択は下表（2－1）のとおりです。

Ａグループは、特定上場株式等の配当等を含めた課税総所得金額（総所得金額－所得控除の合計額）が330万円以下であれば「総合課税を選択」、それが330万円超であれば「申告不要を選択」が有利です。

Ｂグループは、課税総所得金額の多寡にかかわらず「申告不要を選択」が有利です。

なお、課税総所得金額の区分「195万円以下」では、総合課税と申告不要の差は

配当控除割合（所得税5％、住民税1.4%）の配当等における有利選択

（2－1）　課税総所得金額等が1,000万円以下の場合

区　分	所得税等				住民税				保険料
	総合課税			申告不要	総合課税			申告不要	料率
	税率	配当控除	差引税率（復興税含む）	徴収税率	税率	配当控除	差引税率	徴収税率	
課税総所得金額の区分	①	②	③＝（①－②）×102.1%	④	⑤	⑥	⑦＝⑤－⑥	⑧	⑨
195万円以下	5%		0%						
195万円超　330万円以下	10%	5%	5.105%	15.315%	10%	1.4%	8.6%	5%	12%
330万円超　695万円以下	20%		15.315%						

(注)　課税総所得金額695万円超は記載を省略している（「いずれも申告不要」が有利）。

（2－2）　課税総所得金額等が1,000万円を超える場合

195万円以下	5％		2.5525%						
195万円超　330万円以下	10%	2.5%	7.6575%	15.315%	10%	0.7%	9.3%	5%	12%
330万円超　695万円以下	20%		17.8675%						

> 課税総所得金額等が1,000万円超につき、配当控除割合を2分の1としている。

(注)　課税総所得金額695万円超は記載を省略している（「いずれも申告不要」が有利）。

0.285%（20.6%－20.315%）です。そのため、保険料率が11.715%（仮定の12%－0.285%）より低い場合は「総合課税を選択」が有利になります。

（2－2）　課税総所得金額等が1,000万円超の場合

　総所得金額以外に申告分離課税の所得があり、課税総所得金額等（総所得金額＋申告分離課税の所得金額－所得控除の合計額）が1,000万円を超え、かつ、配当等の金額がその1,000万円超の部分となる場合の有利選択です。配当控除割合は所得税2.5%、住民税0.7%になります。

　有利選択は下表（2－2）のとおりとなり、有利選択は、前記（2－1）のケースと同様です。

　なお、Bグループの課税総所得金額の区分「195万円以下」では、総合課税と申告不要の差は3.5375%（23.8525%－20.315%）です。そのため、保険料率が8.4625%（仮定の12%－3.5375%）より低い場合は「総合課税を選択」が有利になります。

（健康保険適用者）		（国民健康保険等適用者）		
Aグループ 負担率		Bグループ 負担率		区　分
総合課税を選択	申告不要を選択	総合課税を選択	申告不要を選択	
③＋⑦	④＋⑧	③＋⑦＋⑨	④＋⑧	課税総所得金額の区分
8.6%	20.315%	20.6%	20.315%	195万円以下
13.705%	20.315%	25.705%	20.315%	195万円超　330万円以下
23.915%	20.315%	35.915%	20.315%	330万円超　695万円以下

（健康保険適用者）		（国民健康保険等適用者）		
11.8525%	20.315%	23.8525%	20.315%	195万円以下
16.9575%	20.315%	28.9575%	20.315%	195万円超　330万円以下
27.1675%	20.315%	39.1675%	20.315%	330万円超　695万円以下

　ここでは、「（ケース３）配当控除割合（所得税2.5%、住民税0.7%）が適用されるもの」及び「（ケース４）配当控除の適用がないもの」について説明します。有利選択は、下表（３－１）及び（４－１）のとおりです。

配当控除割合（所得税2.5%、住民税0.7%）の配当等における有利選択

（３－１）　課税総所得金額等が1,000万円以下の場合

区　分	所得税等				住民税				保険料
	総合課税			申告不要	総合課税			申告不要	料率
	税率	配当控除	差引税率（復興税含む）	徴収税率	税率	配当控除	差引税率	徴収税率	
課税総所得金額の区分	①	②	③＝（①－②）×102.1%	④	⑤	⑥	⑦＝⑤－⑥	⑧	⑨
195万円以下	5%		2.5525%						
195万円超　330万円以下	10%	2.5%	7.6575%	15.315%	10%	0.7%	9.3%	5%	12%
330万円超　695万円以下	20%		17.8675%						

(注)　課税総所得金額695万円超は記載を省略している（「いずれも申告不要」が有利）。

（４－１）　配当控除の適用がない場合

区　分	所得税等				住民税				保険料
	総合課税			申告不要	総合課税			申告不要	料率
	税率	配当控除	差引税率（復興税含む）	徴収税率	税率	配当控除	差引税率	徴収税率	
課税総所得金額の区分	①	②	③＝（①－②）×102.1%	④	⑤	⑥	⑦＝⑤－⑥	⑧	⑨
195万円以下	5%		5.105%						
195万円超　330万円以下	10%	0%	10.21%	15.315%	10%	0%	10%	5%	12%
330万円超　695万円以下	20%		20.42%						

(注)　課税総所得金額695万円超は記載を省略している（「いずれも申告不要」が有利）。

　いずれのケースでも、Aグループは、特定上場株式等の配当等を含めた課税総所得金額（総所得金額−所得控除の合計額）が330万円以下であれば「総合課税を選択」、それが330万円超であれば「申告不要を選択」が有利です。

　Bグループは、課税総所得金額の多寡にかかわらず「申告不要を選択」が有利です（（3−1）において、課税総所得金額の区分「195万円以下」では、前記（2−2）と同様、保険料率が8.4625％より低い場合は「総合課税を選択」が有利）。

（健康保険適用者）　　　（国民健康保険等適用者）

Aグループ 負担率		Bグループ 負担率		区　分
総合課税を選択	申告不要を選択	総合課税を選択	申告不要を選択	
③＋⑦	④＋⑧	③＋⑦＋⑨	④＋⑧	課税総所得金額の区分
11.8525%	20.315%	23.8525%	20.315%	195万円以下
16.9575%	20.315%	28.9575%	20.315%	195万円超　330万円以下
27.1675%	20.315%	39.1675%	20.315%	330万円超　695万円以下

（健康保険適用者）　　　（国民健康保険等適用者）

Aグループ 負担率		Bグループ 負担率		区　分
総合課税を選択	申告不要を選択	総合課税を選択	申告不要を選択	
③＋⑦	④＋⑧	③＋⑦＋⑨	④＋⑧	課税総所得金額の区分
15.105%	20.315%	27.105%	20.315%	195万円以下
20.21%	20.315%	32.21%	20.315%	195万円超　330万円以下
30.42%	20.315%	42.42%	20.315%	330万円超　695万円以下

✠ 特定上場株式等の配当等の総合課税による申告の有利選択

　（ケース１）から（ケース４）までの検討により、特定上場株式等の配当等の総合課税による申告の有利選択については、Ａグループは〔表Ⅰ〕に、Ｂグループは〔表Ⅱ〕に集約されます。

　なお、所得税と住民税の課税総所得金額は、所得控除額の差異により異なるため、あくまで一応の目安であり、また、「課税所得金額の区分」は、判定対象とする特定上場株式等の配当等を含めた金額です。

◉ 特定上場株式等の配当等の総合課税による申告の有利選択 ◉

〔表Ⅰ〕 Ａグループの場合

課税総所得金額の区分	配 当 控 除 割 合			
	所得税10(5)％ 住民税2.8(1.4)％	所得税5(2.5)％ 住民税1.4(0.7)％	所得税2.5(1.25)％ 住民税0.7(0.35)％	配当控除の適用なし
	日本株、特定株式投資信託（日本株ETF）	公募証券投資信託等（非株式割合と外貨建資産割合のいずれも50％以下のもの）	公募証券投資信託等（非株式割合と外貨建資産割合のいずれも50％超75％以下のもの）	公募証券投資信託等（非株式割合又は外貨建資産割合が75％超のもの） 外国法人から受ける配当、外国株価指数連動型特定株式投資信託の収益の分配、特定外貨建証券投資信託の収益の分配、J－REITなど投資法人から受ける配当等、上場されている特定受益証券発行信託の収益の分配など
195万円以下	総合課税 を選択	総合課税 を選択	総合課税 を選択	総合課税 を選択
195万円超 330万円以下	総合課税 を選択	総合課税 を選択	総合課税 を選択	総合課税 を選択
330万円超 695万円以下	課税総所得金額等＞1,000万円の場合は申告不要を選択	申告不要 を選択	申告不要 を選択	申告不要 を選択
695万円超	申告不要 を選択	申告不要 を選択	申告不要 を選択	申告不要 を選択

(注)　配当控除割合のカッコ書きは、課税総所得金額等が1,000万円超の場合の割合を示す。

〔表Ⅱ〕 Bグループの場合

① 課税総所得金額等が1,000万円以下の場合

課税総所得金額の区分	配当控除割合			配当控除の適用なし
	所得税10% 住民税2.8%	所得税5% 住民税1.4%	所得税2.5% 住民税0.7%	
	日本株、特定株式投資信託（日本株 ETF）	公募証券投資信託等（非株式割合と外貨建資産割合のいずれも50%以下のもの）	公募証券投資信託等（非株式割合と外貨建資産割合のいずれも50%超75%以下のもの）	公募証券投資信託等（非株式割合又は外貨建資産割合が75%超のもの）／外国法人から受ける配当、外国株価指数連動型特定株式投資信託の収益の分配、特定外貨建証券投資信託の収益の分配、J—REIT など投資法人から受ける配当等、上場されている特定受益証券発行信託の収益の分配など
195万円以下	総合課税を選択	保険料率<11.715%の場合は総合課税を選択	保険料率<8.4625%の場合は総合課税を選択	
195万円超 330万円以下	（保険料率>13.115%の場合は申告不要を選択）	申告不要を選択	申告不要を選択	申告不要を選択
330万円超	申告不要を選択			

② 課税総所得金額等が1,000万円超の場合

課税総所得金額の区分（申告分離課税の所得を除く）	配当控除割合			配当控除の適用なし
	所得税5% 住民税1.4%	所得税2.5% 住民税0.7%	所得税1.25% 住民税0.35%	
195万円以下	保険料率<11.715%の場合は総合課税を選択	保険料率<8.4625%の場合は総合課税を選択	申告不要を選択	申告不要を選択
195万円超	申告不要を選択	申告不要を選択		

3 総合課税を選択できない上場株式等の利子等・配当等に係る有利選択

上場株式等の利子等・配当等（いずれも住民税における「特定配当等」に該当）で、総合課税を選択できないものは、次表のとおりです。

● 総合課税を選択できない利子等・配当等（再掲）●

区分	上場株式等の利子等・配当等の内容	申告を選択する場合の課税方式
利子等	① 特定公社債の利子 ② 公募又は金融商品市場に上場されている公社債投資信託の収益の分配 ③ 公募の公社債等運用投資信託の収益の分配 ④ 国外一般公社債等以外の国外公社債等の利子等で国内の支払の取扱者から交付を受けるもの	申告分離課税（上場株式等に係る配当所得等）
配当等	① 証券投資信託以外の公募投資信託（公募公社債等運用投資信託を除く。）の収益の分配 ② 公募の特定受益証券発行信託の収益の分配 ③ 公募の特定目的信託の社債的受益権の剰余金の配当	

(注) 金融商品市場に上場されているものに係る配当等は総合課税（配当控除の適用なし。）を選択できる。

✠ 申告分離課税と申告不要の選択

上記の表の上場株式等の利子等・配当等（注書きに係るものを除く。）について申告する場合は、**申告分離課税**（上場株式等に係る配当所得等の金額）に限られ、適用される税率は、所得税等15.315％、所得割5％のため、源泉（特別）徴収税率と同率になります。

そのため、これら上場株式等の利子等・配当等については、上場株式等に係る譲渡損失と損益通算を行う場合、又は前年以前から繰り越されてくる上場株式等に係る譲渡損失の控除を行う場合を除き、申告不要を選択します（総合課税を選択できる特定上場株式等の配当等についても、損益通算を優先する場合には申告分離課税を選択する。）。

なお、申告又は申告不要の選択は、源泉徴収選択口座に受け入れたものを除き、1回の利子等・配当等の支払（交付）ごとに行います。

年間に受けるこれら上場株式等の利子等・配当等が複数あるような場合には、損益通算又は繰越控除される上場株式等に係る譲渡損失の金額に応じて、一部を申告分離課税で申告し、他は申告不要を選択することも考えられます。

✚ 保険料負担も踏まえた有利選択

　申告分離課税とする場合、**国民健康保険等が適用されるBグループ**は、保険料負担への影響を考慮する必要があります。上場株式等の譲渡損失との損益通算等を行ってプラスとなる場合には、保険料負担も踏まえた上で申告又は申告不要の選択を行います。その考え方は、次の❹で説明する「源泉徴収選択口座の譲渡益」と「他の口座の譲渡損失」との通算のケースと同様のため（「源泉徴収選択口座の譲渡益」を「申告分離課税の利子配当」と読み替える。）、ここでは省略しています。

4 源泉徴収選択口座の上場株式等の譲渡等に係る課税方式の有利選択

1 源泉徴収選択口座について申告を選択するケースとその効果

　源泉徴収選択口座の取引がプラス（譲渡益）の場合は、譲渡益に対して所得税等15.315％、株式等譲渡所得割5％の税率により源泉（特別）徴収が行われますが、その税率は申告分離課税の税率と同じです。

　そのため、譲渡益の源泉徴収選択口座につき申告を選択する主なケースとしては、次のものが考えられます。

① 他の口座（一般口座・特定口座）の上場株式等の譲渡等が譲渡損失であるため、確定申告をして譲渡損益の通算を行う。

② 前年以前から繰り越されてくる上場株式等の譲渡損失があるため、確定申告をしてその控除（繰越控除）を行う。

③ 源泉徴収選択口座の譲渡等が事業所得又は雑所得に該当し、別途計上する必要経費があるため、確定申告をしてその計上（控除）を行う。

　上記①～③に該当する場合において、源泉徴収選択口座の譲渡益の申告又は申告不要の選択は、その譲渡益と通算される譲渡損失（③の場合は別途計上する必要経費、以下同じ。）の多寡により、次に掲げる2区分に分かれます。

●◆ 「通算される譲渡損失」≧「源泉徴収選択口座の譲渡益」の場合

　通算される譲渡損失が源泉徴収選択口座の譲渡益以上の場合、同口座で徴収された税額は全て還付（控除）の対象になり、税負担が軽減され、かつ医療保険料の増加もないため、原則としてその源泉徴収選択口座の譲渡益について申告を選択します。

　申告の選択に当たり注意すべき点は、合計所得金額による制限です。当該金額は、その年に生じた所得のみでの算定するため、上記②のケースでは、合計所得金額が増加することになります。

　所得税（住民税）と贈与税の制度には合計所得金額による制限が設けられている
ものが多くあります。主な制度としては次表のものがあります。

● 合計所得金額による制限が設けられている主な措置 ●

	項　目	所得要件
所得税・住民税	控除対象配偶者・控除対象扶養親族	対象者の合計所得金額48万円以下
	寡婦控除・ひとり親控除	適用者の合計所得金額500万円以下
	配偶者（特別）控除	適用者の合計所得金額1,000万円以下
	住宅ローン控除(注)　下記以外	適用者の合計所得金額2,000万円以下
	床面積40㎡以上50㎡未満の特例住宅	適用者の合計所得金額1,000万円以下
贈与税	住宅取得資金贈与	受贈者の合計所得金額2,000万円以下
	教育資金（又は結婚・子育て資金）の一括贈与	受贈者の前年分の合計所得金額1,000万円以下

(注)　令和4～7年居住分に係るもの

　なお、令和6年度税制改正大綱で示された定額減税の特別控除は、合計所得金額
1,805万円以下とされています（所得税は令和6年分の所得、住民税は令和6年度分（令
和5年分）の所得）。

　また、年齢65歳以上の者の介護保険料の算定基礎は合計所得金額とされているため、
当該保険料に影響が生じる場合があります（190頁参照）。

■◆　「通算される譲渡損失」＜「源泉徴収選択口座の譲渡益」の場合

　通算される譲渡損失が源泉徴収選択口座の譲渡益未満の場合は、前記の合計所得
金額による制限に加え、Bグループの者（国民健康保険と後期高齢者医療保険の加入
者）は、基準所得金額（住民税における総所得金額等から基礎控除額を控除した残額）
の増加により医療保険料への影響が考えられます。

　譲渡損失等との通算により減少する税負担と増加する医療保険料を比べ、申告又
は申告不要の選択をします。

⋯⋯【POINT】⋯⋯⋯⋯⋯⋯⋯⋯⋯⋯⋯⋯⋯⋯⋯⋯⋯⋯⋯⋯⋯⋯⋯⋯⋯⋯⋯⋯⋯⋯⋯⋯
☞　合計所得金額による制限は、上場株式等の譲渡損失の繰越控除前の所得金額で判
　断しますが、医療保険料算定の基礎となる基準所得金額は、その繰越控除後の所得
　金額を基礎とします。

V

所得税・住民税一体課税における課税方式の有利選択

2 譲渡損失との通算のために源泉徴収選択口座を申告する場合の有利選択

　ここでは、源泉徴収選択口座以外で生じた上場株式等の譲渡損失との通算をするために源泉徴収選択口座（譲渡益が生じているものに限る。）を申告する場合の医療保険料負担を踏まえた有利選択について説明します。通算する譲渡損失より源泉徴収選択口座の譲渡益が大きいことにより所得金額が増加するケースです。Ａグループの場合は所得金額が増加しても医療保険料に影響しませんから、Ｂグループに限った内容になります。

■◆　「源泉徴収選択口座の譲渡益」と「他の口座の譲渡損」の通算（Ｂグループ）

　源泉徴収選択口座の譲渡益については税率20.315％（所得税等と株式等譲渡所得割の合計）で税額が徴収されます。この税率は申告分離課税の税率（所得税等・所得割）と同じです。そのため、他の口座の譲渡損失と通算するため源泉徴収選択口座について申告を選択すると、通算される損失額に20.315％を乗じた税額の税負担が減少します。

　一方、通算後に増加する所得金額（譲渡益）に対して保険料負担が生じます。一般には、増加する所得金額に保険料の料率（以下において12％と仮定）を乗じた金額になります。

　そのため有利選択は、「譲渡損失の通算により減少する税額（所得税・住民税）」と「通算後の所得金額の増加により増加する保険料の額」との比較になります。

　次頁の算式で「①税額（所得税・住民税）の減少額」＞「②保険料の増加額」であれば、源泉徴収選択口座の譲渡益について申告を選択して、譲渡損失との通算をします。

　反対に「①税額（所得税・住民税）の減少額」≦「②保険料の増加額」であれば、源泉徴収選択口座の譲渡益は申告不要とし、他の口座の譲渡損失について翌年以降への繰越しのための申告を行います。なお、上場株式等に係る配当所得等の金額があれば、まずは他の口座の譲渡損失との損益通算を検討しますが、この場合も損益通算後の所得がプラスとなるときは、医療保険料への影響を踏まえる必要があります。

【算式】

① 税額（所得税・住民税）の減少額 ＝ 通算される譲渡損失の金額 × 20.315%

② 保険料の増加額 ＝ 譲渡損益の通算で増加する所得金額 × 12% 保険料率（12%と仮定）

【POINT】

☞ 「通算される譲渡損失により減少する税負担額＝（A）」、「増加所得により増加する医療保険料負担額＝（B）」とした場合（Bグループ）

・（A）＞（B）の場合は、譲渡損益を通算する申告

・（A）≦（B）の場合は、他の口座の譲渡損失を繰り越す申告

●◆ 「源泉徴収選択口座の譲渡益」と「他の口座の譲渡損失」の通算事例

　次表は、源泉徴収選択口座の譲渡益が400万円から100万円まで100万円ごとの区分（アからエの①欄）、通算する他の口座の譲渡損失をいずれも100万円（③欄）とした場合で、源泉徴収選択口座について譲渡損失との通算のため申告を選択した場合の負担の増減額（⑧欄）を示したものです。

（単位：円）

区　分		ア	イ	ウ	エ
源泉徴収選択口座	① 譲渡益	4,000,000	3,000,000	**2,000,000**	1,000,000
	② 徴収税額（①×20.315%）	812,600	609,450	**406,300**	203,150
他の口座	③ 譲渡損失	△1,000,000			
④ 通算後の譲渡益（①＋③）（所得の増加額）		3,000,000	2,000,000	**1,000,000**	0
税・保険料負担額	⑤ 所得税・住民税（④×20.315%）	609,450	406,300	**203,150**	0
	⑥ 保険料の増加額（④×12%（仮定））	360,000	240,000	**120,000**	0
	⑦ 小計（⑤＋⑥）	969,450	646,300	**323,150**	0
⑧ 申告選択による負担の増減額（⑦－②）		＋156,850	＋36,850	**△83,150**	△203,150
有利選択		申告不要を選択（確定申告で譲渡損失（③欄）を繰り越す申告を行う。）		申告を選択（確定申告で譲渡損失（③欄）を通算する申告を行う。）	

上記表では、「ア」と「イ」は負担額（⑧欄）が増加するため源泉徴収選択口座について申告不要を選択し、「ウ」と「エ」は負担額（⑧欄）が減少しますから申告を選択します。

　ただし、申告を選択した方が有利と思われても通算後の所得金額が増加する場合は、確定申告の際に、前述の合計所得金額による制限への影響を確認しておく必要があります（上記表の「ウ」は、通算後の譲渡益（所得金額）が100万円増加する（④欄）。）。

　なお、源泉徴収選択口座に利子等・配当等を受け入れている場合で、口座内での譲渡損失と利子配当の損益通算後がプラスになる場合（利子配当＞譲渡損失）で、他の口座の譲渡損失との通算を行う場合の有利選択も同様です（口座内で利子配当との損益通算が行われている源泉徴収選択口座について申告を選択する場合は譲渡等と利子配当のいずれも申告する必要あり。）。

VI

課税方式の有利選択による事例解説

【事例の概要と前提条件】

　上場株式等に係る所得の課税方式については、令和4年度の税制改正により令和5年分の所得から**所得税・住民税の課税方式を一致**させることとなりました。そのため、所得税の確定申告において住民税や保険料の負担を踏まえた上で課税方式を選択することになります。選択に当たっては、国外所得についての二重課税の調整や譲渡所得の特例等を踏まえた判断が必要となるものもあります。

　本章では、上場株式等に係る所得の課税方式の選択並びに申告時に検討を要する各種制度に関する事例を掲げています。なお、参考として、所得税確定申告書の「住民税に関する事項」欄の表記についての説明も加えています。

　事例の検討に当たっての前提条件は次のとおりです。

1　上場株式等に係る所得の申告により増加する保険料を計算する場合の保険料の所得割の料率について、国民健康保険は12%、後期高齢者医療保険は10%と仮定している。
2　所得税、住民税及び保険料負担による有利選択であり、他の要素（医療費の窓口負担割合など）については考慮していない。
3　各事例に記載している前提条件のもとでの有利選択としている。

　事例の概要は以下のとおりです。

事例❶・❷　上場株式等の配当等の総合課税選択 ……………………220頁、224頁

　特定上場株式等の配当等で一般口座で受けるものは、1回に支払を受けるべき金額ごとに申告（総合課税又は申告分離課税）又は申告不要の選択ができます。総合課税選択に当たっては、課税総所得金額の多寡、配当控除割合及び保険料負担を踏まえて判断します。

事例❸　「利子配当受入れ源泉徴収選択口座」の課税方式の選択 ……227頁

　利子配当の受入れがある源泉徴収選択口座は、譲渡等が譲渡益の場合と譲渡損失の場合で、申告、申告不要の選択方法が異なります。譲渡損失の場合は、受け入れた利子配当との損益通算が行われるため、申告をする場合は損益通算前の状態に戻す点に注意が必要です。なお、特定上場株式等の配当等を受け入れているときは、総合課税選択の検討も必要になります。

Ⅵ

課税方式の有利選択による事例解説

1 上場株式等の配当等の総合課税選択（その1）

【支払を受けた上場株式等の配当等】 　　　　　　　　　　　　　　　　（単位：円）

区　分		金　額	源泉徴収税額	配当割額	配当控除割合	
			（所得税）	（住民税）	所得税	住民税
① A社株式の配当（上場株式）	中間配当	300,000	45,945	15,000	10%	2.8%
	期末配当	400,000	61,260	20,000		
② B証券投資信託（公募）の収益の分配（非株式割合・外貨建資産割合いずれも50%以下）		185,000	28,332	9,250	5%	1.4%
上場株式等の配当等　合計		885,000	135,537	44,250	－	－

【上場株式等の配当等以外の所得・所得控除・課税総所得金額】 　　　　（単位：円）

区　分		[ケース1]	[ケース2]
③ 上場株式等の配当等以外の総合課税の所得金額		6,868,200	8,468,200
④ 所得控除の合計額		1,450,000	
課税総所得金額（千円未満切捨て）	⑤ 上場株式等の配当等を除く（③－④）	5,418,000	7,018,000
	⑥ 全ての上場株式等の配当等を含む（①＋②＋③－④）	6,303,000	7,903,000

（前提条件）

上場株式等の配当等以外の事実は次のとおり。

・給与所得者（健康保険加入者）

・課税総所得金額（上記表の［ケース1］及び［ケース2］のとおり。）

・下記の上場株式等の配当等以外に配当所得はなく、株式等に係る譲渡所得等もない。

・前年から繰り越されてくる各種損失はない（該当年の配当申告の有利選択）。

（上場株式等の配当等について）

B証券投資信託の計算期間は1年（②欄）

A社株式及びB証券投資信託の受益権はいずれも一般口座で保管

（検討内容と方向性）

　A社株式は上場されており、B証券投資信託の受益権は公募によるものですから、これらの配当等は特定上場株式等の配当等に該当します。一般口座で保管していますから申告又は申告不要の選択は、1回に支払を受けるべき配当等ごとに行うことができます。

　上場株式等の譲渡損失との損益通算、前年以前から繰り越されてくる譲渡損失の繰越控除を行うのであれば申告分離課税も選択肢になりますが、前提条件よりそれらに該当しないため、総合課税と申告不要の有利選択になります。

　健康保険加入者（Aグループ）に係る特定上場株式等の配当等（措法8の4②）の総合課税申告による有利選択は次表のとおりです。課税総所得金額と配当控除割合等に応じ選択します。

● 特定上場株式等の配当等の総合課税による申告の有利選択 ［Aグループ］ ●

課税総所得金額の区分	配 当 控 除 割 合			
	所得税10(5)% 住民税2.8(1.4)%	所得税5(2.5)% 住民税1.4(0.7)%	所得税2.5(1.25)% 住民税0.7(0.35)%	配当控除の適用なし
	日本株、特定株式投資信託（日本株ETF）	公募証券投資信託等（非株式割合と外貨建資産割合のいずれも50%以下のもの）	公募証券投資信託等（非株式割合と外貨建資産割合のいずれも50%超75%以下のもの）	公募証券投資信託等（非株式割合又は外貨建資産割合が75％超のもの） 外国法人から受ける配当、外国株価指数連動型特定株式投資信託の収益の分配、特定外貨建証券投資信託の収益の分配、J－REITなど投資法人から受ける配当等、上場されている特定受益証券発行信託の収益の分配など
195万円以下	総合課税 を選択	総合課税 を選択	総合課税 を選択	総合課税 を選択
195万円超 330万円以下				
330万円超 695万円以下	課税総所得金額等＞1,000万円の場合は申告不要を選択	申告不要 を選択	申告不要 を選択	申告不要 を選択
695万円超	申告不要 を選択			

(注)1　所得税と住民税の課税総所得金額は所得控除額の違いにより異なるため、一応の目安である。特定上場株式等の配当等を含めた金額である。

　　2　配当控除割合のカッコ書きは、申告分離課税の所得を含めた課税総所得金額等が1,000万円超の場合である。

［ケース１］

　全ての上場株式等の配当等（合計885,000円）を含む課税総所得金額（⑥欄）は6,303,000円ですから、上記表の課税総所得金額330万円超695万円以下の区分になります。所得税の配当控除割合10％のＡ社株式の中間配当及び期末配当は、総合課税を選択するのが有利です。一方、所得税の配当控除割合５％のＢ証券投資信託の収益の分配は、申告不要を選択するのが有利です。

　以上により、課税方式の選択は次表のとおりとなります。

区　分		課税方式の選択
Ａ社株式の配当 （上場株式）	中間配当	総合課税
	期末配当	総合課税
Ｂ証券投資信託の収益の分配		申告不要

（課税総所得金額）

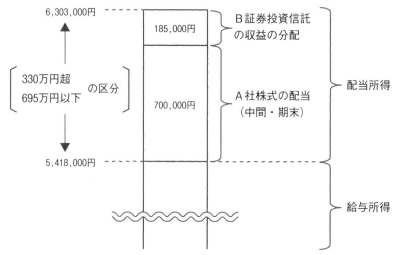

─〔考え方〕─

　課税総所得金額の最上部を配当所得が構成するものとし、配当控除割合の低いＢ証券投資信託の収益の分配が配当所得の最上部を構成するとして判定する。

（確定申告書の第二表の住民税に関する事項）

　Ａ社株式の配当を申告しますから、同株式の中間配当の配当割額15,000円と期末配当の配当割額20,000円の合計額35,000円を「配当割額控除額」欄に記入します。

○　住民税・事業税に関する事項

住民税	非上場株式の 少額配当等	非居住者 の特例	配当割額 控除額	株式等譲渡 所得割控除額	給与、公的年金等以外の 所得に係る住民税の徴収方法		都道府県、市区町村 への寄附 （特例控除対象）	共同募金、日赤 その他の寄附	都道府県 条例指定寄附	市区町村 条例指定寄附
					特別徴収	自分で納付				
	円		35,000 円	円	○	○	円	円	円	円

[ケース２]

全ての上場株式等の配当等（合計885,000円）を含む課税総所得金額（⑥欄）は7,903,000円です。課税総所得金額695万円超の区分になりますから、全ての配当等について申告不要とするのが有利です。

以上により、課税方式の選択は次表のとおりとなります。

区　分		課税方式の選択
A 社株式の配当 （上場株式）	中間配当	申告不要
	期末配当	申告不要
B 証券投資信託の収益の分配		申告不要

（確定申告書の第二表の住民税に関する事項）

配当等の全てを申告不要としますから、「配当割額控除額」欄は空欄になります。

○ 住民税・事業税に関する事項

住民税	非上場株式の 少額配当等	非居住者 の特例	配当割額 控除額	株式等譲渡 所得割額控除額	給与、公的年金等以外の 所得に係る住民税の徴収方法		都道府県、市区町村 への寄附 （特例控除対象）	共同募金、日赤 その他の寄附	都道府県 条例指定寄附	市区町村 条例指定寄附
					特別徴収	自分で納付				
	円	円	円	円	○	○	円	円	円	円

　　　　　　　　　　　　━ 記入しない。

❷ 上場株式等の配当等の総合課税選択（その2）

【支払を受けた上場株式等の配当等】　　　　　　　　　　　　　　　　　　　　　　　　（単位：円）

区　　　分	金　　額	源泉徴収税額 (所得税)	配当割額 (住民税)	配当控除割合 所得税	配当控除割合 住民税
①　C社株式の配当（上場株式）	150,000	22,972	7,500	10%	2.8%
②　J－REIT（上場投資法人の投資口）の配当等	300,000	45,945	15,000	―	―
上場株式等の配当等　合計	450,000	68,917	22,500	―	―

【上場株式等の配当等以外の所得・所得控除・課税総所得金額】　　　　　　　　　　　（単位：円）

区　　　分		金　　額
③　上場株式等の配当等以外の総合課税の所得金額		4,320,000
④　所得控除の合計額		1,520,000
課税総所得金額（千円未満切捨て）	⑤　上場株式等の配当等を除く（③－④）	2,800,000
	⑥　全ての上場株式等の配当等を含む（①＋②＋③－④）	3,250,000

（前提条件）

　上場株式等の配当等以外の事実は次のとおり。

・個人事業者（国民健康保険加入者）

・課税総所得金額（上記表のとおり。）

・下記の上場株式等の配当等以外に配当所得はなく、株式等に係る譲渡所得等もない。

・前年から繰り越されてくる各種損失はない（該当年の配当申告の有利選択）。

（上場株式等の配当等について）

　C社株式及びJ-REITはいずれも一般口座で保管

（検討内容と方向性）

　Ｃ社株式及びＪ－ＲＥＩＴはいずれも上場されていますから、その配当等は特定上場株式等の配当等に該当し、総合課税、申告分離課税、申告不要のいずれかを選択できます。

　上場株式等の譲渡損失との損益通算、前年以前から繰り越されてくる譲渡損失の繰越控除を行うのであれば申告分離課税も選択肢になりますが、前提条件よりそれらに該当しないため、総合課税と申告不要の有利選択になります。

　国民健康保険加入者（Ｂグループ）に係る特定上場株式等の配当等の総合課税申告による有利選択は次表のとおりです。なお、Ｊ－ＲＥＩＴの配当等は「配当控除なし」欄により判断します。

● 特定上場株式等の配当等の総合課税による申告の有利選択［Ｂグループ］ ●

課税総所得金額の区分	配 当 控 除 割 合			
	所得税10% 住民税2.8%	所得税5% 住民税1.4%	所得税2.5% 住民税0.7%	配当控除の適用なし
	日本株、特定株式投資信託（日本株 ETF）	公募証券投資信託等（非株式割合と外貨建資産割合のいずれも50%以下のもの）	公募証券投資信託等（非株式割合と外貨建資産割合のいずれも50%超75%以下のもの）	公募証券投資信託等（非株式割合又は外貨建資産割合が75％超のもの） 外国法人から受ける配当、外国株価指数連動型特定株式投資信託の収益の分配、特定外貨建証券投資信託の収益の分配、J－REIT など投資法人から受ける配当等、上場されている特定受益証券発行信託の収益の分配など
195万円以下	総合課税を選択 （保険料率＞13.115%の場合は申告不要を選択）	保険料率＜11.715％の場合は総合課税を選択	保険料率＜8.4625％の場合は総合課税を選択	申告不要を選択
195万円超330万円以下		申告不要を選択	申告不要を選択	
330万円超	申告不要を選択			

㊟　所得税と住民税の課税総所得金額は所得控除額の違いにより異なるため、一応の目安である。特定上場株式等の配当等を含めた金額である。

Ｊ－ＲＥＩＴの配当等は、課税総所得金額の多寡にかかわらず申告不要とするのが有利です。

　Ｃ社株式の配当を含む課税総所得金額は2,950,000円です（①欄＋⑤欄）。課税総所得金額は330万円以下ですから、Ｃ社株式の配当については総合課税とするのが有利です。ただし、保険料率が13.115％を超えると申告不要が有利になります（所得税と住民税の負担割合は、総合課税7.2％、申告不要20.315％のため、保険料率が13.115％（20.315％－7.2％）を超えると申告不要が有利になる。）。

　以上により、課税方式の選択は次表のとおりとなります。

区　分	課税方式の選択
Ｃ社株式（上場株式）の配当	総合課税（保険料率13.115％超は申告不要）
Ｊ－ＲＥＩＴの配当等	申告不要

（課税総所得金額）

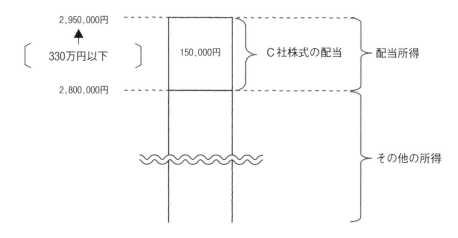

―（考え方）―
　　課税総所得金額の最上部を配当所得が構成するものとして判定する。J-RIETの配当等は、課税総所得金額の区分にかかわらず申告不要とするため課税総所得金額を構成しない。

（確定申告書の第二表の住民税に関する事項）

　Ｃ社株式の配当を申告しますから、その配当割額7,500円を「配当割額控除額」欄に記入します。

○ 住民税・事業税に関する事項

住民税	非上場株式の少額配当等	非居住者の特例	配当割額控除額	株式等譲渡所得割額控除額	給与、公的年金等以外の所得に係る住民税の徴収方法		都道府県、市区町村への寄附（特例控除対象）	共同募金、日赤その他の寄附	都道府県条例指定寄附	市区町村条例指定寄附
					特別徴収	自分で納付				
	円	円	円 7,500	円	○	○	円	円	円	円

❸ 「利子配当受入れ源泉徴収選択口座」の課税方式の選択

【利子配当受入れ源泉徴収選択口座】　　　　　　　　　　　　　　　（単位：円）

（譲渡に係る年間取引損益及び源泉徴収税額等）	源泉徴収税額（所得税）	1,294,117	株式等譲渡所得割額（住民税）	422,500	外国所得税の額	
譲渡区分	① 譲渡対価の額（収入金額）		② 取得費及び譲渡に要した費用の額等		③ 差引金額（譲渡所得等の金額）（①－②）	
上場分	20,604,000		12,154,000		8,450,000	
特定信用分					0	
合　　計	20,604,000		12,154,000		8,450,000	

（配当等の額及び源泉徴収税額等）

	種　　類	配当等の額	源泉徴収税額（所得税）	配当割額（住民税）	特別分配金の額	上場株式配当等控除額	外国所得税の額
特定上場株式等の配当等	④ 株式、出資又は基金	280,000	42,882	14,000			
	⑤ 特定株式投資信託		0	0			
	⑥ 投資信託又は特定受益証券発行信託（⑤、⑦及び⑧以外）		0	0			
	⑦ オープン型証券投資信託		0	0			
	⑧ 国外株式又は国外投資信託等		0	0			0
	⑨ 合計（④＋⑤＋⑥＋⑦＋⑧）	280,000	42,882	14,000	0	0	0
上記以外のもの	⑩ 公社債	70,000	10,720	3,500			
	⑪ 社債的受益権		0	0			
	⑫ 投資信託又は特定受益証券発行信託（⑬及び⑭以外）		0	0			
	⑬ オープン型証券投資信託		0	0			
	⑭ 国外公社債等又は国外投資信託等		0	0			0
	⑮ 合計（⑩＋⑪＋⑫＋⑬＋⑭）	70,000	10,720	3,500	0	0	0

VI

課税方式の有利選択による事例解説

227

⑯	譲渡損失の額			
⑰	差引金額 （⑨＋⑮－⑯）	350,000		
⑱	納付税額		53,602	17,500
⑲	還付税額 （⑨＋⑮－⑱）		0	0

（前提条件）

「利子配当受入れ源泉徴収選択口座」以外の事実は次のとおり。

・年金受給者（後期高齢者医療保険加入者）

	区　分	金　額
①	不動産所得の金額	△880,450円
②	雑所得の金額（公的年金）	940,000円
③	総所得金額（①＋②）	59,550円
④	所得控除の合計額	617,530円

・下記の口座以外に配当所得及び株式等に係る譲渡所得等はない。

・前年から繰り越されてくる各種損失はない（該当年分での有利判定）。

（利子配当受入れ源泉徴収選択口座の状況）

譲渡所得等はプラス（譲渡益）　8,450,000円（③欄）

上場株式等の配当等　280,000円（④欄）、社債の利子（⑩欄）　70,000円

（検討内容と方向性）

　この利子配当受入れ源泉徴収選択口座における譲渡等は845万円の譲渡益であり、受け入れた利子配当との損益通算は行われていませんから、譲渡等は申告不要とします（所得金額の合計額から控除しきれない所得控除額を譲渡益から控除できる場合があるとしても、本事例では、それにより減少する税額に比し、後期高齢者医療保険料の増加額の方が大きいことは明らか。）。

　なお、利子配当については、次のいずれかの選択となります。

　ア　全て申告不要とする。

　イ　全て申告する。

　前提条件より、総所得金額は不動産所得の損失に基因して59,550円であり所得控除の合計額以下ですから、上場株式の配当280,000円（④欄）については、総合課税を選

択して源泉（特別）徴収された税額の還付（控除）を受けることが考えられます。

上場株式の配当を総合課税で申告した場合、利子配当の一部のみを申告することはできませんから、社債の利子70,000円（⑩欄）は申告分離課税（上場株式等に係る配当所得等の金額）とする必要があります。

このようにした場合の総所得金額等は次表のとおりになります。

区　分	所得金額
①　配当所得の金額（上場株式の配当）	280,000円
②　不動産所得の金額	△880,450円
③　雑所得の金額（公的年金）	940,000円
④　総所得金額（①＋②＋③）	339,550円
⑤　上場株式等に係る配当所得等の金額	70,000円
総所得金額等（④＋⑤）	409,550円

後期高齢者医療保険加入者のため利子配当を申告することにより総所得金額等は増加しますが、保険料算定の基礎となる基準所得金額（総所得金額等409,550円－住民税の基礎控除額430,000円）は△20,450円ですから、保険料に影響はありません。

また、総所得金額等の409,550円は所得控除の合計額（617,530円（前提条件④））以下ですから、利子配当で徴収された税額は全て還付（又は控除）となります。

以上により、課税方式の選択は次表のとおりになります。

区　分		課税方式の選択
利子配当受入れ源泉徴収選択口座	譲渡所得等	申告不要
	上場株式の配当	総合課税
	公社債の利子	申告分離課税

（確定申告書の第二表の住民税に関する事項）

利子配当に係る配当割額の合計額17,500円を「配当割額控除額」欄に記入します。譲渡等は申告不要としますから、「株式等譲渡所得割額控除額」欄は空欄になります。

○ 住民税・事業税に関する事項

住民税	非上場株式の少額配当等	非居住者の特例	配当割額控除額	株式等譲渡所得割額控除額	給与、公的年金等以外の所得に係る住民税の徴収方法（特別徴収／自分で納付）	都道府県、市区町村への寄附（特例控除対象）	共同募金、日赤その他の寄附	都道府県条例指定寄附	市区町村条例指定寄附
	円	円	17,500 円	円	○			円	円

記入しない。

229

4 「源泉徴収選択口座」間の譲渡損益の通算

【A　源泉徴収選択口座】　　　　　　　　　　　　　　　　　　　　　　　（単位：円）

（譲渡に係る年間取引損益及び源泉徴収税額等）	源泉徴収税額		株式等譲渡所得割額		外国所得税の額	
	（所得税）		（住民税）			
譲渡区分	① 譲渡対価の額		② 取得費及び譲渡に要した費用の額等		③ 差引金額（譲渡所得等の金額）	
	（収入金額）				（①－②）	
上場分	3,502,000		4,530,000		△1,028,000	
特定信用分					0	
合　　計	3,502,000		4,530,000		△1,028,000	

【B　源泉徴収選択口座】　　　　　　　　　　　　　　　　　　　　　　　（単位：円）

（譲渡に係る年間取引損益及び源泉徴収税額等）	源泉徴収税額	795,119	株式等譲渡所得割額	259,588	外国所得税の額	
	（所得税）		（住民税）			
譲渡区分	① 譲渡対価の額		② 取得費及び譲渡に要した費用の額等		③ 差引金額（譲渡所得等の金額）	
	（収入金額）				（①－②）	
上場分	8,654,300		3,462,530		5,191,770	
特定信用分					0	
合　　計	8,654,300		3,462,530		5,191,770	

（前提条件）

　「源泉徴収選択口座」以外の事実は次のとおり。

　・年金所得者（後期高齢者医療保険加入者）

　・課税総所得金額（総所得金額－所得控除の合計額）　2,423,000円

　・配当所得はなく、下記の口座以外に株式等に係る譲渡所得等はない。

　・前年から繰り越されてくる各種損失はない（該当年分での有利判定）。

（源泉徴収選択口座の状況）

　A口座

　　上場株式等の譲渡損失　△1,028,000円（A口座③欄）

　B口座

　　上場株式等の譲渡益　5,191,770円（B口座③欄）

（検討内容と方向性）

　２つの口座を申告すると譲渡損益の通算（所得内通算）が行われ、Ｂ口座で徴収された税額のうち通算される損失額△1,028,000円（Ａ口座③欄）に対する税額が還付（控除）されます。

　一方、本事例は、後期高齢者医療保険加入者ですから、住民税の総所得金額等の増加により保険料が増加することが考えられます。

　そのため、税負担の軽減額と保険料負担の増加額を比較します。

　譲渡損益の通算（所得内通算）が行われ、通算される損失額△1,028,000円に対する税額が還付（控除）されます。

① 　通算される損失額に対する所得税・住民税の変動額

　　△1,028,000円　×　20.315%（所得税等と住民税の合計税率）　＝　△208,838円（負担減）

　一方、通算後は総所得金額等が4,163,770円（5,191,770円（Ｂ口座③欄）−1,028,000円）増加するため、後期高齢者医療保険の保険料が増額します。

② 　後期高齢者医療保険の保険料の増額（保険料率を10%と仮定）

　　4,163,770円　×　10%（保険料率）　＝　416,377円（負担増）

　負担変動額は、次のとおりです。

③ 　負担変動額

　　（①＋②）　＝　207,539円（負担増）

　以上により、次表のとおり譲渡益のＢ口座を申告不要とし、Ａ口座のみを申告して同口座の譲渡損失を翌年に繰り越します。

区　分		課税方式の選択
Ａ　源泉徴収選択口座	譲渡所得等	申告分離課税
Ｂ　源泉徴収選択口座	譲渡所得等	申告不要

（確定申告書の第二表の住民税に関する事項）

　特別徴収税額があるＢ口座は申告不要としますから、「株式等譲渡所得割額控除額」欄は空欄になります。

○ 住民税・事業税に関する事項

住民税	非上場株式の少額配当等	非居住者の特例	配当割額控除額	株式等譲渡所得割額控除額	給与、公的年金等以外の所得に係る住民税の徴収方法		都道府県、市区町村への寄附（特例控除対象）	共同募金、日赤その他の寄附	都道府県条例指定寄附	市区町村条例指定寄附
					特別徴収	自分で納付				
	円	円	円		◯	◯	円	円	円	円

記入しない。

231

5 「源泉徴収選択口座」と「利子配当受入れ源泉徴収選択口座」の譲渡損益の通算

【A　源泉徴収選択口座】　　　　　　　　　　　　　　　　　　　　　（単位：円）

（譲渡に係る年間取引損益及び源泉徴収税額等）	源泉徴収税額 （所得税）		株式等譲渡所得割額 （住民税）		外国所得税の額	
譲渡区分	① 譲渡対価の額 （収入金額）		② 取得費及び譲渡に要した費用の額等		③ 差引金額（譲渡所得等の金額） （①－②）	
上場分	13,200,000		13,750,000		△550,000	
特定信用分					0	
合　　計	13,200,000		13,750,000		△550,000	

【B　利子配当受入れ源泉徴収選択口座】　　　　　　　　　　　　　　（単位：円）

（譲渡に係る年間取引損益及び源泉徴収税額等）	源泉徴収税額 （所得税）	30,630	株式等譲渡所得割額 （住民税）	10,000	外国所得税の額	
譲渡区分	① 譲渡対価の額 （収入金額）		② 取得費及び譲渡に要した費用の額等		③ 差引金額（譲渡所得等の金額） （①－②）	
上場分	42,000,000		41,800,000		200,000	
特定信用分					0	
合　　計	42,000,000		41,800,000		200,000	

（配当等の額及び源泉徴収税額等）

	種　　　類	配当等の額	源泉徴収税額 （所得税）	配当割額 （住民税）	特別分配金の額	上場株式配当等控除額	外国所得税の額
特定上場株式等の配当等	④ 株式、出資又は基金	400,000	61,260	20,000			
	⑤ 特定株式投資信託		0	0			
	⑥ 投資信託又は特定受益証券発行信託（⑤、⑦及び⑧以外）		0	0			
	⑦ オープン型証券投資信託		0	0			
	⑧ 国外株式又は国外投資信託等		0	0			0
	⑨ 合計 （④＋⑤＋⑥＋⑦＋⑧）	400,000	61,260	20,000	0	0	0
上記以外のもの	⑩ 公社債	500,000	76,575	25,000			
	⑪ 社債的受益権		0	0			
	⑫ 投資信託又は特定受益証券発行信託（⑬及び⑭以外）		0	0			
	⑬ オープン型証券投資信託		0	0			

⑭	国外公社債等又は国外投資信託等		0	0			
⑮	合計 (⑩+⑪+⑫+⑬+⑭)	500,000	76,575	25,000	0	0	0
⑯	譲渡損失の額						
⑰	差引金額 (⑨+⑮-⑯)	900,000					
⑱	納付税額		137,835	45,000			
⑲	還付税額 (⑨+⑮-⑱)		0	0			

（前提条件）

「（利子配当受入れ）源泉徴収選択口座」以外の事実は次のとおり。

・個人事業者（国民健康保険加入者）

・課税総所得金額（総所得金額－所得控除の合計額） 2,650,000円

・下記の口座以外に配当所得及び株式等に係る譲渡所得等はない。

・前年から繰り越されてくる各種損失はない（該当年分での有利判定）。

（源泉徴収選択口座の状況）

A口座

　上場株式等の譲渡損失　△550,000円（A口座③欄）

（利子配当受入れ源泉徴収選択口座の状況）

B口座

　上場株式等の譲渡益　200,000円（B口座③欄）

　上場株式の配当（配当控除割合　所得税10％）　400,000円（B口座④欄）

　社債の利子　500,000円（B口座⑩欄）

（検討内容と方向性）

　A口座の譲渡損失とB口座の譲渡益の通算及び利子配当との損益通算により、B口座において徴収された税額の一部還付（控除）を受けることができます。また、B口座は譲渡益であるため、受け入れた利子配当との損益通算は行われていません。そのため、B口座については、次のいずれかの選択となります。

　ア　全て（譲渡等及び利子配当）申告不要とする。

　イ　譲渡等について申告し、利子配当について申告不要とする。

　ウ　利子配当について申告し、譲渡等について申告不要とする。

　エ　全て（譲渡等及び利子配当）申告する。

本事例においては、次の方法が考えられます。

[保険料を増加させない課税方式の選択]

　イ（B口座の譲渡益は申告し、利子配当は申告不要）を選択し、A口座の譲渡損失（△550,000円）とB口座の譲渡益（200,000円）を通算し、通算しきれない損失（350,000円）は翌年以降に繰り越すことが考えられます。

[税負担の減少を優先させる課税方式の選択]

　ウ（B口座の利子配当は申告し、譲渡益は申告不要）を選択した上で、次の2方法が考えられます。

①　B口座の利子配当（合計900,000円）は全て申告分離課税を選択し、A口座の譲渡損失（△550,000円）と損益通算する。

②　B口座の上場株式の配当（400,000円）は総合課税を選択し、申告分離課税の社債の利子（500,000円）はA口座の譲渡損失（△550,000円）と損益通算し、通算しきれない損失（50,000円）は翌年以降に繰り越す。

のいずれかの選択となります。。

　なお、エ（B口座の譲渡益及び利子配当を全て申告）の選択もありますが、上記①又は②に比べ所得金額が200,000円増加するため、保険料負担の面で不利となることは明らかです。

　以上により課税方式の有利選択の検討は次のとおりです。

[保険料を増加させない課税方式の選択]

　譲渡損益の通算が行われ、通算される損失額△200,000円に対する税負担が減少します。なお、所得金額の増加はないため保険料負担に変動はありません。

　・通算される損失額に対する所得税・住民税の変動額

　△200,000円　×　20.315％（所得税と住民税の合計税率）＝　△40,630円（負担減）

[税負担の減少を優先させる課税方式の選択（①）]

　譲渡損益の通算が行われ、申告分離課税とした利子配当（900,000円）との損益通算により、通算される損失額△550,000円に対する税負担が減少します。

　・通算される損失額に対する所得税・住民税の変動額

△550,000円 × 20.315%（所得税と住民税の合計税率）＝ △111,732円（負担減）

一方、所得金額の増加により保険料負担が増加します。

・国民健康保険の保険料の増加額（保険料率を12%と仮定）

350,000円（注）× 12% ＝ 42,000円（負担増）

(注) △550,000円（譲渡損失）＋400,000円（配当）＋500,000円（利子）

・以上による負担変動額

△111,732円 ＋ 42,000円 ＝ △69,732円（負担減）

［税負担の減少を優先させる課税方式の選択（②）］

譲渡損益の通算が行われ、申告分離課税とした利子（500,000円）の損益通算により、通算される損失額△500,000円に対する税負担が減少します。

・通算される損失額に対する所得税・住民税の変動額

△500,000円 × 20.315%（所得税と住民税の合計税率）＝ △101,575円（負担減）

また、上場株式の配当を総合課税とすることにより、税負担率が20.315%から7.2%に下がります。

・上場株式の配当を総合課税とすることによる税負担の変動額

400,000円 × （7.2%（注）−20.315%）＝ △52,460円（負担減）

(注) 課税総所得金額3,050,000円（前提条件2,650,000円＋400,000円）の場合の総合課税による税負担割合（課税総所得金額195万円超330万円以下）は、所得税0%、住民税7.2%になる。

一方、総合課税とした配当所得に係る40万円の所得金額の増加により保険料負担が増加します。

・国民健康保険の保険料の増加額

400,000円 × 12% ＝ 48,000円（負担増）

・以上による負担変動額

△101,575円 ＋ △52,460円 ＋ 48,000円 ＝ △106,035円（負担減）

3種類の課税方式の選択による負担変動額は次表のとおりになり、「税負担の減少を優先させる課税方式の選択（②）」が最も有利になります。

区分		課税方式の選択	負担変動額
保険料を増加させない課税方式の選択		A口座の譲渡損失はB口座の譲渡益と通算（B口座の利子配当は申告不要）	△40,630円（負担減）
税負担の減少を優先させる課税方式の選択	①	A口座の譲渡損失はB口座の利子配当と損益通算（B口座の譲渡益は申告不要）	△69,732円（負担減）
	②	A口座の譲渡損失はB口座の利子と損益通算し、配当は総合課税を選択（B口座の譲渡益は申告不要）	△106,035円（負担減）

以上により、課税方式の選択は次表のとおりとなります。

区　分			課税方法の選択
A　源泉徴収選択口座		譲渡所得等	申告分離課税
B　利子配当受入れ源泉徴収選択口座		譲渡所得等	申告不要
	利子配当	上場株式の配当	総合課税
		社債の利子	申告分離課税

（確定申告書の第二表の住民税に関する事項）

　B口座の利子配当に係る配当割額の合計額45,000円を「配当割控除額」欄に記入します。B口座の譲渡益は申告不要としますから、「株式等譲渡所得割額」欄は空欄になります。

○ 住民税・事業税に関する事項

住民税	非上場株式の少額配当等	非居住者の特例	配当割額控除額	株式等譲渡所得割額控除額	給与、公的年金等以外の所得に係る住民税の徴収方法		都道府県、市区町村への寄附（特例控除対象）	共同募金、日赤その他の寄附	都道府県条例指定寄附	市区町村条例指定寄附
					特別徴収	自分で納付				
	円	円	45,000	円	◯	◯	円	円	円	円

記入しない。

6 譲渡損失の繰越控除と「源泉徴収選択口座」の申告

【前年分以前から繰り越される上場株式等の譲渡損失の状況】（単位：円）

3年前分（令和2年）の譲渡損失の繰越額	△250,200
2年前分（令和3年）の譲渡損失の繰越額	—
前年分（令和4年）の譲渡損失の繰越額	△2,135,000
繰越額の合計額	△2,385,200

【A　源泉徴収選択口座】　　　　　　　　　　　　　　　　　　　　　　（単位：円）

（譲渡に係る年間取引損益及び源泉徴収税額等）	源泉徴収税額（所得税）	602,798	株式等譲渡所得割額（住民税）	196,800	外国所得税の額	
譲渡区分	① 譲渡対価の額（収入金額）		② 取得費及び譲渡に要した費用の額等		③ 差引金額（譲渡所得等の金額）（①－②）	
上場分	43,852,000		39,916,000		3,936,000	
特定信用分					0	
合　　計	43,852,000		39,916,000		3,936,000	

【B　源泉徴収選択口座】　　　　　　　　　　　　　　　　　　　　　　（単位：円）

（譲渡に係る年間取引損益及び源泉徴収税額等）	源泉徴収税額（所得税）	278,273	株式等譲渡所得割額（住民税）	90,850	外国所得税の額	
譲渡区分	① 譲渡対価の額（収入金額）		② 取得費及び譲渡に要した費用の額等		③ 差引金額（譲渡所得等の金額）（①－②）	
上場分	14,154,000		12,337,000		1,817,000	
特定信用分					0	
合　　計	14,154,000		12,337,000		1,817,000	

「源泉徴収選択口座」以外の事実は次のとおり。

・個人事業者（国民健康保険加入者）

・課税総所得金額（総所得金額－所得控除の合計額）　3,185,000円

・配当所得はなく、下記の口座以外に株式等に係る譲渡所得等はない。

・前年以前から繰り越されてくる上場株式等の譲渡損失　△2,385,200円

（源泉徴収選択口座の状況）

　Ａ口座

　　上場株式等の譲渡益　3,936,000円（Ａ口座③欄）

　Ｂ口座

　　上場株式等の譲渡益　1,817,000円（Ｂ口座③欄）

（検討内容と方向性）

　Ａ口座の譲渡益3,936,000円から繰越損失の合計額△2,385,200円を控除することにより、Ａ口座で源泉徴収された税額の一部が還付（控除）されます。この場合、総所得金額等の増加により保険料が増加することが考えられます。

　一方、譲渡益1,817,000円のＢ口座のみ申告し、控除しきれない繰越損失額を翌年以後へ繰り越す方法も考えられます。

　したがって、次のいずれかの選択となります。

　ア　Ａ口座のみ申告する。

　イ　Ｂ口座のみ申告する。

［Ａ口座のみ申告するケース］

　Ａ口座の譲渡益から繰越損失額△2,385,200円が控除され税額が還付（控除）されます。

①　繰越控除額に対する税額の変動額

　　△2,385,200円　×　20.315％（所得税と住民税の合計税率）　＝　△484,553円（負担減）

　一方、繰越控除後は総所得金額等が1,550,800円（3,936,000円－2,385,200円）増加するため、国民健康保険の保険料が増額します。

②　国民健康保険の保険料の増額（保険料率を12％と仮定）

　　1,550,800円　×　12％（保険料率）　＝　186,096円（負担増）

以上による負担変動額は、次のとおりです。

③　負担変動額

　　（①＋②）＝　△298,457円（負担減）

［Ｂ口座のみ申告するケース］

繰越損失額△2,385,200円のうちＢ口座の譲渡益までの金額△1,817,000円に対する税額が還付（控除）されます。なお、総所得金額等の増加はないため、保険料への影響はありません。

④　繰越控除額に対する税額の変動額（負担変動額）

　　△1,817,000円　×　20.315％（所得税と住民税の合計税率）＝　△369,123円（負担減）

［有利判定］

③　△298,457円（負担減）　＞　④　△369,123円（負担減）

以上により、Ｂ口座のみ申告し、令和4年分の繰越損失額△2,135,000円のうち控除しきれない損失額△568,200円は翌年以降へ繰り越します。

この結果、課税方式の選択は次表のとおりとなります。

区　分		課税方式の選択
Ａ　源泉徴収選択口座	譲渡所得等	申告不要
Ｂ　源泉徴収選択口座	譲渡所得等	申告分離課税

（確定申告書の第二表の住民税に関する事項）

Ｂ口座のみ申告しますから、同口座の株式等譲渡所得割額90,850円を「株式等譲渡所得割額控除額」欄に記入します。

○ 住民税・事業税に関する事項

住民税	非上場株式の少額配当等	非居住者の特例	配当割額控除額	株式等譲渡所得割額控除額	給与、公的年金等以外の所得に係る住民税の徴収方法		都道府県、市区町村への寄附（特例控除対象）	共同募金、日赤その他の寄附	都道府県条例指定寄附	市区町村条例指定寄附
					特別徴収	自分で納付				
	円	円	円	90,850 円	○	○	円	円	円	円

7 外国法人株式の配当と譲渡損失の損益通算

【源泉徴収選択口座】 (単位：円)

（譲渡に係る年間取引損益及び源泉徴収税額等）	源泉徴収税額 （所得税）	347,757	株式等譲渡所得割額 （住民税）	113,535	外国所得税の額	
譲渡区分		① 譲渡対価の額 （収入金額）		② 取得費及び譲渡に要した費用の額等		③ 差引金額（譲渡所得等の金額） （①－②）
	上場分	38,525,000		36,254,300		2,270,700
	特定信用分					0
	合　　計	38,525,000		36,254,300		2,270,700

【一般口座（国外金融機関）】
（上場株式等の譲渡等の状況） (単位：円)

	譲渡した株式等	譲渡対価の額	取得費・譲渡費用	差引金額	備　考
④	G社（外国法人）の株式	14,325,000	19,580,000	△5,255,000	G社株式は外国金融商品市場で売買されている。

（上場株式等の配当等の状況） (単位：円)

	区　分	金　額	源泉徴収税額	配当割額	外国所得税	配当控除割合
⑤	G社（外国法人）株式の配当	800,000	－	－	80,000	－

(注)　④及び⑤の金額は、いずれも外貨を邦貨に換算（譲渡対価は TTB、取得費は TTS、配当は TTM）したものである。

（前提条件）

「源泉徴収選択口座」及び「一般口座」以外の事実は次のとおり。

・法人役員（健康保険加入者）

・給与所得の金額　30,280,000円

・所得控除の合計額　2,015,000円

・下記の口座以外に配当所得及び株式等に係る譲渡所得等はない。

・前年から繰り越されてくる各種損失はない（該当年分で有利判定）。

（源泉徴収選択口座の状況）

上場株式等の譲渡益　2,270,700円（Ａ口座③欄）

（一般口座の状況）

・国外に所在する金融機関の一般口座

・Ｇ社（外国法人）株式の配当の受取り（800,000円（⑤欄）及び譲渡（譲渡損失△5,255,000円（④欄）は、国外の金融機関で行った。外貨による配当及び譲渡代金は、いずれもその金融機関に預け入れたままであり、円転していない。

（検討内容と方向性）

　Ｇ社（外国法人）株式は、備考欄に記載のとおり外国金融商品市場で売買が行われていますから、上場株式等に該当します（措通37の11②一、措令25の9②二）。

　その配当800,000円は、源泉（特別）徴収が行われないため申告が必要です。外国法人から受けた配当で、特定上場株式等の配当等に該当するため、総合課税（配当控除の適用なし。）又は申告分離課税のいずれかの選択になります。

　なお、外貨による配当及び譲渡代金は、円転しておらず、他の外貨建資産の取得もしていないため、為替差損益は実現していません。

［譲渡所得の申告について］

　Ｇ社株式の譲渡損失△5,255,000円は、上場株式等に係るものであるため、確定申告において源泉徴収選択口座の譲渡益2,270,700円と通算すると、通算しきれない損失△2,984,300円が生じます（上場株式等の譲渡損失）。

［損益通算及び譲渡損失の繰越控除について］

　上場株式等の譲渡損失は、その譲渡が我が国の金融商品取引業者に対する売委託で生じたものなどその譲渡が"一定の譲渡等"（措法37の12の2②）に該当すると、上場株式等に係る配当所得等の金額と損益通算することができ、また、通算しきれない損

失は翌年以後3年間にわたり繰り越すことができます。

　しかし、本事例の通算しきれない譲渡損失△2,984,300円は、G社株式を国外の金融機関を通じて譲渡したことにより生じたものであり、その譲渡は「一定の譲渡等」に該当しません。そのため、この譲渡損失は、上場株式等に係る配当所得等の金額との損益通算や譲渡損失の繰越控除の対象にならず、生じなかったものとみなされます（措法37の11①）。

　なお、国外の金融機関への売委託により生じた譲渡損失の金額など、一定の譲渡等に該当しない取引に係る金額は、「株式等に係る譲渡所得等の金額の計算明細書」の「1　所得金額の計算」の各欄に括弧書（内書）で記載します。

[配当等の申告について]

　G社株式の配当の課税方式については、適用される税率で判断します。総合課税で適用される所得税等と住民税の合計税率50.84％（課税総所得金額1,800万円超4,000万円以下の区分）は、申告分離課税の合計税率20.315％より高率のため、申告分離課税を選択します。

[外国税額控除]

　G社株式の配当は、外国法人から受ける配当であり国外源泉所得に該当します（所法95④七）。外国所得税80,000円が差し引かれていますので、外国税額控除の適用を検討します。

　所得税の控除限度額を算定する場合の分子となる「その年分の調整国外所得金額」は、国外源泉所得の合計額であり、国外源泉に係る所得のみについて所得税を課するものとした場合に課税標準となるべき金額とされ（所法95①、所令221の2、221の6）、その算定は我が国の所得税法、租税特別措置法等により行います。

　外国法人株式の一般的な譲渡等による所得は、国外源泉所得以外の所得とされますから、「その年分の調整国外所得金額」は、G社株式の配当による800,000円となります。

　これにより、外国税額控除の明細書（居住者用）の「3　所得税及び復興特別所得税の控除限度額の計算」の③欄及び④欄の金額は、次のとおりとなります。

3 所得税及び復興特別所得税の控除限度額の計算

所　得　税　額	①	×,×××,××× 円
復興特別所得税額	②	×××,×××
所　得　総　額	③	31,080,000
調整国外所得金額	④	800,000
所得税の控除限度額（①×$\frac{④}{③}$）	⑤	×××,×××
復興特別所得税の控除限度額（②×$\frac{④}{③}$）	⑥	×,×××

30,280,000 円＋800,000 円
（給与所得）　（G社株式配当）

G社株式配当

以上により、課税方式の選択は次表のとおりとなります。

区　分		課税方式の選択
源泉徴収選択口座	譲渡所得等	申告分離課税
一般口座（国外金融機関）	G社（外国法人）株式の譲渡	申告分離課税
	G社（外国法人）株式の配当	申告分離課税

（確定申告書の第二表の住民税に関する事項）

源泉徴収選択口座の株式等譲渡所得割額113,535円を「株式等譲渡所得割額控除額」欄に記入します。

○ 住民税・事業税に関する事項

住民税	非上場株式の少額配当等	非居住者の特例	配当割額控除額	株式等譲渡所得割額控除額	給与、公的年金等以外の所得に係る住民税の徴収方法 特別徴収	自分で納付	都道府県、市区町村への寄附（特例控除対象）	共同募金、日赤その他の寄附	都道府県条例指定寄附	市区町村条例指定寄附
	円	円	円	113,535 円	◯	◯	円	円	円	円

相続取得の上場株式等の譲渡と相続税額の取得費加算

【源泉徴収選択口座】　　　　　　　　　　　　　　　　　　　　　　　　　（単位：円）

（譲渡に係る年間取引損益及び源泉徴収税額等）		源泉徴収税額 (所得税)		株式等譲渡所得割額 (住民税)		外国所得税の額	
譲渡区分		① 譲渡対価の額 (収入金額)		② 取得費及び譲渡に要した費用の額等		③ 差引金額（譲渡所得等の金額） (①－②)	
上場分		9,234,500		11,378,400		△2,143,900	
特定信用分						0	
合　　計		9,234,500		11,378,400		△2,143,900	

上記源泉徴収選択口座の「譲渡の対価の支払状況」欄

（譲渡の対価の支払状況）						
種　類	銘　柄	株（口）数又は額面金額	譲渡の対価の額	取得費及び譲渡費用の額等	差引金額（差損益金額）	譲渡年月日
株式	Ａ社	100	2,756,300	1,352,000	1,404,300	令5.5.25
株式	甲社	100	4,010,000	8,203,200	△4,193,200	令5.8.4
株式	Ｂ社	100	2,468,200	1,823,200	645,000	令5.8.10
合　　計			9,234,500	11,378,400	△2,143,900	

（前提条件）

　令和元年9月20日に開始した相続で取得したＡ社株式とＢ社株式を源泉徴収選択口座に受け入れ、これらの株式を譲渡した。

　相続税申告に関する事項は、次のとおり。

相続税申告	申告期限 令和2年7月20日（申告書提出日 令和2年7月16日）
	Ａ社株式100株に対応する相続税額　1,120,300円
	Ｂ社株式100株に対応する相続税額　982,400円

　上場株式等の譲渡による所得は、営利を目的として継続的に行われているものには該当しない。

　この源泉徴収選択口座以外に配当所得及び株式等に係る譲渡所得等はない。

（検討内容と方向性）

　この源泉徴収選択口座の譲渡等は損失ですから、一般には、他の上場株式に係る所得があれば（損益）通算を行うための申告をしますし、それがなければ譲渡損失を繰り越すための申告を行います（申告分離課税）。

　本事例の場合は、まずは特定口座年間取引報告書の「譲渡対価の支払状況」欄により相続等で取得した株式等の銘柄ごとの譲渡損益を確認し、それが譲渡益の場合は、相続税額の取得費加算の特例（以下「本件特例」という。）の適用を確認した上で、譲渡損失の繰越控除の申告をします。

　相続税の納税額があり、かつ、相続で取得したＡ社株式とＢ社株式はいずれも譲渡益が生じています。そのため、本件特例の適用期間内（相続開始のあった日の翌日から相続税の申告期限以後３年を経過する日までの間）の譲渡であれば、それぞれの株式に係る相続税額をそれぞれの譲渡益の範囲内で取得費に加算することができます。

　前提条件より相続の開始日は令和元年９月20日で、相続税の申告期限は令和２年７月20日とされています。本件特例の対象譲渡は、相続開始のあった日の翌日から相続税の申告期限の翌日以後３年を経過する日（令和５年７月20日）までの間（以下「特例適用期間内」という。）に行うことが要件になります（措法39①）。本事例の場合、Ａ社株式の譲渡は特例適用期間内に行われていますが、Ｂ社株式の譲渡は令和５年８月10日のためその期間の経過後です。

　したがって、Ａ社株式の譲渡に限り、相続税の取得費加算の特例の適用を受けることができます。

　相続税申告におけるＡ社株式に対応する相続税額は1,120,300円（前提条件）ですから、同株式に係る譲渡所得の金額は、次表のとおり284,000円となります。

（単位：円）

①譲渡対価の額	②取得費及び譲渡費用の額等	③差引金額（①－②）	④相続税額の取得費加算額	譲渡所得の金額（③－④）
2,756,300	1,352,000	1,404,300	1,120,300	284,000

⒡　相続税額の取得費加算額は、差引金額（③）が限度額になる。

　以上により、上場株式等の譲渡損失は、Ａ社株式の取得費に1,120,300円が加算されたため次表のとおり△3,264,200円となり、他に通算対象となる所得はありませんから、この譲渡損失を翌年以降に繰り越す申告を行います。

種類	銘柄	①譲渡対価の額	②取得費及び譲渡費用の額等	③差引金額（①－②）	④相続税額の取得費加算額	譲渡所得の金額（③－④）
株式	Ａ社	2,756,300	1,352,000	1,404,300	1,120,300	284,000
株式	甲社	4,010,000	8,203,200	△4,193,200	－	△4,193,200
株式	Ｂ社	2,468,200	1,823,200	645,000	－	645,000
合 計		9,234,500	11,378,400	△2,143,900	1,120,300	△3,264,200

　相続税額の取得費加算の適用を受けるためには、次頁の「相続財産の取得費に加算される相続税の計算明細書」（相続税の申告で贈与税額控除又は相次相続控除を受けている場合は、計算明細書の「２欄」及び「３欄」の記入が必要）の作成・添付が必要です。

相続財産の取得費に加算される相続税の計算明細書

○ この特例明細書の記載に当たっては、相続財産を相続税の申告期限から3年以内に譲渡した場合に適用されます。特例の内容についての詳細は、税務署にお尋ねください。

○ なお、この特例は、明細書の記載に当たっては、相続財産を相続税の申告期限から3年以内に譲渡した場合に適用されます。特例の内容についての詳細は、税務署にお尋ねください。

譲 渡 者	住所		氏名	
被 相 続 人	住所		氏名	
相続の開始があった日	元年9月20日	相続税の申告書を提出した日	2年7月16日	相続税の申告書の提出先 ○○税務署

○ 平成二十七年一月一日以後相続開始用

1 譲渡した相続財産の取得費に加算される相続税額の計算

譲渡した相続財産	所 在 地	○○証券特定口座		
	種 類	上場株式		
	利用状況 数 量	100 株		
	譲渡した年月日	5年5月25日	年 月 日	年 月 日
	相続税評価額 ⓐ 裏面の計算が必要となる場合がありますので、ご注意ください。	x,xxx,xxx 円	円	円
	相続税の課税価格 ⓑ 相続税の申告書第1表の①+②+⑤の金額を記載してください。	×××,×××,××× 円		
	相 続 税 額 ⓒ 相続税の申告書第1表の㉒の金額を記載してください。ただし、贈与税額控除又は相次相続控除を受けている方は、下の2又は3で計算した①又は⑤の金額を記載してください。	×××,×××,××× 円		
	取得費に加算される相続税額 ⓓ (ⓒ×ⓐ/ⓑ)	1,120,300 円	円	円

【贈与税額控除又は相次相続控除を受けている場合のⓒの相続税額】

2 相続税の申告書第1表の㉒の小計の額がある場合

暦年課税分の贈与税額控除額（相続税の申告書第1表の⑫の金額）	ⓔ	円
相次相続控除額（相続税の申告書第1表の⑱の金額）	ⓕ	円
相続時精算課税分の贈与税額控除額（相続税の申告書第1表の⑳の金額）	ⓖ	円
小 計 の 額（相続税の申告書第1表の㉒の金額）	ⓗ	円
相 続 税 額（ⓔ+ⓕ+ⓖ+ⓗ）	ⓘ	円

※ 相続税の申告において、贈与税額控除又は相次相続控除を受けていない場合は、「2 相続税の申告書第1表の㉒の小計の額がある場合」欄及び「3 相続税の申告書第1表の㉒の小計の額がない場合」欄の記載等は不要です。

関 与 税 理 士	電 話 番 号

3 相続税の申告書第1表の㉒の小計の額がない場合

算 出 税 額（相続税の申告書第1表の⑨又は⑩の金額）	ⓙ	円
相続税額の2割加算が行われる場合の加算金額（相続税の申告書第1表の⑪の金額）	ⓚ	円
合 計（ⓙ+ⓚ）	ⓛ	円
税額控除等 配偶者の税額軽減額（相続税の申告書第5表の⑤又は⑥の金額）	ⓜ	円
未成年者控除額（相続税の申告書第6表の1の②又は⑥の金額）	ⓝ	円
障 害 者 控 除 額（相続税の申告書第6表の2の②又は⑥の金額）	ⓞ	円
外 国 税 額 控 除 額	ⓟ	円
医療法人持分税額控除額	ⓠ	円
計（ⓜ+ⓝ+ⓞ+ⓟ+ⓠ）	ⓡ	円
相 続 税 額（ⓛ－ⓡ）（赤字の場合は0と記載してください。）	ⓢ	円

(資6-11-A4統一)

R5.11

（確定申告書の第二表の住民税に関する事項）

　源泉徴収選択口座で特別徴収された税額はありませんから、「株式等譲渡所得割額控除額」欄は空欄になります。

○ 住民税・事業税に関する事項

住民税	非上場株式の少額配当等	非居住者の特例	配当割額控除額	株式等譲渡所得割額控除額	給与、公的年金等以外の所得に係る住民税の徴収方法		都道府県、市区町村への寄附（特例控除対象）	共同募金、日赤その他の寄附	都道府県条例指定寄附	市区町村条例指定寄附
					特別徴収	自分で納付				
	円	円	円	円	○	○	円	円	円	円

記入しない。

9 上場株式等の配当等に係る分配時調整外国税相当額控除

【利子配当受入れ源泉徴収選択口座】　　　　　　　　　　　　　　　（単位：円）

（譲渡に係る年間取引損益及び源泉徴収税額等）	源泉徴収税額（所得税）		株式等譲渡所得割額（住民税）		外国所得税の額	
譲渡区分	① 譲渡対価の額（収入金額）		② 取得費及び譲渡に要した費用の額等		③ 差引金額（譲渡所得等の金額）（①－②）	
上場分	4,500,000		4,625,000		△125,000	
特定信用分					0	
合　　計	4,500,000		4,625,000		△125,000	

（配当等の額及び源泉徴収税額等）

	種　　類	配当等の額	源泉徴収税額（所得税）	配当割額（住民税）	特別分配金の額	上場株式配当等控除額	外国所得税の額
特定上場株式等の配当等	④ 株式、出資又は基金		0	0			
	⑤ 特定株式投資信託		0	0			
	⑥ 投資信託又は特定受益証券発行信託（⑤、⑦及び⑧以外）		0	0			
	⑦ オープン型証券投資信託	73,350	9,883	3,667		内　　0　　1,350	
	⑧ 国外株式又は国外投資信託等		0	0			0
	⑨ 合計（④+⑤+⑥+⑦+⑧）	73,350	9,883	3,667	0	内　　0　　1,350	0
上記以外のもの	⑩ 公社債		0	0			
	⑮ 合計（⑩+⑪+⑫+⑬+⑭）	0	0	0			0
	⑯ 譲渡損失の額	125,000					
	⑰ 差引金額（⑨+⑮－⑯）	0					
	⑱ 納付税額		0	0			
	⑲ 還付税額（⑨+⑮－⑱）		9,883	3,667			

248

【上場株式等の配当等の支払通知書】

（オープン型証券投資信託の収益の分配）

種　　類	受益権の口数	分配金額（円）	収益の分配（円）	通知外国税相当額等（円）	源泉徴収税額（所得税）（円）	支払確定日等
	受益権の単位当たり分配金額（円）		特別分配金（円）	通知所得税相当額（円）	特別徴収税額（住民税）（円）	支払年月日
オープン型A証券投資信託	10,000,000口	20,000	内　20,000	0	3,063	令5.5.19
	20.00円		0	0	1,000	令5.5.19
オープン型B証券投資信託	10,000,000口	82,400	内　82,400　2,400	2,400	10,219	令5.9.8
	80.00円		0	0	4,120	令5.9.8
小　　　計		102,400	内　102,400　2,400	2,400	13,282	
			0	0	5,120	

表上部見出し：受益権の名称

（前提条件）

　「利子配当受入れ源泉徴収選択口座」及び「上場株式等の配当等の支払通知書」以外の事実は次のとおり。

　・給与所得者で年末調整済（健康保険加入者）

　［給与所得の源泉徴収票］

給与所得控除後の金額	所得控除の合計額	源泉徴収税額
5,465,000 円	850,000 円	505,900 円

　・下記の口座や支払通知書以外に配当所得及び株式等に係る譲渡所得等はない。

　・前年から繰り越されてくる各種損失はない（該当年分での有利判定）。

（利子配当受入れ源泉徴収選択口座の状況）

　上場株式等の譲渡損失　△125,000円（③欄）

　利子配当の受入れあり　合計73,350円（⑨欄＋⑮欄）

　譲渡損失と利子配当との損益通算あり（源泉（特別）徴収税額は全て還付済）

（上場株式等の配当等の支払通知書の内容）

　オープン型証券投資信託（上場株式等に該当）の配当等　102,400円（小計欄）

　　B証券投資信託の通知外国税相当額等　2,400円

　この利子配当受入れ源泉徴収選択口座は、口座内で譲渡損失と利子配当との損益通算が行われており、利子配当に係る源泉（特別）徴収税額の全てが還付されています。

　一般口座のオープン型証券投資信託の収益の分配金（合計102,400円）は、いずれも上場株式等の配当等に該当するため、利子配当受入れ源泉徴収選択口座内における損益通算後の譲渡損失△51,650円（73,350円（⑨欄）－125,000円（③欄））と損益通算することにより、一般口座で源泉（特別）徴収された税額の一部還付（控除）を受けることができます。

　「上場株式等の配当等の支払通知書」に記載されたＡ証券投資信託及びＢ証券投資信託の収益の分配（以下「配当等」という。）は一般口座に係るものですから、申告又は申告不要の選択は、個々の配当等ごとに行うことができます。

　本事例では、利子配当受入れ源泉徴収選択口座における損益通算後の譲渡損失は、前述のとおり△51,650円ですから、一般には、Ｂ証券投資信託の配当等82,400円を申告分離課税で申告して損益通算し（通算後の上場株式等の配当所得等の金額30,750円）、Ａ証券投資信託の配当等20,000円は申告不要を選択します。

　ところで、利子配当受入れ源泉徴収選択口座に受け入れたオープン型の証券投資信託の配当等については上場株式配当等控除額1,350円が、また、一般口座のＢ証券投資信託の配当等については通知外国税相当額等2,400円がある旨記載されています。

　これらの配当等に係る源泉所得税額は、上場株式配当等控除額又は通知外国税相当額等を控除した残額ですから、これら配当等を申告するときは、確定申告において分配時調整外国税相当額控除の適用を受ける必要があります。

　利子配当受入れ源泉徴収選択口座の配当等及び一般口座のＢ証券投資信託の配当等について「分配時調整外国税相当額控除に関する明細書」を記入し、確定申告書に添付して提出します。分配時調整外国税相当額控除額は、当該明細書の「3　控除額の計算」の⑩欄の額3,750円になります（252頁参照）。

　なお、利子配当受入れ源泉徴収選択口座及び一般口座のＢ証券投資信託の配当等を申告することにより、通算後の上場株式等に係る配当所得等の金額が30,750円増加しますが、健康保険加入者につき保険料に影響はありません。

　以上により、課税方式の選択は次頁の表のとおりになります。

区 分		課税方式の選択
利子配当受入れ源泉徴収選択口座	上場株式等に係る譲渡所得等	申告分離課税
	利子配当 特定上場株式等の配当等	申告分離課税
一般口座	A 証券投資信託の配当等	申告不要
	B 証券投資信託の配当等	申告分離課税

〔参考〕確定申告における所得税等の計算　　　　　　　　　　　　　　（単位：円）

区　分	年末調整（参考）	確定申告における分配時調整外国税相当額控除	
		適用なし	適用あり
① 総所得金額（給与所得控除後の金額・前提条件）	5,465,000	5,465,000	5,465,000
② 上場株式等に係る配当所得等の金額		30,750	30,750
③ 所得控除の合計額（前提条件）	850,000	850,000	850,000
④ 課税総所得金額（①－③）（千円未満切捨て）	4,615,000	4,615,000	4,615,000
⑤ 上場株式等に係る課税配当所得等の金額（②）（千円未満切捨て）		30,000	30,000
⑥ ④に対する税額（④×20％－427,500）	495,500	495,500	495,500
⑦ ⑤に対する税額（⑤×15％）		4,500	4,500
⑧ 所得税額（⑥＋⑦）	495,500	500,000	500,000
⑨ 復興特別所得税額（⑧×2.1％）	10,405	10,500	10,500
⑩ 所得税と復興特別所得税の合計額（⑧＋⑨）	505,905	510,500	510,500
⑪ 分配時調整外国税相当額控除額		－	3,750
⑫ 源泉徴収税額　給与所得に係る税額	505,900	505,900	505,900
B 証券投資信託の収益分配に係る税額		10,219	10,219
合　計	505,900	516,119	516,119
⑬ 還付税額（⑩－⑪－⑫）	0	△5,619	△9,369

※　分配時調整外国税相当額控除を適用しないと、二重課税の調整が行われないこととなる。

（確定申告書の第二表の住民税に関する事項）

　B 証券投資信託の配当等に係る配当割額4,120円を「配当割額控除額」欄に記入します（A 証券投資信託の配当等は申告不要としたため、当該配当等に係る配当割額は除外している。）。

○ 住民税・事業税に関する事項

住民税	非上場株式の少額配当等	非居住者の特例	配当割額控除額	株式等譲渡所得割額控除額	給与、公的年金等以外の所得に係る住民税の徴収方法		都道府県、市区町村への寄附（特例控除対象）	共同募金、日赤その他の寄附	都道府県条例指定寄附	市区町村条例指定寄附
					特別徴収	自分で納付				
	円	円	4,120 円	円	○	○	円	円	円	円

分配時調整外国税相当額控除に関する明細書
（令和4年分以降用）

（令和5年分）　　　　　　　　　　　　　　　　　　氏　名　　○○　　○○

1　特定口座の配当等（源泉徴収選択口座内配当等）及び未成年者口座の配当等に係る事項

金融商品取引業者等の「名称」、「法人番号」又は所在地	種類	配当等の額	源泉徴収税額（納付税額）[①]	上場株式配当等控除額[②]	控除所得税相当額[③]	控除外国所得税相当額等[②-③]	源泉徴収税額相当額[①+③]
△△証券	特定／未成年者	0 円	0 円	1,350 円	0 円	1,350 円	0 円
	特定／未成年者						
	特定／未成年者						
	特定／未成年者						
合計額		(A) 0				(B) 1,350	(C) 0

2　上記1以外の配当等に係る事項

支払者又は支払の取扱者の「名称」、「法人番号」又は所在地	種別等	配当等の額	源泉徴収税額[④]	通知外国税相当額[⑤]	通知所得税相当額[⑥]	支払確定又は支払年月日	源泉徴収税額相当額[④+⑥]
××証券	オープン型証券投資信託	82,400 円	10,219 円	2,400 円	0 円	5・9・8	10,219 円
		支払通知書の内容を記入する。				・・	
						・・	
合計額		(D) 82,400		(E) 2,400			(F) 10,219

3　控除額等の計算

(1) 対象となる配当等の額（収入金額）（1の(A)＋2の(D)）	82,400 円
(2) 源泉徴収税額相当額（1の(C)＋2の(F)）	10,219
(3) 分配時調整外国税相当額控除額（1の(B)＋2の(E)）	3,750
(4) 再差引所得税額（基準所得税額）（申告書㊸欄の金額）	500,000
(5) 復興特別所得税額（申告書㊹欄の金額）	10,500
(6) 所法第93条第1項の規定による控除額 ※（(3)と(4)のうち、いずれか少ない方の金額）	3,750
(7) 分配時調整外国税相当額控除後の所得税額（(4)－(6)）	496,250
(8) 復興財確法第13条の2の規定による控除額（(3)が(6)より大きい場合に（(3)－(6)）と(5)のいずれか少ない方の金額）	0
(9) 分配時調整外国税相当額控除後の復興特別所得税額（(5)－(8)）	10,500
(10) 分配時調整外国税相当額控除可能額（(6)及び(8)の合計額）	3,750

源泉徴収選択口座内での損益通算により配当等の額及び源泉徴収税額はいずれも「0円」になっている。

上場株式配当等控除額の本書き（1,350円）とその内書き（0円）を記入する。

右側注記：
- 申告書第二表「○所得の内訳（所得税及び復興特別所得税の源泉徴収税額）」欄の「収入金額」欄に(1)の金額を、「源泉徴収税額」欄に(2)の金額を転記します。
- 「給与などの支払者の「名称」及び「法人番号又は所在地」等」欄には、「分配時調整外国税相当額控除に関する明細書のとおり」と記入します。
- ※ 申告分離課税の所得がある場合には、裏面の書き方の2(3)を参照してください。
- 外国税額控除の適用を受ける場合には、(7)、(9)及び(10)の金額を、「外国税額控除に関する明細書」欄の5の⑨欄、⑩欄及び⑲欄にそれぞれ転記します。
- 外国税額控除の適用を受けない場合には、(10)の金額を、申告書第一表「税金の計算」欄の「外国税額控除等」欄に転記します。このとき、(8)の金額がある場合は、「外国税額控除等」欄の区分の□に「2」を記入します。

○この明細書は、申告書と一緒に提出してください。

⑩ 国外上場株式等の配当等に係る為替差損益と外国税額控除

【利子配当受入れ源泉徴収選択口座】 （単位：円）

（譲渡に係る年間取引損益及び源泉徴収税額等）	源泉徴収税額 (所得税)		株式等譲渡所得割額 (住民税)		外国所得税の額	
譲渡区分	① 譲渡対価の額 (収入金額)		② 取得費及び譲渡に要した費用の額等		③ 差引金額（譲渡所得等の金額）(①－②)	
上場分	8,755,000		9,420,000		△665,000	
特定信用分					0	
合　　計	8,755,000		9,420,000		△665,000	

（配当等の額及び源泉徴収税額等）

	種　　　類	配当等の額	源泉徴収税額 (所得税)	配当割額 (住民税)	特別分配金の額	上場株式配当等控除額	外国所得税の額
特定上場株式等の配当等	④ 株式、出資又は基金		0	0			
	⑤ 特定株式投資信託		0	0			
	⑥ 投資信託又は特定受益証券発行信託 （⑤、⑦及び⑧以外）		0	0			
	⑦ オープン型証券投資信託		0	0	55,000		
	⑧ 国外株式又は国外投資信託等	800,000	110,268	36,000			80,000
	⑨ 合計 （④＋⑤＋⑥＋⑦＋⑧）	800,000	110,268	36,000	55,000	0	80,000
上記以外のもの	⑩ 公社債		0	0			
	⑮ 合計 （⑩＋⑪＋⑫＋⑬＋⑭）	0	0	0	0	0	0
	⑯ 譲渡損失の額	665,000					
	⑰ 差引金額 （⑨＋⑮－⑯）	135,000					
	⑱ 納付税額		20,675	6,750			
	⑲ 還付税額 （⑨＋⑮－⑱）		89,593	29,250			

253

（前提条件）

「利子配当受入れ源泉徴収選択口座」以外の事実は次のとおり。

・不動産所得者（国民健康保険加入者）

・不動産所得の金額　5,200,000円

・所得控除の合計額　1,300,000円

・下記の口座以外に配当所得及び株式等に係る譲渡所得等はない。

・前年から繰り越されてくる各種損失はない（該当年分での有利判定）。

・指定都市以外に居住

（利子配当受入れ源泉徴収選択口座の状況）

上場株式等の譲渡損失（内国法人の株式の譲渡損失）　△665,000円（③欄）

国外特定株式投資信託の配当等　800,000円、外国所得税　80,000円（⑧欄）

譲渡損失と利子配当との損益通算あり　差引金額　135,000円（⑰欄）

納付税額　所得税　20,675円、住民税　6,750円（⑱欄）

（国外配当等の支払明細書）

国外特定株式投資信託の配当等を上記の源泉徴収選択口座に受け入れられた際に、要旨次の内容の「外国株式等の支払通知書」の交付を受けている。

銘柄名	通貨	外国税率	1株当たり金額
××××	米ドル	10%	$0.80
	株数	①配当金額	②外国税額
	8,000株	$6,400.00	$640.00

（国内源泉徴収）

現地支払日	支払開始日レート	③配当等の金額	④外国所得税	⑤国内課税所得	⑥所得税等	⑦配当割
国内支払日	国内支払日レート	①×￥125.00	②×￥125.00	③－④	⑤×15.315%	⑤×5%
2023.3.14	￥125.00	￥800,000	￥80,000	￥720,000	￥110,268	￥36,000
2023.3.17	￥127.00					

（検討内容と方向性）

この利子配当受入れ源泉徴収選択口座は、口座内で譲渡損失と利子配当との損益通算が行われており、利子配当に係る源泉（特別）徴収税額の一部が還付されています。

前提条件（他に配当所得及び株式等に係る譲渡所得等はなく、前年以前から繰り越される損失もない。）からすると、この利子配当受入れ源泉徴収選択口座は申告不要とすることが考えられますが、国外特定株式投資信託の配当等800,000円について外国所得税80,000円が差し引かれていますから、申告を選択して外国税額控除の適用を検討する必要があります。

この利子配当受入れ源泉徴収選択口座では、前述のとおり、口座内で損益通算が行われていますから、外国税額控除を適用するためには、譲渡等及び利子配当の全てを

申告する必要があり、その場合、上場株式等に係る配当所得等の金額135,000円（⑰欄）の加算により国民健康保険の保険料の増加が考えられます。そのため、外国税額控除の適用を受けるための申告をするかどうかの検討が必要になります。

また、国外特定株式投資信託に係る配当等の金額、控除された外国所得税額及び源泉（特別）徴収税額は、いずれも現地支払日の為替相場で円換算しますが、国内支払日はその3日後であることから、為替相場の変動により為替差損益が生じます（措通9の2－3）。

国内支払日の為替相場（1ドル＝127円）は、現地支払日の為替相場（1ドル＝125円）に比べ2円の円安になっているため、次表の為替差益（雑所得）11,520円の申告が必要になります。

〔為替差益の計算〕

入金額（手取額）	(6,400ドル－640ドル) ×127円－ (110,268円＋36,000円) ＝585,252円 (国内支払日レート) (所得税等) (配当割)	
	配当等手取額	(6,400ドル－640ドル) ×125円－ (110,268円＋36,000円) ＝573,732円 (支払開始日レート) (所得税等) (配当割)
	為替差益（雑所得）	(6,400ドル－640ドル) × (127円－125円) ＝11,520円 (レート差)

外国税額控除適用の有無による有利選択の検討に当たり、利子配当受入れ源泉徴収選択口座の譲渡等及び配当等について、いずれも申告を選択した場合の所得税額（外国税額控除適用前）を算定すると、次表のとおり374,950円になります。

外国税額控除前の所得税額　　　　　　　　　　　　　　　　　　　　　（単位：円）

区　分	金　額
①　不動産所得の金額（前提条件）	5,200,000
②　雑所得の金額（為替差益）	11,520
③　総所得金額（①＋②）	5,211,520
④　上場株式等に係る譲渡所得等の金額（源泉徴収選択口座・損益通算前）	△665,000
⑤　上場株式等に係る配当所得等の金額（源泉徴収選択口座・損益通算前）	800,000
⑥　所得控除の合計額（前提条件）	1,300,000
⑦　課税総所得金額（③－⑥）（千円未満切捨て）	3,911,000
⑧　上場株式等に係る課税配当所得等の金額（損益通算後（④＋⑤））	135,000
⑨　⑦に対する所得税額（⑦×20％－427,500円）	354,700
⑩　⑧に対する所得税額（⑧×15％＝20,250円）	20,250
⑪　外国税額控除前の所得税額（⑨＋⑩）	374,950

［外国税額控除を適用するケース］

外国税額控除額の算定は次のとおりです。

①その年分の所得税額（外国税額控除適用前）

　　374,950円
　　（上記表の⑪欄）

②その年分の所得総額

　　5,211,520円　＋　800,000円　－　665,000円　＝　5,346,520円
　　（総所得金額）　（上場株式等の配当等）（上場株式等の譲渡等）

③その年分の調整国外所得金額　800,000円
　　　　　　　　　　　　　（上場株式等の配当等）

以上から国税及び地方税の各控除限度額の合計額は次のとおり74,111円となります。

・所得税の控除限度額　①　×　③　÷　②　＝　56,103円（④）
・復興特別所得税の控除限度額　①　×　2.1％　×　③　÷　②　＝　1,178円
・道府県民税の控除限度額　④　×　12％　＝　6,732円
・市町村民税の控除限度額　④　×　18％　＝　10,098円

合計
74,111円

　控除限度額の合計額74,111円は、控除された外国所得税額の80,000円未満であるため、国税及び地方税を通じた外国税額控除額は74,111円になります（所得税の確定申告書で控除する外国税額控除額は、所得税に係る56,103円と復興特別所得税に係る1,178円

の合計57,281円）。なお、控除限度超過額5,889円（80,000円−74,111円）は、翌年以後3年間にわたり繰り越し、各年の控除余裕額の範囲内で控除できます。

［保険料の増加への影響］

利子配当受入れ源泉徴収選択口座を申告すると所得金額135,000円の増加（特定口座年間取引報告書⑰欄）により保険料が16,200円増加します（下記参照）。この増加額は外国税額控除額74,111円未満であるため、確定申告において外国税額控除を適用します。

135,000円　×　12%　＝　16,200円（概算額）
（保険料率を12%と仮定）

以上により、利子配当受入れ源泉徴収選択口座につき申告を選択して外国税額控除の適用を受け、控除限度超過額は翌年以後に繰り越します。

区　分		課税方式の選択
利子配当受入れ 源泉徴収選択口座	譲渡所得等	申告分離課税
	特定上場株式の配当等	申告分離課税

外国税額控除の適用を受けるためには、次頁の「外国税額控除に関する明細書」を所得税の確定申告書に添付して提出します。

（確定申告書の第二表の住民税に関する事項）

損益通算後の配当等に係る配当割額6,750円を「配当割額控除額」欄に記入します。

○ 住民税・事業税に関する事項

住民税	非上場株式の少額配当等	非居住者の特例	配当割額控除額	株式等譲渡所得割額控除額	給与、公的年金等以外の所得に係る住民税の徴収方法		都道府県、市区町村への寄附（特例控除対象）	共同募金、日赤その他の寄附	都道府県条例指定寄附	市区町村条例指定寄附
					特別徴収	自分で納付				
	円		6,750	円	○	○	円	円	円	円

外国税額控除に関する明細書（居住者用）
（令和2年分以降用）

(令和 5 年分)

氏　名　　　　○○　　○○

1　外国所得税額の内訳
○　本年中に納付する外国所得税額

国　　名	所得の種類	税種目	納付確定日	納付日	源泉・申告(賦課)の区分	所得の計算期間	相手国での課税標準	左に係る外国所得税額
米国	配当	所得税	5.10.8	5.10.8	源泉	・　・	(外貨 6400ドル) 800,000　円	(外貨 640ドル) 80,000　円
			・　・			・　・	(外貨　　) 　円	(外貨　　) 　円
			・　・			・　・	(外貨　　) 　円	(外貨　　) 　円
計							800,000　円	Ⓐ 80,000　円

○　本年中に減額された外国所得税額

国　　名	所得の種類	税種目	納付日	源泉・申告(賦課)の区分	所得の計算期間	外国税額控除の計算の基礎となった年分	減額されることとなった日	減額された外国所得税額
			・　・		・　・	年分	・　・	(外貨　　) 　円
			・　・		・　・	年分	・　・	(外貨　　) 　円
			・　・		・　・	年分	・　・	(外貨　　) 　円
計								Ⓑ 　円

Ⓐの金額がⒷの金額より多い場合（同じ金額の場合を含む。）

Ⓐ 80,000 円 ー Ⓑ 　円 ＝ Ⓒ 80,000 円 ▶ 5の「⑬」欄に転記します。

Ⓐの金額がⒷの金額より少ない場合

Ⓑ 　円 ー Ⓐ 　円 ＝ Ⓓ 　円 ▶ 2の「Ⓓ」欄に転記します。

2　本年の雑所得の総収入金額に算入すべき金額の計算

前 3 年 以 内 の 控 除 限 度 超 過 額			
年　　　分	④ 前年繰越額	㋺ ④から控除すべきⒹの金額	④ ー ㋺
年分（3年前）	円	円	Ⓖ 円
年分（2年前）			Ⓗ
年分（前　年）			Ⓘ
計		Ⓔ	

Ⓖ、Ⓗ、Ⓘの金額を4の「②前年繰越額及び本年発生額」欄に転記します。

本年中に納付する外国所得税額を超える減額外国所得税額		
本　年　発　生　額	Ⓓに充当された前3年以内の控除限度超過額	雑所得の総収入金額に算入する金額（Ⓓ－Ⓔ）
Ⓓ 円	Ⓔ 円	Ⓕ 円

雑所得の金額の計算上、総収入金額に算入します。

3 所得税及び復興特別所得税の控除限度額の計算

所 得 税 額	①	374,950 円	2の⑥の金額がある場合には、その金額を雑所得の総収入金額に算入して申告書により計算した税額を書きます(詳しくは、**控用の裏面**を読んでください)。
復興特別所得税額	②	7,873	「①」欄の金額に2.1%の税率を乗じて計算した金額を書きます。
所 得 総 額	③	5,346,520	2の⑥の金額がある場合には、その金額を雑所得の総収入金額に算入して計算した所得金額の合計額を書きます(詳しくは、**控用の裏面**を読んでください)。
調整国外所得金額	④	800,000	2の⑥の金額がある場合には、その金額を含めて計算した調整国外所得金額の合計額を書きます。
所得税の控除限度額 $(① \times \frac{④}{③})$	⑤	56,103	→ 4の「㋥」欄及び5の「⑦」欄に転記します。
復興特別所得税の控除限度額 $(② \times \frac{④}{③})$	⑥	1,178	→ 4の「㋬」欄及び5の「⑧」欄に転記します。

4 外国所得税額の繰越控除余裕額又は繰越控除限度超過額の計算の明細

本 年 分 の 控 除 余 裕 額 又 は 控 除 限 度 超 過 額 の 計 算

控除限度額	所 得 税 (3の⑤の金額)	㋥	56,103 円	控除余裕額	所 得 税 (㋥－㋠)	㋩	円
	復 興 特 別 所 得 税 (3の⑥の金額)	㋬	1,178		道 府 県 民 税 (㋥+㋬+㋠－㋠) と㋠のいずれか少ない方の金額	㋦	
	道 府 県 民 税 (㋥× ⑫% 又は6%)	㋠	6,732		市 町 村 民 税 (㋣－㋠) と㋠のいずれか少ない方の金額	㋢	
	市 町 村 民 税 (㋥× ⑱% 又は24%)	㋣	10,098		計 (㋩+㋦+㋢)	㋷	
	計 (㋥+㋬+㋠+㋣)	㋦	74,111				
外 国 所 得 税 額 (1の⑥の金額)		㋠	80,000	控 除 限 度 超 過 額 (㋠－㋷)		㋻	5,889

前 3 年 以 内 の 控 除 余 裕 額 又 は 控 除 限 度 超 過 額 の 明 細 等

年 分	区 分	控 除 余 裕 額 ③前年繰越額及び本年発生額	⑤本年使用額	⑥翌年繰越額(③－⑤)	控 除 限 度 超 過 額 ㋠前年繰越額及び本年発生額	㋷本年使用額	㋡翌年繰越額(㋠－㋷)	所得税の控除限度額等
令和 2 年分 (3年前)	所 得 税	円			Ⓖ 円		円	円
	道府県民税							翌年1月1日時点の住所 □指定都市 ☑一般市
	市町村民税							
	地 方 税 計							
令和 3 年分 (2年前)	所 得 税			円	Ⓗ 円		円	
	道府県民税							翌年1月1日時点の住所 □指定都市 ☑一般市
	市町村民税							
	地 方 税 計							
令和 4 年分 (前 年)	所 得 税				Ⓘ		円	円
	道府県民税							翌年1月1日時点の住所 □指定都市 ☑一般市
	市町村民税							
	地 方 税 計							
合 計	所 得 税	Ⓙ			Ⓜ			
	道府県民税							
	市町村民税							
	計	Ⓚ						
本 年 分	所 得 税	㋻	Ⓛ		㋡	Ⓚ		
	道府県民税	㋦				5,889	5,889	
	市町村民税	㋢						
	計	㋷	Ⓜ					

5 外国税額控除額等の計算

所 得 税 の 控 除 限 度 額 (3 の ⑤ の 金 額)	⑦	56,103 円	所法第95条第1項による控除税額 (⑪と⑬とのいずれか少ない方の金額)	⑭	56,103 円	
復興特別所得税の控除限度額 (3 の ⑥ の 金 額)	⑧	1,178	復興財確法第14条第1項による控除税額 (⑫が⑮より小さい場合は(⑬－⑪)と⑫とのいずれか少ない方の金額)	⑮	1,178	
分配時調整外国税相当額控除後の 所 得 税 額(※)	⑨	「分配時調整外国税相当額控除に関する明細書」の3の⑤の金額	所法第95条第2項による控除税額 (4 の Ⓙ の 金 額)	⑯		
分配時調整外国税相当額控除後の 復 興 特 別 所 得 税 額(※)	⑩	「分配時調整外国税相当額控除に関する明細書」の3の⑥の金額	所法第95条第3項による控除税額 (4 の Ⓛ の 金 額)	⑰		
所 得 税 の 控 除 可 能 額 (⑦の金額又は⑦と⑨とのいずれか少ない方の金額)	⑪	56,103	外 国 税 額 控 除 の 金 額 (⑭ + ⑮ + (⑯ 又は ⑰))	⑱	57,281	
復興特別所得税の控除可能額 (⑧の金額又は⑧と⑩とのいずれか少ない方の金額)	⑫	1,178	分配時調整外国税相当額控除可能額 (※)	⑲	「分配時調整外国税相当額控除に関する明細書」の3の⑨の金額	
外 国 所 得 税 額 (1 の ⑥ の 金 額)	⑬	80,000	外 国 税 額 控 除 等 の 金 額 (⑱＋⑲)	⑳	57,281	

(※)分配時調整外国税相当額控除の適用がない方は記載する必要はありません。

申告書第一表「税金の計算」欄の「外国税額控除等」欄(㊻～㊼欄)に転記します。同欄の「区分」の□の記入については、控用の裏面を読んでください。

参考資料

【資料1】 国民健康保険制度の保険料率一覧（令和5年度）

	医療保険分	後期高齢支援分	介護保険分	合　計
足立区	7.17%	2.42%	2.23%	11.82%
荒川区	7.17%	2.42%	1.87%	11.46%
板橋区	7.17%	2.42%	2.16%	11.75%
江戸川区	8.00%	2.76%	2.58%	13.34%
大田区	7.17%	2.42%	2.20%	11.79%
葛飾区	7.17%	2.42%	2.22%	11.81%
北区	7.17%	2.42%	2.13%	11.72%
江東区	7.17%	2.42%	2.23%	11.82%
品川区	7.17%	2.42%	2.20%	11.79%
渋谷区	7.17%	2.42%	1.99%	11.58%
新宿区	7.17%	2.42%	1.75%	11.34%
杉並区	7.17%	2.42%	2.20%	11.79%
墨田区	7.17%	2.42%	2.14%	11.73%
世田谷区	7.17%	2.42%	2.30%	11.89%
台東区	7.17%	2.42%	1.99%	11.58%
中央区	7.17%	2.42%	2.07%	11.66%
千代田区	7.30%	1.98%	1.44%	10.72%
豊島区	7.17%	2.42%	2.24%	11.83%
中野区	7.64%	2.65%	2.10%	12.39%
練馬区	7.17%	2.42%	2.23%	11.82%
文京区	7.17%	2.42%	1.92%	11.51%
港区	7.17%	2.42%	2.07%	11.66%
目黒区	7.17%	2.31%	1.93%	11.41%
東京都区内平均	7.23%	2.42%	2.10%	11.75%
横浜市	7.85%	2.45%	3.00%	13.30%
千葉市	6.81%	2.73%	2.34%	11.88%
さいたま市	7.01%	2.60%	2.24%	11.85%
大阪市	8.78%	3.09%	2.94%	14.81%
札幌市	9.39%	3.10%	2.69%	15.18%
仙台市	8.11%	3.10%	2.83%	14.04%
名古屋市	8.45%	2.74%	2.34%	13.53%
金沢市	7.40%	2.58%	2.34%	12.32%
広島市	6.75%	2.70%	1.81%	11.26%
高松市	9.88%	2.60%	2.16%	14.64%
福岡市	6.64%	3.39%	2.97%	13.00%
熊本市	8.34%	2.27%	2.04%	12.65%
那覇市	9.70%	1.59%	1.56%	12.85%
全国主要都市平均	8.09%	2.69%	2.40%	13.18%

【資料２】　後期高齢者医療の保険料について（厚生労働省ＨＰを一部改変）

後期高齢者医療の保険料について

○　被保険者が負担する保険料は、条例により後期高齢者医療広域連合が決定し、
毎年度、個人単位で賦課される（２年ごとに保険料率を改定）。

○　保険料額は、①被保険者全員が負担する均等割と、②所得に応じて負担する所得
割で構成される。

※令和４・５年度全国平均保険料率　均等割47,777円／所得割率9.34％

○　世帯の所得が一定以下の場合には、①均等割の７割／５割／２割を軽減する。

○　元被扶養者（※）については、75歳に到達後２年間に限り、所得にかかわらず、
①均等割を５割軽減している。また、②所得割は賦課されない。

※後期高齢者医療制度に加入する前日に被用者保険の被扶養者（被用者の配偶者や親など）で
あった者

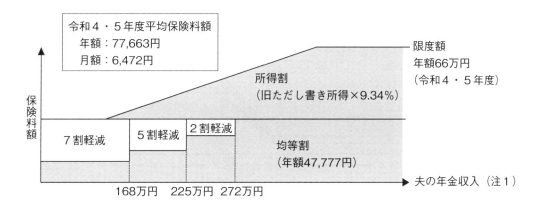

均等割の軽減割合	対象者の所得要件（令和４年度）	年金収入額の例	
		夫婦２人世帯(注1)	単身世帯
７割軽減	43万円以下	168万円以下	168万円以下
５割軽減	43万円（注２）＋28.5万円×（被保険者数）以下	225万円以下	196.5万円以下
２割軽減	43万円（注２）＋52万円×（被保険者数）以下	272万円以下	220万円以下

（注）１　夫婦二人世帯で妻の年金収入80万円以下の場合における、夫の年金収入額。
　　　２　被保険者等のうち給与所得者等の数が２以上の場合は、43万円＋10万円×（給与所得者の
数－１）。

【資料3】後期高齢者の保険料負担の見直し（令和6・7年度）

　後期高齢者医療保険料の上限額は、令和5年度は66万円であるが、令和6年度は73万円、同7年度は80万円に段階的に引き上げられることが予定されている。ただし、年金収入に換算して153万円相当（令和6年度は211万円相当）以下の者は、この制度改正に伴う負担増が生じないようにすることが予定されている（年度改正による負担増は別）。

　以下の資料は、令和5年2月24日の厚生労働省の社会保障審議会医療保険部会の「資料3」から抜粋（一部改変）したものであり、金額等は推計値とされている。

〔負担能力に応じた後期高齢者の保険料負担の見直し〕

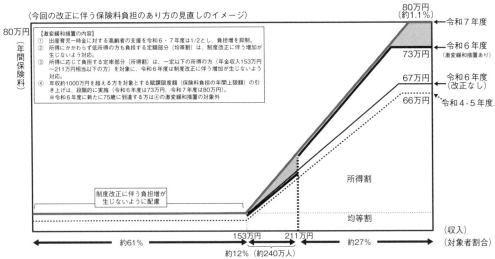

（※）対象者割合（対象者数）は後期高齢者被保険者実態調査特別集計等に基づく推計値

〔後期高齢者1人当たり保険料額（2年間）への影響（収入別）〕

・今回の見直しに伴う後期高齢者一人当たり保険料額（2年間）への影響を収入別に試算したもの。

		賦課限度額 <超過割合> <到達収入>	均等割額	所得割率	保険料額[　]:月額								
					後期1人当たり平均	増加額	年収80万円	増加額	年収200万円	増加額	年収400万円	増加額	年収1,100万円	増加額
改正なし	令和6・7年度	67万円 <1.30%> <976万円>	50,500円	9.87%	82,000円 [6,830円]		15,100円 [1,260円]		86,800円 [7,230円]		217,300円 [18,110円]		670,000円 [55,830円]	
改正後	令和6年度	73万円 <1.28%> <984万円>	50,500円	10.70%	86,100円 [7,170円]	+4,100円 [+340円]	15,100円 [1,260円]	制度改正影響なし	86,800円 [7,230円]	制度改正影響なし	231,300円 [19,270円]	+14,000円 [+1,170円]	730,000円 [60,830円]	+60,000円 [+5,000円]
	令和7年度	80万円 <1.13%> <1,049万円>			87,200円 [7,270円]	+1,100円 [+90円]	15,100円 [1,260円]	制度改正影響なし	90,700円 [7,560円]	+3,900円 [+330円]	231,300円 [19,270円]	制度改正影響なし	800,000円 [66,670円]	+70,000円 [+5,830円]
（参考）	令和4・5年度	66万円 <1.29%> <1,004万円>	47,800円	9.34%	77,700円 [6,470円]		14,300円 [1,190円]		82,100円 [6,840円]		205,600円 [17,140円]		660,000円 [55,000円]	

※増加額　・改正後（令和6年度）…制度改正に伴うR6における保険料負担の増加
　　　　　・改正後（令和7年度）…前年度からのR7における保険料負担の増加

【資料4】 後期高齢者医療保険制度の保険料率等一覧（令和4・5年度）

都道府県	均等割額 （円）	所得割率 （％）	都道府県	均等割額 （円）	所得割率 （％）
北海道	51,892	10.98	滋　賀	46,160	8.70
青　森	44,400	8.80	京都府	53,420	10.46
岩　手	40,900	7.36	大阪府	54,461	11.12
宮　城	44,640	8.62	兵　庫	50,147	10.28
秋　田	44,310	8.27	奈　良	50,500	9.93
山　形	43,100	8.80	和歌山	50,317	9.33
福　島	44,300	8.48	鳥　取	47,436	9.10
茨　城	46,000	8.50	島　根	50,880	9.35
栃　木	43,200	8.54	岡　山	47,500	9.50
群　馬	45,700	8.89	広　島	45,840	8.67
埼　玉	44,170	8.38	山　口	53,417	10.34
千　葉	43,400	8.39	徳　島	56,044	10.47
東京都	46,400	9.49	香　川	50,800	9.80
神奈川	43,100	8.78	愛　媛	49,140	9.09
新　潟	40,400	7.84	高　知	55,500	10.50
富　山	46,800	8.82	福　岡	56,435	10.54
石　川	48,500	9.53	佐　賀	54,100	10.23
福　井	49,700	9.70	長　崎	49,400	9.03
山　梨	40,980	8.30	熊　本	54,000	10.26
長　野	40,907	8.43	大　分	53,600	10.32
岐　阜	46,023	8.90	宮　崎	48,400	9.08
静　岡	42,500	8.29	鹿児島	56,900	10.88
愛　知	49,398	9.57	沖　縄	48,440	8.88
三　重	44,589	8.99	全　国	47,777	9.34

（厚生労働省ＨＰより抜粋）

【資料5】　医療費の一部負担（自己負担）割合について（厚生労働省ＨＰを一部改変）

医療費の一部負担（自己負担）割合について

○　現役世代よりも軽い１割の負担で医療を受けられる。

それぞれの年齢層における一部負担（自己負担）割合は、以下のとおり。
・75歳以上の者は、１割（令和４年10月から一部の者は２割（下記の注参照）、現役並み所得者は３割。）。
・70歳から74歳までの者は、２割※（現役並み所得者は３割。）。
・70歳未満の者は３割。６歳（義務教育就学前）未満の者は２割。

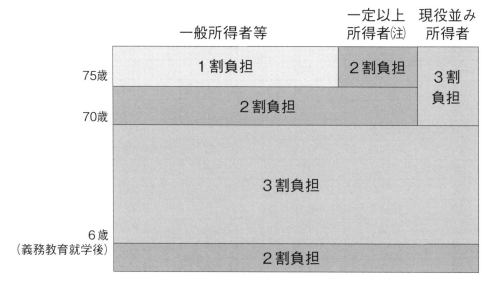

（注）　令和４年10月１日から、一定の所得要件に該当すると２割負担となる。２割負担の対象となるかどうかの判定の流れは次頁のとおり。

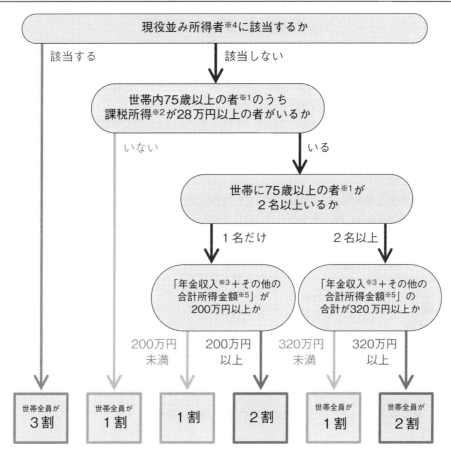

窓口負担２割の対象となるかどうかの主な判定の流れ

現役並み所得者※4に該当するか

該当する　　　該当しない

世帯内75歳以上の者※1のうち
課税所得※2が28万円以上の者がいるか

いない　　　いる

世帯に75歳以上の者※1が
２名以上いるか

1名だけ　　　2名以上

「年金収入※3＋その他の
合計所得金額※5」が
200万円以上か

「年金収入※3＋その他の
合計所得金額※5」の
合計が320万円以上か

200万円
未満　　　200万円
以上　　　320万円
未満　　　320万円
以上

世帯全員が
３割

世帯全員が
１割

１割

２割

世帯全員が
１割

世帯全員が
２割

※1　後期高齢者医療の被保険者とは75歳以上の者（65～74歳で一定の障害の状態にあると広
　　域連合から認定を受けた者を含む）
※2　「課税所得」とは住民税納税通知書の「課税標準」の額（前年の収入から、給与所得控除や公
　　的年金等控除、所得控除（基礎控除や社会保険料控除等）を差し引いた後の金額）である。
※3　「年金収入」には遺族年金や障害年金は含まない。
※4　課税所得145万円以上かつ収入額の合計が、383万円（単身世帯の場合。複数世帯の場合は、
　　520万円）以上で、医療費の窓口負担割合が３割の者。
※5　「その他の合計所得金額」とは事業収入や給与収入等から、必要経費や給与所得控除等を差し
　　引いた後の金額である。

【資料６】　高額療養費制度の概要（厚生労働省ＨＰを一部改変）

高額療養費制度の概要

○　高額療養費制度は、家計に対する医療費の自己負担が過重なものとならないよう、医療機関の
　窓口において医療費の自己負担を支払った後、月ごとの自己負担限度額を超える部分について、
　事後的に保険者から償還払（※）される制度。
　（※１）　入院の場合、医療機関の窓口での支払を自己負担限度額までにとどめる現物給付化の仕
　　　　　組みを導入
　（※２）　外来でも、平成24年４月から、同一医療機関で自己負担限度額を超える場合に現物給付
　　　　　化を導入
○　後期高齢者医療制度の被保険者に係る自己負担限度額は、現役世代よりも低く設定
　　自己負担限度額は、被保険者の所得に応じて設定

（例）70歳未満・年収約370万円～約770万円の場合（３割負担）

高額療養費として支給　30万円－87,430円＝212,570円

自己負担限度額　80,100円＋（1,000,000円－267,000円※）×１％＝87,430円

※　３割負担分が80,100円となるときの医療費
　（80,100円÷0.3＝267,000円）

（注）　同一の医療機関における一部負担金では限度額を超えない場合であっても、同じ月の複数
　の医療機関における一部負担金（70歳未満の場合は２万１千円以上であることが必要）を合
　算することができる。この合算額が限度額を超えれば、高額療養費の支給対象となる。

【資料7】 患者負担割合及び高額療養費自己負担限度額（厚生労働省ＨＰを一部改変）

患者負担割合及び高額療養費自己負担限度額

（令和4年10月～）

		負担割合	月単位の上限額（円）
70歳未満	年収約1,160万円～ 健保：標報83万円以上 国保：旧ただし書き所得901万円超	3割 （※1）	252,600＋（医療費－842,000）×1％ <多数回該当：140,100>
	年収約770～約1,160万円 健保：標報53万～79万円 国保：旧ただし書き所得600万～901万円		167,400＋（医療費－558,000）×1％ <多数回該当：93,000>
	年収約370～約770万円 健保：標報28万～50万円 国保：旧ただし書き所得210万～600万円		80,100＋（医療費－267,000）×1％ <多数回該当：44,400>
	～年収約370万円 健保：標報26万円以下 国保：旧ただし書き所得210万円以下		57,600 <多数回該当：44,400>
	住民税非課税		35,400 <多数回該当：24,600>

		負担割合	外来（個人ごと）	上限額（世帯ごと）
70歳以上	年収約1,160万円～ 健保：標報83万円以上 国保・後期：課税所得690万円以上	3割	252,600＋（医療費－842,000）×1％ <多数回該当：140,100>	
	年収約770～約1,160万円 健保：標報53万～79万円 国保・後期：課税所得380万円以上		167,400＋（医療費－558,000）×1％ <多数回該当：93,000>	
	年収約370～約770万円 健保：標報28万～50万円 国保・後期：課税所得145万円以上		80,100＋（医療費－267,000）×1％ <多数回該当：44,400>	
	～年収約370万円 健保：標報26万円以下（※2） 国保・後期：課税所得145万円未満（※2）（※3）	70-74歳 2割	18,000（※5） 〔年14.4万円（※6）〕	57,600 <多数回該当：44,400>
	住民税非課税	75歳以上 1割（※4）	8,000	24,600
	住民税非課税 （所得が一定以下）			15,000

※1　義務教育就学前の者については2割。
※2　収入の合計額が520万円未満（1人世帯の場合は383万円未満）の場合も含む。
※3　旧ただし書所得の合計額が210万円以下の場合も含む。
※4　課税所得が28万円以上かつ年金収入＋その他の合計所得金額が200万円以上（複数世帯の場合は320万円以上）の者については2割。
※5　75歳以上の2割負担対象者について、施行後3年間、1月分の負担増加額は3,000円以内となる。
※6　1年間のうち一般区分又は住民税非課税区分であった月の外来の自己負担額の合計額について、14.4万円の上限を設ける。

【資料8】 地方税法（抜粋）（令和6年1月1日施行）

第23条1項十五・十七号

（道府県民税に関する用語の意義）

　十五　特定配当等　租税特別措置法第8条の4第1項に規定する上場株式等の配当等及び同法第41条の12の2第1項各号に掲げる償還金に係る同条第6項第3号に規定する差益金額をいう。

　十七　特定株式等譲渡所得金額　租税特別措置法第37条の11の4第2項に規定する源泉徴収選択口座内調整所得金額をいう。

第32条12～15項

（所得割の課税標準）

12　特定配当等に係る所得を有する者に係る総所得金額は、当該特定配当等に係る所得の金額を除外して算定するものとする。

13　前項の規定は、前年分の所得税に係る第45条の3第1項に規定する確定申告書に特定配当等に係る所得の明細に関する事項その他総務省令で定める事項の記載があるときは、当該特定配当等に係る所得の金額については、適用しない。

14　特定株式等譲渡所得金額に係る所得を有する者に係る総所得金額は、当該特定株式等譲渡所得金額に係る所得の金額を除外して算定するものとする。

15　前項の規定は、前年分の所得税に係る第45条の3第1項に規定する確定申告書に特定株式等譲渡所得金額に係る所得の明細に関する事項その他総務省令で定める事項の記載があるときは、当該特定株式等譲渡所得金額に係る所得の金額については、適用しない。

第313条12～15項

（所得割の課税標準）

12　特定配当等に係る所得を有する者に係る総所得金額は、当該特定配当等に係る所得の金額を除外して算定するものとする。

13　前項の規定は、前年分の所得税に係る第317条の3第1項に規定する確定申告書に特定配当等に係る所得の明細に関する事項その他総務省令で定める事項の記載があるときは、当該特定配当等に係る所得の金額については、適用しない。

14　特定株式等譲渡所得金額に係る所得を有する者に係る総所得金額は、当該特定株式等譲渡所得金額に係る所得の金額を除外して算定するものとする。

15　前項の規定は、前年分の所得税に係る第317条の3第1項に規定する確定申告書に特定株式等譲渡所得金額に係る所得の明細に関する事項その他総務省令で定める事項の記載があるときは、当該特定株式等譲渡所得金額に係る所得の金額については、適用しない。

第37条の4

（配当割額又は株式等譲渡所得割額の控除）

　道府県は、所得割の納税義務者が、第32条第13項に規定する確定申告書に記載した特定配当等に係る所得の金額の計算の基礎となった特定配当等の額について第5款の規定により配当割額を課され

た場合又は同条第15項に規定する確定申告書に記載した特定株式等譲渡所得金額に係る所得の金額の計算の基礎となつた特定株式等譲渡所得金額について第６款の規定により株式等譲渡所得割額を課された場合には、当該配当割額又は当該株式等譲渡所得割額に５分の２を乗じて得た金額を、その者の第35条及び前３条の規定を適用した場合の所得割の額から控除するものとする。

第314条の９
（配当割額又は株式等譲渡所得割額の控除）

市町村は、所得割の納税義務者が、第313条第13項に規定する確定申告書に記載した特定配当等に係る所得の金額の計算の基礎となつた特定配当等の額について前章第１節第５款の規定により配当割額を課された場合又は同条第15項に規定する確定申告書に記載した特定株式等譲渡所得金額に係る所得の金額の計算の基礎となつた特定株式等譲渡所得金額について同節第６款の規定により株式等譲渡所得割額を課された場合には、当該配当割額又は当該株式等譲渡所得割額に５分の３を乗じて得た金額を、その者の第314条の３及び前３条の規定を適用した場合の所得割の額から控除するものとする。

2　前項の規定により控除されるべき額で同項の所得割の額から控除することができなかつた金額があるときは、市町村は、政令で定めるところにより、同項の納税義務者に対しその控除することができなかつた金額を還付しなければならない。この場合において、当該納税義務者の同項の確定申告書に係る年の末日の属する年度の翌年度分の個人の道府県民税、個人の市町村民税若しくは森林環境税又は当該納税義務者の未納に係る地方団体の徴収金若しくは森林環境税及び森林環境譲与税に関する法律第２条第５号に規定する森林環境税に係る徴収金（以下この項において「市町村徴収金」という。）があるときは、第17条の２の２の規定にかかわらず、当該納税義務者は、当該還付をすべき市町村の長に対し、当該還付をすべき金額（市町村徴収金に係る金額に相当する額を限度とする。）により市町村徴収金を納付し、又は納入することを委託したものとみなす。

3　第37条の４の規定により控除されるべき額で同条の所得割の額から控除することができなかつた金額があるときは、市町村は、当該控除することができなかつた金額を第１項の規定により控除されるべき額で同項の所得割の額から控除することができなかつた金額とみなして、前項の規定を適用する。

第71条の27
（配当割の課税標準）

配当割の課税標準は、支払を受けるべき特定配当等の額とする。

2　前項の特定配当等の額は、所得税法その他の所得税に関する法令の規定の例によつて算定する。

第71条の28
（配当割の税率）

配当割の税率は、100分の５とする。

第71条の29

(国外株式の配当等に係る課税標準)

特定配当等のうち租税特別措置法第3条の3第4項第2号に規定する国外一般公社債等の利子等以外の国外公社債等の利子等、同法第8条の3第4項第2号に規定する国外投資信託等の配当等、同法第9条の2第1項に規定する国外株式の配当等又は同法第41条の12の2第1項第2号に規定する国外割引債の償還金に係る差益金額に係るもの（以下この条及び第71条の31において「国外特定配当等」という。）の支払の際に徴収される所得税法第95条第1項に規定する外国所得税（政令で定めるものを含む。）の額があるときは、第71条の27第1項に規定する支払を受けるべき特定配当等の額は、当該国外特定配当等の額から当該外国所得税の額に相当する金額を控除した後の金額とする。

第71条の30

(配当割の徴収の方法)

配当割の徴収については、特別徴収の方法によらなければならない。

第71条の31

(配当割の特別徴収の手続)

配当割を特別徴収の方法によつて徴収しようとする場合には、特定配当等の支払を受けるべき日現在において道府県内に住所を有する個人に対して特定配当等の支払をする者（当該特定配当等が国外特定配当等、租税特別措置法第9条の3の2第1項に規定する上場株式等の配当等（次項において「上場株式等の配当等」という。）又は同法第41条の12の2第3項に規定する特定割引債の償還金に係る差益金額（次項において「償還金に係る差益金額」という。）である場合において、その支払を取り扱う者があるときは、その者）を当該道府県の条例によつて特別徴収義務者として指定し、これに徴収させなければならない。

2　前項の特別徴収義務者は、特定配当等の支払の際（特別徴収義務者が国外特定配当等、上場株式等の配当等又は償還金に係る差益金額の支払を取り扱う者である場合には、当該取扱いに係る国外特定配当等、上場株式等の配当等又は償還金に係る差益金額の交付の際）、その特定配当等について配当割を徴収し、その徴収の日の属する月の翌月10日までに、総務省令で定める様式によつて、その徴収すべき配当割の課税標準額、税額その他必要な事項を記載した納入申告書（以下この款において「納入申告書」という。）を当該特定配当等の支払を受ける個人が当該特定配当等の支払を受けるべき日現在における当該個人の住所所在の道府県の知事に提出し、及びその納入金を当該道府県に納入する義務を負う。この場合において、当該道府県知事に提出すべき納入申告書には、総務省令で定める計算書を添付しなければならない。

3　前2項の規定の適用に関し必要な事項は、政令で定める。

第71条の48

(株式等譲渡所得割の課税標準)

株式等譲渡所得割の課税標準は、特定株式等譲渡所得金額とする。

第71条の49

（株式等譲渡所得割の税率）

　株式等譲渡所得割の税率は、100分の５とする。

第71条の50

（株式等譲渡所得割の徴収の方法）

　株式等譲渡所得割の徴収については、特別徴収の方法によらなければならない。

第71条の51

（株式等譲渡所得割の特別徴収の手続）

　株式等譲渡所得割を特別徴収の方法によつて徴収しようとする場合には、選択口座が開設されている租税特別措置法第37条の11の３第３項第１号に規定する金融商品取引業者等で特定株式等譲渡対価等の支払を受けるべき日の属する年の１月１日現在において道府県に住所を有する個人に対して当該特定株式等譲渡対価等の支払をするものを当該道府県の条例によつて特別徴収義務者として指定し、これに徴収させなければならない。

2　前項の特別徴収義務者は、特定株式等譲渡対価等の支払をする際、株式等譲渡所得割を徴収し、その徴収の日の属する年の翌年の１月10日（政令で定める場合にあつては、政令で定める日）までに、総務省令で定める様式によつて、その徴収すべき株式等譲渡所得割の課税標準額、税額その他必要な事項を記載した納入申告書（以下この款において「納入申告書」という。）を当該特定株式等譲渡対価等の支払を受ける個人が当該特定株式等譲渡対価等の支払を受けるべき日の属する年の１月１日現在における当該個人の住所所在の道府県の知事に提出し、及びその納入金を当該道府県に納入する義務を負う。この場合において、当該道府県知事に提出すべき納入申告書には、総務省令で定める計算書を添付しなければならない。

3　第１項の特別徴収義務者は、租税特別措置法第37条の11の４第３項に規定する場合には、その都度、同項に規定する満たない部分の金額に100分の５を乗じて計算した金額に相当する株式等譲渡所得割を還付しなければならない。

4　前３項の規定の適用に関し必要な事項は、政令で定める。

附則第33条の２

（上場株式等に係る配当所得等に係る道府県民税及び市町村民税の課税の特例）

　道府県は、当分の間、道府県民税の所得割の納税義務者が前年中に租税特別措置法第８条の４第１項に規定する上場株式等の配当等（以下この項において「上場株式等の配当等」という。）を有する場合には、当該上場株式等の配当等に係る利子所得及び配当所得については、第32条第１項及び第２項並びに第35条の規定にかかわらず、他の所得と区分し、前年中の当該上場株式等の配当等に係る利子所得の金額及び配当所得の金額として政令で定めるところにより計算した金額（以下この項において「上場株式等に係る配当所得等の金額」という。）に対し、上場株式等に係る課税配当所得等の金額（上場株式等に係る配当所得等の金額（第３項第３号の規定により読み替えて適用される第34条の規定の適用がある場合には、その適用後の金額）をいう。）の100分の２（当該納税義務者が指定都市の区域内に住所を有する場合には、100分の１）に相当する金額に相当する道府県

民税の所得割を課する。この場合において、当該上場株式等の配当等に係る配当所得については、附則第5条第1項の規定は、適用しない。

2　前項の規定のうち、租税特別措置法第8条の4第2項に規定する特定上場株式等の配当等（以下この項及び第六項において「特定上場株式等の配当等」という。）に係る配当所得に係る部分は、道府県民税の所得割の納税義務者が前年分の所得税について当該特定上場株式等の配当等に係る配当所得につき同条第1項の規定の適用を受けた場合に限り適用する。

3　第1項の規定の適用がある場合には、次に定めるところによる。

　一　第23条第1項（第7号から第9号まで、第11号イ(2)、第12号ロ及び第13号に係る部分に限る。）、第24条の5第1項（第2号に係る部分に限る。）、第34条第1項（第10号の2に係る部分に限る。）及び第9項、第37条、附則第4条第4項並びに附則第4条の2第4項の規定の適用については、第23条第1項第13号中「山林所得金額」とあるのは、「山林所得金額並びに附則第33条の2第1項に規定する上場株式等に係る配当所得等の金額」とする。

　二　道府県民税の所得割の課税標準の計算上その例によることとされる所得税法第69条の規定の適用については、租税特別措置法第8条の4第3項第2号の規定により適用されるところによる。

　三　第32条第9項（雑損失の金額に係る部分に限る。）及び第34条の規定の適用については、これらの規定中「総所得金額」とあるのは、「総所得金額、附則第33条の2第1項に規定する上場株式等に係る配当所得等の金額」とする。

　四　第37条から第37条の4まで、附則第5条第1項、附則第5条の4第1項、附則第5条の4の2第1項及び附則第5条の5第1項の規定の適用については、第37条中「所得割の額」とあるのは「所得割の額及び附則第33条の2第1項の規定による道府県民税の所得割の額」と、第37条の2第1項中「山林所得金額」とあるのは「山林所得金額並びに附則第33条の2第1項に規定する上場株式等に係る配当所得等の金額」と、同項前段、第37条の3、第37条の4、附則第5条第1項、附則第5条の4第1項及び附則第5条の4の2第1項中「所得割の額」とあるのは「所得割の額並びに附則第33条の2第1項の規定による道府県民税の所得割の額」と、第37条の2第1項後段中「所得割の額」とあるのは「所得割の額及び附則第33条の2第1項の規定による道府県民税の所得割の額の合計額」と、同条第11項及び附則第5条の5第1項中「所得割の額」とあるのは「所得割の額並びに附則第33条の2第1項の規定による道府県民税の所得割の額の合計額」と、附則第5条第1項中「配当等に係るもの」とあるのは「配当等に係るもの及び附則第33条の2第1項に規定する上場株式等の配当等に係る配当所得（同条第2項に規定する特定上場株式等の配当等に係る配当所得については同項の規定により同条第1項の規定の適用を受けようとするものに限る。）」と、同項各号中「課税総所得金額」とあるのは「課税総所得金額及び附則第33条の2第1項に規定する上場株式等に係る課税配当所得等の金額の合計額」とする。

　五　附則第3条の3の規定の適用については、同条第1項及び第2項第1号中「山林所得金額」とあるのは「山林所得金額並びに附則第33条の2第1項に規定する上場株式等に係る配当所得等の金額」と、同項中「適用した場合の所得割の額」とあるのは「適用した場合の所得割の額並びに附則第33条の2第1項の規定による道府県民税の所得割の額」と、同項第2号及び同条第5項第3号中「所得割の額」とあるのは「所得割の額並びに附則第33条の2第1項の規定による道府県民税の所得割の額」とする。

　六　前各号に定めるもののほか、第45条の2の規定による申告に関する特例その他第1項の規定の

適用がある場合における道府県民税に関する規定の適用に関し必要な事項は、政令で定める。

4 前項に定めるもののほか、第1項の規定の適用に関し必要な事項は、政令で定める。

5 市町村は、当分の間、市町村民税の所得割の納税義務者が前年中に租税特別措置法第8条の4第1項に規定する上場株式等の配当等（以下この項において「上場株式等の配当等」という。）を有する場合には、当該上場株式等の配当等に係る利子所得及び配当所得については、第313条第1項及び第2項並びに第314条の3の規定にかかわらず、他の所得と区分し、前年中の当該上場株式等の配当等に係る利子所得の金額及び配当所得の金額として政令で定めるところにより計算した金額（以下この項において「上場株式等に係る配当所得等の金額」という。）に対し、上場株式等に係る課税配当所得等の金額（上場株式等に係る配当所得等の金額（第7項第3号の規定により読み替えて適用される第314条の2の規定の適用がある場合には、その適用後の金額）をいう。）の100分の3（当該納税義務者が指定都市の区域内に住所を有する場合には、100分の4）に相当する金額に相当する市町村民税の所得割を課する。この場合において、当該上場株式等の配当等に係る配当所得については、附則第5条第3項の規定は、適用しない。

6 前項の規定のうち、特定上場株式等の配当等に係る配当所得に係る部分は、市町村民税の所得割の納税義務者が前年分の所得税について特定上場株式等の配当等に係る配当所得につき租税特別措置法第8条の4第1項の規定の適用を受けた場合に限り適用する。

7 第5項の規定の適用がある場合には、次に定めるところによる。

一 第292条第1項（第7号から第9号まで、第11号イ(2)、第12号ロ及び第13号に係る部分に限る。）、第295条第1項（第2号に係る部分に限る。）及び第3項、第314条の2第1項（第10号の2に係る部分に限る。）及び第9項、第314条の6、附則第4条第10項並びに附則第4条の2第10項の規定の適用については、第292条第1項第13号中「山林所得金額」とあるのは、「山林所得金額並びに附則第33条の2第5項に規定する上場株式等に係る配当所得等の金額」とする。

二 市町村民税の所得割の課税標準の計算上その例によることとされる所得税法第69条の規定の適用については、租税特別措置法第8条の4第3項第2号の規定により適用されるところによる。

三 第313条第9項（雑損失の金額に係る部分に限る。）及び第314条の2の規定の適用については、これらの規定中「総所得金額」とあるのは、「総所得金額、附則第33条の2第5項に規定する上場株式等に係る配当所得等の金額」とする。

四 第314条の6から第314条の8まで、第314条の9第1項、附則第5条第3項、附則第5条の4第6項、附則第5条の4の2第5項及び附則第5条の5第2項の規定の適用については、第314条の6中「所得割の額」とあるのは「所得割の額及び附則第33条の2第5項の規定による市町村民税の所得割の額」と、第314条の7第1項中「山林所得金額」とあるのは「山林所得金額並びに附則第33条の2第5項に規定する上場株式等に係る配当所得等の金額」と、同項前段、第314条の8、第314条の9第1項、附則第5条第3項、附則第5条の4第6項及び附則第5条の4の2第5項中「所得割の額」とあるのは「所得割の額並びに附則第33条の2第5項の規定による市町村民税の所得割の額」と、第314条の7第1項後段中「所得割の額」とあるのは「所得割の額及び附則第33条の2第5項の規定による市町村民税の所得割の額の合計額」と、同条第11項及び附則第5条の5第2項中「所得割の額」とあるのは「所得割の額並びに附則第33条の2第5項の規定による市町村民税の所得割の額の合計額」と、附則第5条第3項中「配当等に係るもの」とあるのは「配当等に係るもの及び附則第33条の2第5項に規定する上場株式等の配当等に係る配

当所得（同条第6項に規定する特定上場株式等の配当等に係る配当所得については同項の規定により同条第5項の規定の適用を受けようとするものに限る。）」と、同項各号中「課税総所得金額」とあるのは「課税総所得金額及び附則第33条の2第5項に規定する上場株式等に係る課税配当所得等の金額の合計額」とする。

五　附則第3条の3の規定の適用については、同条第2項第3号及び第5項第2号中「所得割の額」とあるのは「所得割の額並びに附則第33条の2第5項の規定による市町村民税の所得割の額」と、同条第4項及び第5項第1号中「山林所得金額」とあるのは「山林所得金額並びに附則第33条の2第5項に規定する上場株式等に係る配当所得等の金額」と、同項中「適用した場合の所得割の額」とあるのは「適用した場合の所得割の額並びに附則第33条の2第5項の規定による市町村民税の所得割の額」とする。

六　前各号に定めるもののほか、第317条の2の規定による申告に関する特例その他第5項の規定の適用がある場合における市町村民税に関する規定の適用に関し必要な事項は、政令で定める。

8　前項に定めるもののほか、第5項の規定の適用に関し必要な事項は、政令で定める。

第35条の2

（一般株式等に係る譲渡所得等に係る道府県民税及び市町村民税の課税の特例）

道府県は、当分の間、道府県民税の所得割の納税義務者が前年中に租税特別措置法第37条の10第1項に規定する一般株式等に係る譲渡所得等を有する場合には、当該一般株式等に係る譲渡所得等については、第32条第1項及び第2項並びに第35条の規定にかかわらず、他の所得と区分し、前年中の当該一般株式等に係る譲渡所得等の金額として政令で定めるところにより計算した金額（以下この項において「一般株式等に係る譲渡所得等の金額」という。）に対し、一般株式等に係る課税譲渡所得等の金額（一般株式等に係る譲渡所得等の金額（第4項第3号の規定により読み替えて適用される第34条の規定の適用がある場合には、その適用後の金額）をいう。）の100分の2（当該納税義務者が指定都市の区域内に住所を有する場合には、100分の1）に相当する金額に相当する道府県民税の所得割を課する。この場合において、一般株式等に係る譲渡所得等の金額の計算上生じた損失の金額があるときは、道府県民税に関する規定の適用については、当該損失の金額は生じなかつたものとみなす。

2　租税特別措置法第37条の10第1項に規定する一般株式等（第6項において「一般株式等」という。）を有する道府県民税の所得割の納税義務者が当該一般株式等につき交付を受ける同条第3項及び第4項並びに同法第37条の14の4第1項及び第2項の規定により所得税法及び租税特別措置法第2章の規定の適用上同法第37条の10第3項及び第4項並びに第37条の14の4第1項及び第2項に規定する一般株式等に係る譲渡所得等に係る収入金額とみなされる金額は、前項に規定する一般株式等に係る譲渡所得等に係る収入金額とみなして、道府県民税に関する規定を適用する。

3　前項に定めるもののほか、第1項の規定の適用に関し必要な事項は、政令で定める。

4　第1項の規定の適用がある場合には、次に定めるところによる。

一　第23条第1項（第7号から第9号まで、第11号イ(2)、第12号ロ及び第13号に係る部分に限る。）、第24条の5第1項（第2号に係る部分に限る。）、第34条第1項（第10号の2に係る部分に限る。）及び第9項、第37条、附則第4条第4項並びに附則第4条の2第4項の規定の適用については、第23条第1項第13号中「山林所得金額」とあるのは、「山林所得金額並びに附則第35条の2第1

項に規定する一般株式等に係る譲渡所得等の金額」とする。

二　道府県民税の所得割の課税標準の計算上その例によることとされる所得税法第69条の規定の適用については、租税特別措置法第37条の10第６項第４号の規定により適用されるところによる。

三　第32条第９項（雑損失の金額に係る部分に限る。）及び第34条の規定の適用については、これらの規定中「総所得金額」とあるのは、「総所得金額、附則第35条の２第１項に規定する一般株式等に係る譲渡所得等の金額」とする。

四　第37条から第37条の４まで、附則第５条第１項、附則第５条の４第１項、附則第５条の４の２第１項及び附則第５条の５第１項の規定の適用については、第37条中「所得割の額」とあるのは「所得割の額及び附則第35条の２第１項の規定による道府県民税の所得割の額」と、第37条の２第１項中「山林所得金額」とあるのは「山林所得金額並びに附則第35条の２第１項に規定する一般株式等に係る譲渡所得等の金額」と、同項前段、第37条の３、第37条の４、附則第５条第１項、附則第５条の４第１項及び附則第５条の４の２第１項中「所得割の額」とあるのは「所得割の額並びに附則第35条の２第１項の規定による道府県民税の所得割の額」と、第37条の２第１項後段中「所得割の額」とあるのは「所得割の額及び附則第35条の２第１項の規定による道府県民税の所得割の額の合計額」と、同条第11項及び附則第５条の５第１項中「所得割の額」とあるのは「所得割の額並びに附則第35条の２第１項の規定による道府県民税の所得割の額の合計額」と、附則第５条第１項各号中「課税総所得金額」とあるのは「課税総所得金額及び附則第35条の２第１項に規定する一般株式等に係る課税譲渡所得等の金額の合計額」とする。

五　附則第３条の３の規定の適用については、同条第１項及び第２項第１号中「山林所得金額」とあるのは「山林所得金額並びに附則第35条の２第１項に規定する一般株式等に係る譲渡所得等の金額」と、同項中「適用した場合の所得割の額」とあるのは「適用した場合の所得割の額並びに附則第35条の２第１項の規定による道府県民税の所得割の額」と、同項第２号及び同条第５項第３号中「所得割の額」とあるのは「所得割の額並びに附則第35条の２第１項の規定による道府県民税の所得割の額」とする。

六　前各号に定めるもののほか、第45条の２の規定による申告に関する特例その他第１項の規定の適用がある場合における道府県民税に関する規定の適用に関し必要な事項は、政令で定める。

5　市町村は、当分の間、市町村民税の所得割の納税義務者が前年中に租税特別措置法第37条の10第１項に規定する一般株式等に係る譲渡所得等を有する場合には、当該一般株式等に係る譲渡所得等については、第313条第１項及び第２項並びに第314条の３の規定にかかわらず、他の所得と区分し、前年中の当該一般株式等に係る譲渡所得等の金額として政令で定めるところにより計算した金額（以下この項において「一般株式等に係る譲渡所得等の金額」という。）に対し、一般株式等に係る課税譲渡所得等の金額（一般株式等に係る譲渡所得等の金額（第８項第３号の規定により読み替えて適用される第314条の２の規定の適用がある場合には、その適用後の金額）をいう。）の100分の３（当該納税義務者が指定都市の区域内に住所を有する場合には、100分の４）に相当する金額に相当する市町村民税の所得割を課する。この場合において、一般株式等に係る譲渡所得等の金額の計算上生じた損失の金額があるときは、市町村民税に関する規定の適用については、当該損失の金額は生じなかつたものとみなす。

6　一般株式等を有する市町村民税の所得割の納税義務者が当該一般株式等につき交付を受ける租税特別措置法第37条の10第３項及び第４項並びに第37条の14の４第１項及び第２項の規定により所得

税法及び租税特別措置法第2章の規定の適用上同法第37条の10第3項及び第4項並びに第37条の14の4第1項及び第2項に規定する一般株式等に係る譲渡所得等に係る収入金額とみなされる金額は、前項に規定する一般株式等に係る譲渡所得等に係る収入金額とみなして、市町村民税に関する規定を適用する。

7　前項に定めるもののほか、第5項の規定の適用に関し必要な事項は、政令で定める。

8　第5項の規定の適用がある場合には、次に定めるところによる。

一　第292条第1項（第7号から第9号まで、第11号イ⑵、第12号ロ及び第13号に係る部分に限る。）、第295条第1項（第2号に係る部分に限る。）及び第3項、第314条の2第1項（第10号の2に係る部分に限る。）及び第9項、第314条の6、附則第4条第10項並びに附則第4条の2第10項の規定の適用については、第292条第1項第13号中「山林所得金額」とあるのは、「山林所得金額並びに附則第35条の2第5項に規定する一般株式等に係る譲渡所得等の金額」とする。

二　市町村民税の所得割の課税標準の計算上その例によることとされる所得税法第69条の規定の適用については、租税特別措置法第37条の10第6項第4号の規定により適用されるところによる。

三　第313条第9項（雑損失の金額に係る部分に限る。）及び第314条の2の規定の適用については、これらの規定中「総所得金額」とあるのは、「総所得金額、附則第35条の2第5項に規定する一般株式等に係る譲渡所得等の金額」とする。

四　第314条の6から第314条の8まで、第314条の9第1項、附則第5条第3項、附則第5条の4第6項、附則第5条の4の2第5項及び附則第5条の5第2項の規定の適用については、第314条の6中「所得割の額」とあるのは「所得割の額及び附則第35条の2第5項の規定による市町村民税の所得割の額」と、第314条の7第1項中「山林所得金額」とあるのは「山林所得金額並びに附則第35条の2第5項に規定する一般株式等に係る譲渡所得等の金額」と、同項前段、第314条の8、第314条の9第1項、附則第5条第3項、附則第5条の4第6項及び附則第5条の4の2第5項中「所得割の額」とあるのは「所得割の額並びに附則第35条の2第5項の規定による市町村民税の所得割の額」と、第314条の7第1項後段中「所得割の額」とあるのは「所得割の額及び附則第35条の2第5項の規定による市町村民税の所得割の額の合計額」と、同条第11項及び附則第5条の5第2項中「所得割の額」とあるのは「所得割の額並びに附則第35条の2第5項の規定による市町村民税の所得割の額の合計額」と、附則第5条第3項各号中「課税総所得金額」とあるのは「課税総所得金額及び附則第35条の2第5項に規定する一般株式等に係る課税譲渡所得等の金額の合計額」とする。

五　附則第3条の3の規定の適用については、同条第2項第3号及び第5項第2号中「所得割の額」とあるのは「所得割の額並びに附則第35条の2第5項の規定による市町村民税の所得割の額」と、同条第4項及び第5項第1号中「山林所得金額」とあるのは「山林所得金額並びに附則第35条の2第5項に規定する一般株式等に係る譲渡所得等の金額」と、同項中「適用した場合の所得割の額」とあるのは「適用した場合の所得割の額並びに附則第35条の2第5項の規定による市町村民税の所得割の額」とする。

六　前各号に定めるもののほか、第317条の2の規定による申告に関する特例その他第5項の規定の適用がある場合における市町村民税に関する規定の適用に関し必要な事項は、政令で定める。

附則第35条の２の２

（上場株式等に係る譲渡所得等に係る道府県民税及び市町村民税の課税の特例）

　道府県は、当分の間、道府県民税の所得割の納税義務者が前年中に租税特別措置法第37条の11第１項に規定する上場株式等に係る譲渡所得等を有する場合には、当該上場株式等に係る譲渡所得等については、第32条第１項及び第２項並びに第35条の規定にかかわらず、他の所得と区分し、前年中の当該上場株式等に係る譲渡所得等の金額として政令で定めるところにより計算した金額（当該道府県民税の所得割の納税義務者が特定株式等譲渡所得金額に係る所得を有する場合には、当該特定株式等譲渡所得金額に係る所得の金額（第32条第15項の規定により同条第14項の規定の適用を受けないものを除く。）を除外して算定するものとする。以下この項において「上場株式等に係る譲渡所得等の金額」という。）に対し、上場株式等に係る課税譲渡所得等の金額（上場株式等に係る譲渡所得等の金額（第４項において準用する前条第４項第３号の規定により読み替えて適用される第34条の規定の適用がある場合には、その適用後の金額）をいう。）の100分の２（当該納税義務者が指定都市の区域内に住所を有する場合には、100分の１）に相当する金額に相当する道府県民税の所得割を課する。この場合において、上場株式等に係る譲渡所得等の金額の計算上生じた損失の金額があるときは、道府県民税に関する規定の適用については、当該損失の金額は生じなかつたものとみなす。

２　租税特別措置法第37条の11第２項に規定する上場株式等（第６項、次条、附則第35条の３の２及び附則第35条の３の３において「上場株式等」という。）を有する道府県民税の所得割の納税義務者が当該上場株式等につき交付を受ける同法第４条の４第３項、第37条の11第３項及び第４項並びに第37条の14の４第１項及び第２項の規定により所得税法及び租税特別措置法第２章の規定の適用上同法第４条の４第３項、第37条の11第３項及び第４項並びに第37条の14の４第１項及び第２項に規定する上場株式等に係る譲渡所得等に係る収入金額とみなされる金額は、前項に規定する上場株式等に係る譲渡所得等に係る収入金額とみなして、道府県民税に関する規定を適用する。

３　前項に定めるもののほか、第１項の規定の適用に関し必要な事項は、政令で定める。

４　前条第４項の規定は、第１項の規定の適用がある場合について準用する。この場合において、同条第４項中「附則第35条の２第１項」とあるのは「附則第35条の２の２第１項」と、「一般株式等に係る譲渡所得等の金額」とあるのは「上場株式等に係る譲渡所得等の金額」と、「租税特別措置法」とあるのは「租税特別措置法第37条の11第６項の規定により読み替えて準用される同法」と、「一般株式等に係る課税譲渡所得等の金額」とあるのは「上場株式等に係る課税譲渡所得等の金額」と読み替えるものとする。

５　市町村は、当分の間、市町村民税の所得割の納税義務者が前年中に租税特別措置法第37条の11第１項に規定する上場株式等に係る譲渡所得等を有する場合には、当該上場株式等に係る譲渡所得等については、第313条第１項及び第２項並びに第314条の３の規定にかかわらず、他の所得と区分し、前年中の当該上場株式等に係る譲渡所得等の金額として政令で定めるところにより計算した金額（当該市町村民税の所得割の納税義務者が特定株式等譲渡所得金額に係る所得を有する場合には、当該特定株式等譲渡所得金額に係る所得の金額（第313条第15項の規定により同条第14項の規定の適用を受けないものを除く。）を除外して算定するものとする。以下この項において「上場株式等に係る譲渡所得等の金額」という。）に対し、上場株式等に係る課税譲渡所得等の金額（上場株式等に係る譲渡所得等の金額（第８項において準用する前条第８項第３号の規定により読み替えて適

用される第314条の2の規定の適用がある場合には、その適用後の金額）をいう。）の100分の3
（当該納税義務者が指定都市の区域内に住所を有する場合には、100分の4）に相当する金額に相当
する市町村民税の所得割を課する。この場合において、上場株式等に係る譲渡所得等の金額の計算
上生じた損失の金額があるときは、市町村民税に関する規定の適用については、当該損失の金額は
生じなかつたものとみなす。

6　上場株式等を有する市町村民税の所得割の納税義務者が当該上場株式等につき交付を受ける租税
特別措置法第4条の4第3項、第37条の11第3項及び第4項並びに第37条の14の4第1項及び第2
項の規定により所得税法及び租税特別措置法第2章の規定の適用上同法第4条の4第3項、第37条
の11第3項及び第4項並びに第37条の14の4第1項及び第2項に規定する上場株式等に係る譲渡所
得等に係る収入金額とみなされる金額は、前項に規定する上場株式等に係る譲渡所得等に係る収入
金額とみなして、市町村民税に関する規定を適用する。

7　前項に定めるもののほか、第5項の規定の適用に関し必要な事項は、政令で定める。

8　前条第8項の規定は、第5項の規定の適用がある場合について準用する。この場合において、同
条第8項中「附則第35条の2第5項」とあるのは「附則第35条の2の2第5項」と、「一般株式等
に係る譲渡所得等の金額」とあるのは「上場株式等に係る譲渡所得等の金額」と、「租税特別措置
法」とあるのは「租税特別措置法第37条の11第6項の規定により読み替えて準用される同法」と、
「一般株式等に係る課税譲渡所得等の金額」とあるのは「上場株式等に係る課税譲渡所得等の金額」
と読み替えるものとする。

附則第35条の2の4
（特定口座内保管上場株式等の譲渡等に係る道府県民税及び市町村民税の所得計算の特例）

道府県民税の所得割の納税義務者が前年中に租税特別措置法第37条の11の3第3項第2号に規定す
る上場株式等保管委託契約に基づき、同項第1号に規定する特定口座（その者が2以上の特定口座
を有する場合には、それぞれの特定口座。以下この項、次項及び第5項において「特定口座」とい
う。）に係る振替口座簿に記載若しくは記録がされ、又は特定口座に保管の委託がされている同法
第37条の11の2第1項に規定する上場株式等（以下この項及び第4項において「特定口座内保管上
場株式等」という。）の譲渡をした場合には、政令で定めるところにより、当該特定口座内保管上
場株式等の譲渡による事業所得の金額、譲渡所得の金額又は雑所得の金額と当該特定口座内保管上
場株式等の譲渡以外の株式等の譲渡による事業所得の金額、譲渡所得の金額又は雑所得の金額とを
区分して、これらの金額を計算するものとする。

2　信用取引等（租税特別措置法第37条の11の3第2項に規定する信用取引等をいう。以下この項及
び第5項において同じ。）を行う道府県民税の所得割の納税義務者が前年中に同条第3項第3号に
規定する上場株式等信用取引等契約に基づき同条第2項に規定する上場株式等の信用取引等を特定
口座において処理した場合には、政令で定めるところにより、当該特定口座において処理した同項
に規定する信用取引等に係る上場株式等の譲渡（以下この項及び第5項において「信用取引等に係
る上場株式等の譲渡」という。）による事業所得の金額又は雑所得の金額と当該信用取引等に係る
上場株式等の譲渡以外の株式等の譲渡による事業所得の金額又は雑所得の金額とを区分して、これ
らの金額を計算するものとする。

3　前2項の規定の適用に関し必要な事項は、政令で定める。

4　市町村民税の所得割の納税義務者が前年中に特定口座内保管上場株式等の譲渡をした場合には、政令で定めるところにより、当該特定口座内保管上場株式等の譲渡による事業所得の金額、譲渡所得の金額又は雑所得の金額と当該特定口座内保管上場株式等の譲渡以外の株式等の譲渡による事業所得の金額、譲渡所得の金額又は雑所得の金額とを区分して、これらの金額を計算するものとする。

5　信用取引等を行う市町村民税の所得割の納税義務者が前年中に租税特別措置法第37条の11の3第3項第3号に規定する上場株式等信用取引等契約に基づき同条第2項に規定する上場株式等の信用取引等を特定口座において処理した場合には、政令で定めるところにより、当該特定口座において処理した信用取引等に係る上場株式等の譲渡による事業所得の金額又は雑所得の金額と当該信用取引等に係る上場株式等の譲渡以外の株式等の譲渡による事業所得の金額又は雑所得の金額とを区分して、これらの金額を計算するものとする。

6　前2項の規定の適用に関し必要な事項は、政令で定める。

附則第35条の2の5

（源泉徴収選択口座内配当等に係る道府県民税及び市町村民税の所得計算及び特別徴収等の特例）

道府県民税の所得割の納税義務者が支払を受ける租税特別措置法第37条の11の6第1項に規定する源泉徴収選択口座内配当等（以下この項及び第6項において「源泉徴収選択口座内配当等」という。）については、政令で定めるところにより、当該源泉徴収選択口座内配当等に係る利子所得の金額及び配当所得の金額と当該源泉徴収選択口座内配当等以外の利子等（所得税法第23条第1項に規定する利子等をいう。第6項において同じ。）及び配当等（所得税法第24条第1項に規定する配当等をいう。第6項において同じ。）に係る利子所得の金額及び配当所得の金額とを区分して、これらの金額を計算するものとする。

2　租税特別措置法第37条の11の4第1項に規定する源泉徴収選択口座（次項において「源泉徴収選択口座」という。）が開設されている第71条の31第1項に規定する特別徴収義務者が、同法第37条の11の6第1項に規定する源泉徴収選択口座内配当等（次項及び第4項において「源泉徴収選択口座内配当等」という。）につき、第71条の31第2項の規定に基づき道府県民税の配当割を徴収する場合における第24条第1項第6号並びに第71条の31第1項及び第2項の規定の適用については、これらの規定中「受けるべき日」とあるのは「受けるべき日の属する年の1月1日」と、同項中「属する月の翌月10日」とあるのは「属する年の翌年1月10日（政令で定める場合にあつては、政令で定める日）」とする。

3　前項の特別徴収義務者が道府県民税の配当割の納税義務者に対して支払われる源泉徴収選択口座内配当等について徴収して納入すべき道府県民税の配当割の額を計算する場合において、当該源泉徴収選択口座内配当等に係る源泉徴収選択口座につき次の各号に掲げる金額があるときは、当該源泉徴収選択口座内配当等について徴収して納入すべき道府県民税の配当割の額は、政令で定めるところにより、その年中に交付をした源泉徴収選択口座内配当等の額の総額から当該各号に掲げる金額の合計額を控除した残額を当該源泉徴収選択口座内配当等に係る特定配当等の額とみなして第71条の28の規定を適用して計算した金額とする。

一　その年中にした当該源泉徴収選択口座に係る租税特別措置法第37条の11の3第1項に規定する特定口座内保管上場株式等の譲渡につき同項の規定に基づいて計算された当該特定口座内保管上場株式等の譲渡による事業所得の金額、譲渡所得の金額及び雑所得の金額の計算上生じた損失の

金額として政令で定める金額

二　その年中に当該源泉徴収選択口座において処理された租税特別措置法第37条の11の４第１項に規定する差金決済に係る同法第37条の11の３第２項に規定する信用取引等に係る上場株式等の譲渡につき同項の規定により計算された当該信用取引等に係る上場株式等の譲渡による事業所得の金額及び雑所得の金額の計算上生じた損失の金額として政令で定める金額

4　前項の場合において、当該道府県民税の配当割の納税義務者に対して支払われる源泉徴収選択口座内配当等について、その年中に同項の特別徴収義務者が当該源泉徴収選択口座内配当等の交付の際に第71条の31第２項の規定により既に徴収した道府県民税の配当割の額が前項の規定を適用して計算した道府県民税の配当割の額を超えるときは、当該特別徴収義務者は、当該納税義務者に対し、当該超える部分の金額に相当する配当割を還付しなければならない。

5　前各項の規定の適用に関し必要な事項は、政令で定める。

6　市町村民税の所得割の納税義務者が支払を受ける源泉徴収選択口座内配当等については、政令で定めるところにより、当該源泉徴収選択口座内配当等に係る利子所得の金額及び配当所得の金額と当該源泉徴収選択口座内配当等以外の利子等及び配当等に係る利子所得の金額及び配当所得の金額とを区分して、これらの金額を計算するものとする。

7　前項の規定の適用に関し必要な事項は、政令で定める。

附則第35条の２の６

（上場株式等に係る譲渡損失の損益通算及び繰越控除）

道府県民税の所得割の納税義務者の平成29年度分以後の各年度分の上場株式等に係る譲渡損失の金額は、当該上場株式等に係る譲渡損失の金額の生じた年分の所得税について上場株式等に係る譲渡損失の金額の控除に関する事項を記載した所得税法第２条第１項第37号の確定申告書（租税特別措置法第37条の12の２第９項（同法第37条の13の２第10項において準用する場合を含む。）において準用する所得税法第123条第１項の規定による申告書を含む。以下この条において「確定申告書」という。）を提出した場合（租税特別措置法第37条の12の２第１項の規定の適用がある場合に限る。）に限り、附則第35条の２の２第１項後段の規定にかかわらず、当該納税義務者の附則第33条の２第１項に規定する上場株式等に係る配当所得等の金額を限度として、当該上場株式等に係る配当所得等の金額の計算上控除する。

2　前項に規定する上場株式等に係る譲渡損失の金額とは、当該道府県民税の所得割の納税義務者が、租税特別措置法第37条の12の２第２項第１号から第10号までに掲げる上場株式等の譲渡（同法第32条第２項の規定に該当するものを除く。第５項において「上場株式等の譲渡」という。）をしたことにより生じた損失の金額として政令で定めるところにより計算した金額のうち、当該納税義務者の当該譲渡をした年の末日の属する年度の翌年度の道府県民税に係る附則第35条の２の２第１項に規定する上場株式等に係る譲渡所得等の金額の計算上控除してもなお控除することができない部分の金額として政令で定めるところにより計算した金額をいう。

3　第１項の規定の適用がある場合における附則第33条の２第１項から第４項までの規定の適用については、同条第１項中「計算した金額（」とあるのは、「計算した金額（附則第35条の２の６第１項の規定の適用がある場合には、その適用後の金額。」とする。

4　道府県民税の所得割の納税義務者の前年前３年内の各年に生じた上場株式等に係る譲渡損失の金

額（この項の規定により前年前において控除されたものを除く。）は、当該上場株式等に係る譲渡損失の金額の生じた年分の所得税について確定申告書を提出した場合において、その後の年分の所得税について連続して確定申告書を提出しているとき（租税特別措置法第37条の12の2第5項の規定の適用があるときに限る。）に限り、附則第35条の2の2第1項後段の規定にかかわらず、政令で定めるところにより、当該納税義務者の同項に規定する上場株式等に係る譲渡所得等の金額及び附則第33条の2第1項に規定する上場株式等に係る配当所得等の金額（第1項の規定の適用がある場合には、その適用後の金額。以下この項において同じ。）を限度として、当該上場株式等に係る譲渡所得等の金額及び上場株式等に係る配当所得等の金額の計算上控除する。

5　前項に規定する上場株式等に係る譲渡損失の金額とは、当該道府県民税の所得割の納税義務者が、上場株式等の譲渡をしたことにより生じた損失の金額として政令で定めるところにより計算した金額のうち、当該納税義務者の当該譲渡をした年の末日の属する年度の翌年度の道府県民税に係る附則第35条の2の2第1項に規定する上場株式等に係る譲渡所得等の金額の計算上控除してもなお控除することができない部分の金額として政令で定めるところにより計算した金額（第1項の規定の適用を受けて控除されたものを除く。）をいう。

6　第4項の規定の適用がある場合における附則第33条の2第1項、第2項及び第4項並びに附則第35条の2の2第1項から第3項までの規定の適用については、附則第33条の2第1項中「計算した金額（」とあるのは「計算した金額（附則第35条の2の6第4項の規定の適用がある場合には、その適用後の金額。」と、附則第35条の2の2第1項中「計算した金額（」とあるのは「計算した金額（附則第35条の2の6第4項の規定の適用がある場合には、その適用後の金額とし、」とする。

7　前各項に定めるもののほか、これらの規定の適用に関し必要な事項は、政令で定める。

8　市町村民税の所得割の納税義務者の平成29年度分以後の各年度分の上場株式等に係る譲渡損失の金額は、当該上場株式等に係る譲渡損失の金額の生じた年分の所得税について上場株式等に係る譲渡損失の金額の控除に関する事項を記載した確定申告書を提出した場合（租税特別措置法第37条の12の2第1項の規定の適用がある場合に限る。）に限り、附則第35条の2の2第5項後段の規定にかかわらず、当該納税義務者の附則第33条の2第5項に規定する上場株式等に係る配当所得等の金額を限度として、当該上場株式等に係る配当所得等の金額の計算上控除する。

9　前項に規定する上場株式等に係る譲渡損失の金額とは、当該市町村民税の所得割の納税義務者が、租税特別措置法第37条の12の2第2項第1号から第10号までに掲げる上場株式等の譲渡（同法第32条第2項の規定に該当するものを除く。第12項において「上場株式等の譲渡」という。）をしたことにより生じた損失の金額として政令で定めるところにより計算した金額のうち、当該納税義務者の当該譲渡をした年の末日の属する年度の翌年度の市町村民税に係る附則第35条の2の2第5項に規定する上場株式等に係る譲渡所得等の金額の計算上控除してもなお控除することができない部分の金額として政令で定めるところにより計算した金額をいう。

10　第8項の規定の適用がある場合における附則第33条の2第5項から第8項までの規定の適用については、同条第5項中「計算した金額（」とあるのは、「計算した金額（附則第35条の2の6第8項の規定の適用がある場合には、その適用後の金額。」とする。

11　市町村民税の所得割の納税義務者の前年前3年内の各年に生じた上場株式等に係る譲渡損失の金額（この項の規定により前年前において控除されたものを除く。）は、当該上場株式等に係る譲渡損失の金額の生じた年分の所得税について確定申告書を提出した場合において、その後の年分の所

得税について連続して確定申告書を提出しているとき（租税特別措置法第37条の12の2第5項の規定の適用があるときに限る。）に限り、附則第35条の2の2第5項後段の規定にかかわらず、政令で定めるところにより、当該納税義務者の同項に規定する上場株式等に係る譲渡所得等の金額及び附則第33条の2第5項に規定する上場株式等に係る配当所得等の金額（第8項の規定の適用がある場合には、その適用後の金額。以下この項において同じ。）を限度として、当該上場株式等に係る譲渡所得等の金額及び上場株式等に係る配当所得等の金額の計算上控除する。

12　前項に規定する上場株式等に係る譲渡損失の金額とは、当該市町村民税の所得割の納税義務者が、上場株式等の譲渡をしたことにより生じた損失の金額として政令で定めるところにより計算した金額のうち、当該納税義務者の当該譲渡をした年の末日の属する年度の翌年度の市町村民税に係る附則第35条の2の2第5項に規定する上場株式等に係る譲渡所得等の金額の計算上控除してもなお控除することができない部分の金額として政令で定めるところにより計算した金額（第8項の規定の適用を受けて控除されたものを除く。）をいう。

13　第11項の規定の適用がある場合における附則第33条の2第5項、第6項及び第8項並びに附則第35条の2の2第5項から第7項までの規定の適用については、附則第33条の2第5項中「計算した金額（」とあるのは「計算した金額（附則第35条の2の6第11項の規定の適用がある場合には、その適用後の金額。」と、附則第35条の2の2第5項中「計算した金額（」とあるのは「計算した金額（附則第35条の2の6第11項の規定の適用がある場合には、その適用後の金額とし、」とする。

14　第8項から前項までに定めるもののほか、これらの規定の適用に関し必要な事項は、政令で定める。

［著者紹介］

秋山　友宏（あきやま　ともひろ）

［略歴］

明治大学商学部卒業

筑波大学大学院ビジネス科学研究科（博士前期課程）企業法学専攻修了

平成12年7月　東京国税局 課税第一部 国税訟務官室 主査

平成14年7月　藤沢税務署 個人課税部門 統括国税調査官

平成15年7月　東京国税局 課税第一部 審理課 総括主査

平成17年7月　辞職

平成17年9月　税理士登録

平成20年4月〜平成24年3月　中央大学兼任講師

平成24年3月〜令和5年3月　税理士法人エー・ティー・オー財産相談室　社員税理士

令和5年4月　税理士法人エー・ティー・オー財産相談室　顧問

［著書］

『キーワードで読み解く　所得税の急所』（大蔵財務協会）

『平成18〜令和5年度　税制改正早わかり』（共著・大蔵財務協会）

『令和5年12月改訂　所得税・個人住民税ガイドブック』（共著・大蔵財務協会）

『改正減価償却の実務重要点解説』（共編著・大蔵財務協会）

『判例・裁決例にみる贈与の税務判断』（共編著・新日本法規出版）

上場株式等に係る

利子・配当・譲渡所得等の課税方式選択を踏まえた申告実務

令和6年1月16日　初版印刷
令和6年1月31日　初版発行

不　許
複　製

著　者　　秋　山　友　宏

(一財)大蔵財務協会　理事長
発行者　　木　村　幸　俊

発行所　　一般財団法人　大蔵財務協会

〔郵便番号　130-8585〕
東京都墨田区東駒形1丁目14番1号

(販　売　部)TEL03(3829)4141・FAX03(3829)4001
(出版編集部)TEL03(3829)4142・FAX03(3829)4005
https://www.zaikyo.or.jp

乱丁・落丁の場合は、お取替えいたします。　　　　印刷　恵友社
ISBN978-4-7547-3171-7